Dataclisma

Christian Rudder

Dataclisma

Quem somos*

TRADUÇÃO
Patrícia Azeredo

* Quando achamos
que ninguém está vendo

1ª edição

Rio de Janeiro | 2015

CIP-BRASIL. CATALOGAÇÃO NA PUBLICAÇÃO
SINDICATO NACIONAL DOS EDITORES DE LIVROS, RJ

R846d
Rudder, Christian
Dataclisma / Christian Rudder ; tradução: Patrícia Azeredo. - 1. ed. -
Rio de Janeiro : Best*Seller*, 2015.
il.

Tradução de: Dataclysm
Apêndice
ISBN 978-85-7684-686-4

1. Big Data. 2. Avaliação comportamental. 3. Comportamento
humano. 4. Mídias sociais. 5. Estruturas de dados. 6. Psicologia -
Psicologia social. 7. Computadores. I. Título.

15-19857

CDD: 005
CDU: 004

Texto revisado segundo o novo Acordo Ortográfico da Língua Portuguesa.

Título original
DATACLYSM

Copyright © 2014 by Christian Rudder
Copyright da tradução © 2015 by Editora Best Seller Ltda.

Publicado mediante acordo com The Gernert Company.
136, East 57th Street, 18th Floor, New York, NY, 10022, USA.

Capa e editoração eletrônica: Guilherme Peres

Todos os direitos reservados. Proibida a reprodução,
no todo ou em parte, sem autorização prévia por escrito da editora,
sejam quais forem os meios empregados.

Direitos exclusivos de publicação em língua portuguesa para o Brasil
adquiridos pela
EDITORA BEST SELLER LTDA.
Rua Argentina, 171, parte, São Cristóvão
Rio de Janeiro, RJ – 20921-380
que se reserva a propriedade literária desta tradução.

Impresso no Brasil

ISBN 978-85-7684-686-4

Seja um leitor preferencial Record.
Cadastre-se e receba informações sobre nossos lançamentos e nossas promoções.

Atendimento e venda direta ao leitor:
mdireto@record.com.br ou (21) 2585-2002

SUMÁRIO

Introdução 9

Parte 1

O que
nos une

1. Lei de Wooderson 31

2. Morte
causada
por mil "blés" 45

3. Escritos no mural 57

4. Você tem
que ser a cola 77

5. Não há sucesso
como o fracasso 89

6. O fator de confusão 105

7. A apoteose do mito da beleza 123

8. O interior é o que conta 133

9. Dias de fúria 145

Parte 2

O que nos separa

Parte 3

O que nos faz ser quem somos

10. Muito alto para um asiático 163

11. Você já se apaixonou? 185

12. Saiba qual é o seu lugar 201

13. Nossa marca pode ser a sua vida 221

14. Migalhas de pão 237

Coda 253

Observações sobre os dados 257

Notas 263

Agradecimentos 299

Créditos 301

Introdução

A essa altura você já ouviu falar muito sobre *Big Data*: o imenso potencial, as consequências nefastas, o *novo paradigma* destruidor de todos os demais paradigmas que se anuncia para a humanidade e seus adorados sites. A mente cambaleia, como se tivesse sido atingida por um objeto que apareceu do nada. Por isso, não venho trazer mais badalação ou reportagens sobre o fenômeno dos dados. Trago a coisa em si: os dados propriamente ditos, nus e crus. Trago uma gama das verdadeiras informações coletadas, que a sorte, o trabalho, a adulação e mais sorte me colocaram na posição singular de possuir e analisar.

Fui um dos fundadores do OkCupid, site de encontros que, ao longo de um período de dez anos sem bolhas, virou um dos maiores do mundo. Criei o site com três amigos. Todos nós éramos voltados para a matemática, e grande parte do sucesso do site veio porque aplicávamos essa mentalidade aos relacionamentos amorosos. Trouxemos análise e rigor ao que historicamente era domínio dos "especialistas" amorosos e magos risonhos como o Dr. Phil. O funcionamento do site nem é tão sofisticado: a única matemática necessária para modelar o processo de duas pessoas se conhecendo é aritmética simples, mas, sabe-se lá por qual motivo, nossa abordagem funcionou e apenas neste ano 10 milhões de pessoas usarão o site para encontrar sua cara-metade.

Como sei muito bem, sites (e fundadores de sites) adoram citar grandes números, e a maioria dos seres pensantes indubitavelmente aprendeu a ignorá-los: você ouve milhões aqui e bilhões ali e sabe que é basicamente "que ótimo para mim", dito com um monte de zeros. Diferentemente do Google, Facebook, Twitter e de outras fontes cujos dados aparecerão com destaque neste livro, o OkCupid está longe de ser um nome famoso. Se você e seus amigos estão casados e felizes há anos, provavelmente nunca ouviram falar de nós. Então pensei bastante sobre formas de descrever o alcance do site para alguém que nunca o utilizou e, com razão, não está nem aí para as métricas de engajamento de usuário fornecidas pela startup de um cara qualquer. Vou expressar tudo, então, em termos pessoais. Hoje à noite, uns 30 mil casais terão o primeiro encontro amoroso graças ao OkCupid. Aproximadamente 3 mil terão um relacionamento duradouro. Duzentos acabarão se casando e muitos deles, claro, terão filhos. Há crianças vivas e fazendo pirraça, pequenos seres humanos nervosos recusando-se a calçar os sapatos *neste momento* que nunca teriam existido se não fossem os caprichos do nosso HTML.

Não tenho a noção presunçosa de que fizemos algo perfeito e, é importante dizer aqui, que embora tenha orgulho do site feito por mim e meus amigos, sinceramente, não me importo se você faz parte dele ou vai criar uma conta lá. Nunca fui a um encontro amoroso marcado pela Internet em toda a minha vida, muito menos os outros fundadores, e se o site não é para você, acredite, eu entendo. Detesto o evangelismo tecnológico e não estou aqui para trocar meus espelhinhos brilhantes pelas terras preciosas de ninguém. Eu ainda assino revistas, recebo o *Times* nos fins de semana e tenho vergonha de tuitar. Não tenho como convencê-lo a usar, respeitar ou "acreditar" na Internet ou nas mídias sociais mais do que você já faz — ou não. Por favor, mantenha a sua opinião sobre o universo on-line. Mas se há algo que sinceramente espero que este livro possa fazê-lo reconsiderar é o que você pensa sobre si mesmo. Porque é disso que realmente trata o *Dataclisma*. O OkCupid foi apenas o caminho para se chegar a esta história.

Lidero a equipe de análise de dados do OkCupid desde 2009 e minha função é decifrar os dados criados pelos nossos usuários. Enquanto meus três sócios-fundadores fizeram quase todo o trabalho de realmente criar o site, passei anos apenas brincando com os números. Parte deste trabalho ajuda a gerenciar a empresa. Por exemplo, entender como homens e mulheres veem sexo e beleza de modo diferente é essencial para um site de namoros, mas vários dos meus resultados não têm utilidade direta, são apenas interessantes. Não há muito o que fazer com o fato de, estatisticamente, a banda menos negra da Terra ser o Belle & Sebastian ou que o flash em uma fotografia deixa a pessoa sete anos mais velha, a não ser dizer *que coisa!* e talvez repetir a anedota em uma festa. É basicamente tudo o que fizemos com esses dados por um tempo. As conclusões a que chegamos não foram divulgadas em nenhum lugar além do release bobo para a imprensa. Mas nós acabamos analisando uma quantidade de informações tão grande que tendências maiores ficaram claras, grandes padrões surgiram dos pequenos e, ainda melhor, eu percebi que poderia usar os dados para examinar tabus como raça por meio da inspeção direta. Ou seja, em vez de fazer uma pesquisa e perguntar às pessoas ou planejar experimentos de pequena escala (forma pela qual as ciências sociais costumavam trabalhar no passado), eu poderia olhar *o que realmente acontece* quando, digamos, 100 mil homens brancos e 100 mil mulheres negras interagem entre si quando sozinhos. Os dados estavam bem ali nos nossos servidores. Era uma oportunidade sociológica irresistível.

Coloquei a mão na massa e, à medida que as descobertas se acumularam, como qualquer pessoa com mais ideias do que plateia, decidi criar um blog para dividi-las com o mundo. Aquele blog acabou virando este livro, após um importante aperfeiçoamento. Para o *Dataclisma*, fui bem além do OkCupid. Na verdade, provavelmente reuni um conjunto de dados de interação pessoa a pessoa mais aprofundado e variado do que qualquer outra pessoa já fez, somando a maioria das fontes significativas de dados on-line da atualidade, se não todas. Nestas páginas, usarei meus dados para falar não só dos hábitos dos usuários de um site como também de um conjunto universal.

A discussão pública sobre os dados concentrou-se, principalmente, em dois pontos: espionagem do governo e oportunidades comerciais. Sobre o primeiro, duvido que eu saiba mais do que você, sei apenas o que li. Até onde me consta, o aparato de segurança nacional nunca tentou ter acesso a qualquer site de namoro e, a menos que planejem criminalizar a exibição de abdomens incrivelmente sarados sem rosto ou jovens mulheres do Brooklyn por falarem sem parar que adoram uísque quando você sabe que não é bem assim, não consigo imaginar o que poderia ser interessante para eles. Sobre o segundo assunto, dados gerando dólares, posso falar um pouco mais. Enquanto começava este livro, a imprensa especializada em tecnologia estava babando na abertura de capital do Facebook, que coletou os dados pessoais de todos os seus usuários, transformou tudo em muito dinheiro e estava prestes a multiplicar *aquele* dinheiro no mercado público de ações. Uma manchete do *Times* de três dias antes da oferta dizia tudo: "Facebook deve transformar dados em ouro." Você quase esperava que o Rumpelstiltskin aparecesse na página de Opinião, dizendo: "Sim, América, pode comprar que eu garanto."

Como fundador de um site que se sustenta pela venda de anúncios, posso confirmar que os dados *são* úteis para vendas. Cada página de um site pode absorver

Introdução   11

toda a experiência de um usuário (onde ele clica, o que digita e até quanto tempo ele hesita) e, a partir daí, é fácil ter uma noção clara dos seus apetites e de como saciá-los. Contudo, por mais incrível que seja esse poder, não estou aqui para falar sobre a missão oculta norte-americana de vender desodorante a quem manda atualizações para os amigos sobre desodorantes. Tendo o mesmo acesso a esses dados, darei outra função a essa experiência de usuário (os cliques, o que foi digitado e os milissegundos). Se as duas principais histórias sobre o Big Data falam de vigilância e dinheiro, pelos últimos três anos venho trabalhando em uma terceira: a história humana.

O Facebook pode saber que você é um dos vários fãs de M&Ms e mandar ofertas de acordo com o seu gosto. Ele também sabe quando você terminou com o namorado, mudou-se para o Texas, começou a aparecer em várias fotos com o ex e voltou a namorá-lo. O Google sabe quando você está procurando um carro novo e pode mostrar a marca e o modelo pré-selecionados apenas pelo seu psicográfico. É uma pessoa do Tipo B socialmente consciente, do sexo masculino, entre 25 e 34 anos? Aqui está o seu Subaru. O Google também sabe se você é gay, está com raiva, é solitário, racista ou teme que a mãe esteja com câncer. Twitter, Reddit, Tumblr, Instagram, todas essas empresas são, acima de tudo, negócios, mas também são demógrafas em um alcance, em uma precisão e importância sem precedentes. Quase por acidente, os dados digitais agora podem mostrar como brigamos, amamos, envelhecemos, quem somos e como estamos mudando. Basta olhar: afastando-se apenas um pouco, os dados revelam o comportamento das pessoas quando acham que ninguém está olhando. Vou mostrar neste livro o que vi. Além disso, foda-se o desodorante.

∞

Se você lê muitos livros populares de não ficção, pode estranhar alguns pontos do *Dataclisma*. O primeiro é a cor vermelha. Além disso, o livro lida com dados agregados e grandes números, gerando uma ausência curiosa em uma história que deveria falar de pessoas: há pouquíssimos indivíduos aqui. Gráficos, diagramas e tabelas aparecem em abundância, mas quase não há nomes. Virou clichê da ciência popular se apropriar de algo pequeno e peculiar e usá-lo como lente para grandes eventos: contar a história do mundo por meio de um nabo, retroceder as origens de uma guerra a um peixe, apontar uma pequena lanterna para um prisma, *do jeito certo*, e gerar um imenso e lindo arco-íris na parede do seu quarto. Sigo na direção oposta, pegando algo grande (um enorme conjunto do que as pessoas estão fazendo, pensando e dizendo, terabytes de dados) e filtro uma série de pequenas informações a partir disso: o que a sua rede de amigos diz sobre a estabilidade do seu casamento, como asiáticos (e brancos, negros e latinos) têm menor probabilidade de descrever a si mesmos, onde e por que pessoas gays ficam no armário, como o ato de escrever mudou nos últimos dez anos e como a raiva continuou a mesma. A ideia é distanciar das narrativas a compreensão que temos a nosso respeito e aproximá-la dos números. Ou melhor, pensar de modo que os números *sejam* a narrativa.

Esta abordagem evoluiu a partir de muito trabalho nos poços de escória estatística. *Dataclisma* é uma extensão do que meus colegas de trabalho e eu fazemos há anos. Um site de namoro une as pessoas e, para fazer isso de modo plausível, precisa conhecer os desejos, os hábitos e o que causa repulsa nos usuários. Por isso, coletamos vários dados detalhados e trabalhamos arduamente para traduzir tudo em teorias gerais de comportamento humano. O que uma pessoa desenvolve, lidando com todas essas informações, ao contrário de, digamos, escrevendo para a seção de casamentos do jornal de domingo, é uma relação de parentesco com a humanidade como um todo em vez de dois indivíduos. Você passa a entender as pessoas do mesmo modo que um químico passa a amar as serpenteantes moléculas de suas soluções.

Dito isso, todos os sites e todos os cientistas que trabalham com dados objetificam. Algoritmos não funcionam bem com o que não é número, então, quando você deseja que um computador entenda uma ideia, precisa convertê-la o máximo possível em dígitos. O desafio enfrentado por sites e aplicativos, portanto, consiste em dividir e agrupar a sequência contínua da experiência humana em pequenos compartimentos 1, 2, 3, sem que ninguém note. Ou seja, dividir algum processo vasto e inefável (para o Facebook, a amizade; para o Reddit, a comunidade; para sites de namoro, o amor) em pedaços que podem ser tratados por um servidor. Ao mesmo tempo, é preciso manter o máximo possível do *je ne sais quais* do negócio de modo que os usuários acreditem no que você oferece como uma representação da vida real. É uma ilusão delicada, a Internet: imagine uma cenoura cortada tão finamente que os pedaços ficam lá na tábua de corte, ainda

Introdução   13

no formato de cenoura. E, embora essa tensão entre a continuidade da condição humana e o buraco do banco de dados possa complicar o gerenciamento de um site, também faz a minha história acontecer. As aproximações inventadas pela tecnologia para algo abstrato como a luxúria ou a amizade criam uma oportunidade realmente nova: colocar números em alguns mistérios atemporais, pegar experiências que nos contentamos em deixar de lado como "inquantificáveis" e ter alguma compreensão sobre elas. À medida que as aproximações ficaram cada vez melhores e as pessoas nos deram mais acesso à vida delas, essa compreensão aumentou, em uma velocidade impressionante. Darei um exemplo rápido, mas antes gostaria de dizer que "Tornar o inexprimível totalmente exprimível" deveria ter sido o lema do OkCupid, oras.

A Internet é repleta de avaliações. Sejam os posts mais ou menos votados do Reddit, as críticas feitas pelos clientes da Amazon ou até o botão "curtir" do Facebook, sites pedem que você avalie porque essa avaliação transforma algo fluido e idiossincrático (sua opinião) em algo que eles podem entender e utilizar. Sites de namoro pedem às pessoas para avaliarem umas às outras porque isso lhes permite transformar primeiras impressões como:

Ele tem olhos lindos
Hmmmm, ele é bonitinho, mas não gosto de ruivos
Argh, que nojo

... em números simples, digamos, 5, 3, 1, em uma escala de uma a cinco estrelas. Os sites vêm coletando bilhões desses microjulgamentos, opiniões rápidas de uma pessoa sobre outra. Juntos, todos esses pequenos pensamentos geram uma fonte de vasta percepção sobre as formas pelas quais as pessoas constroem opiniões umas sobre as outras.

O mais básico que se pode fazer com avaliações de pessoa a pessoa como esta é contá-las. Faça um censo de quantas pessoas ficaram com a média de uma estrela, duas e assim por diante, depois compare as contagens. No gráfico a seguir, fiz exatamente isso com a média de votos que homens heterossexuais deram a mulheres também heterossexuais. Este é o formato da curva:

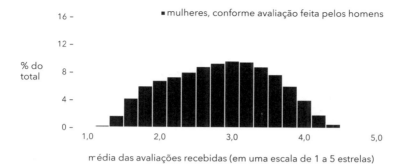

Cinquenta e um milhões de preferências resumem-se a este simples conjunto de retângulos, que são essencialmente a coleção de opiniões masculinas sobre beleza feminina no OkCupid. Este gráfico engloba todas as pequenas histórias (o que um homem pensa sobre uma mulher, contado milhões de vezes) e todas as anedotas (qualquer uma delas seria contada e desenvolvida aqui, se este fosse outro tipo de livro) em um todo inteligível. Olhar para as pessoas desse jeito é como observar a Terra do espaço: você perde os detalhes, mas consegue ver algo familiar de um modo completamente novo.

Então, o que esta curva nos diz? É fácil aceitar essa forma básica da curva de sino como verdadeira, porque exemplos em livros didáticos nos levaram a esperá-la, mas as avaliações poderiam facilmente ter ido mais para um lado ou outro, o que geralmente acontece quando preferências pessoais estão envolvidas. Vejamos as avaliações de pizzarias no Foursquare, que tendem a ser positivas:

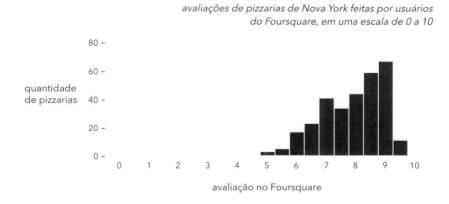

Introdução   15

Ou vejamos esta avaliação do Congresso norte-americano, que é completamente diferente, visto que os políticos são o oposto da pizza no espectro moral:

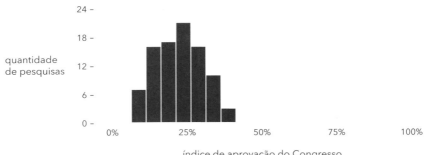

Além disso, nossa curva de avaliação feminina feita pelos homens é *unimodal*, sugerindo que as avaliações tendem se concentrar em torno de um só valor. Mais uma vez, é fácil não se importar com isso, mas muitas situações têm vários modos ou valores "típicos". Se você analisar os jogadores da NBA pela frequência com que começaram jogando as partidas da temporada 2012-2013, terá uma série de atletas agrupados nas duas pontas e quase nenhum no meio:

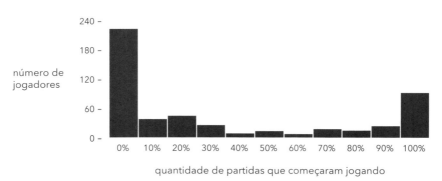

Segundo os dados, os técnicos consideram determinado jogador bom o bastante para começar jogando ou não e, neste caso, o cara começa ou não jogando de acordo com o julgamento do técnico. Há um sistema binário bem claro. Da mesma maneira, nos nossos dados de avaliação, os homens como grupo podem ver as mulheres como "lindas" ou "feias" e deixar assim. Do mesmo modo que o talento para o basquete de um jogador profissional, a beleza pode ser algo do tipo que você tem ou não. Mas a curva com a qual começamos esta análise revela mais alguma coisa. Buscar a compreensão dos dados geralmente é uma questão de levar em conta os resultados obtidos em relação a esses tipos de contrafatuais. Diante de uma infinidade de alternativas, às vezes um resultado direto é ainda mais incrível, justamente por isso. Na verdade, nosso gráfico está bem perto do que se chama *distribuição betassimétrica*, uma curva geralmente usada para modelar decisões básicas e imparciais, que vou sobrepor ao gráfico anterior:

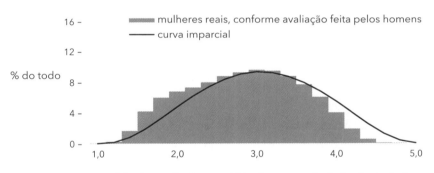

Os nossos dados do mundo real divergem apenas um pouco (6%) desse ideal formalista, o que significa que este gráfico do desejo masculino é mais ou menos o que poderíamos ter adivinhado em um vácuo. Na verdade, é um desses exemplos de livro didático dos quais debochei aqui. Então, a curva é previsível, centrada, talvez até entediante. E daí? Bem, este é um raro contexto em que o tédio vira algo especial, por sugerir que os homens que fizeram a avaliação são igualmente previsíveis, centrados e, acima de tudo, imparciais. E quando você leva em conta as supermodelos, a pornografia, as garotas nas capas de revistas, as robôs estilo Lara Croft, os anúncios de cerveja Bud Light e, o mais sorrateiro de todos, o uso do Photoshop que esses homens certamente veem todos os dias, o fato de a opinião masculina sobre a beleza feminina ainda estar onde deveria é, na minha opinião, um pequeno milagre. Virou praticamente senso comum que os homens devem ter expectativas irreais sobre a aparência das mulheres e, apesar disso, vemos que isso não é verdade. Em todo caso, eles são muito mais generosos que as mulheres, cuja avaliação foi:

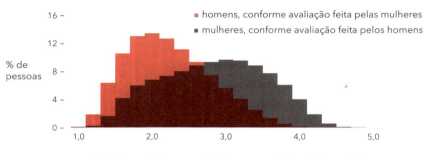

O centro do gráfico vermelho está quase um quarto na parte superior da escala. Apenas um em cada seis homens está "acima da média", no sentido absoluto. A beleza não é comumente quantificada dessa maneira, então vamos colocar isso em um contexto mais familiar: traduzindo este gráfico para o QI, temos um mundo onde as mulheres pensam que 58% dos homens têm danos cerebrais.

Mas os homens do OkCupid não são feios. Testei isso fazendo uma experiência, contrapondo um conjunto aleatório dos nossos usuários a uma amostra aleatória comparável de uma rede social, e obtive as mesmas avaliações para ambos os grupos. Acabamos encontrando padrões como o mostrado no gráfico em todo site de namoro que já vi: Tinder, Match.com, DateHookup, sites que juntos cobrem aproximadamente metade dos solteiros nos Estados Unidos. Ao que parece, homens e mulheres simplesmente fazem cálculos sexuais diferentes. Como a revista *Harper's* registrou muito bem: "As mulheres tendem a se arrepender do sexo que fizeram e os homens, do sexo que não fizeram." É possível ver exatamente como isso funciona nos dados. E eu acrescento: os homens do gráfico devem ter muitos arrependimentos.

Uma curva beta desenha o que pode se considerar o resultado de um grande número de partidas de cara ou coroa: ela traça as probabilidades sobrepostas de vários eventos binários independentes. Aqui a moeda masculina é justa, gerando caras (que considero positivo) com tanta frequência quanto coroas, mas os nossos dados mostram que a moeda feminina está viciada: sai cara apenas uma vez a cada quatro jogadas. Um grande número de processos naturais, incluindo o clima, pode ser modelado com curvas beta e, graças ao arquivamento obsessivo feito por alguém, pude comparar nossas avaliações pessoa a pessoa ao histórico de padrões climáticos. A perspectiva masculina neste caso fica muito próxima da função que prevê a cobertura de nuvens na cidade de Nova York. Por essa mesma métrica, a psique feminina está em um lugar um pouco mais nublado que Seattle.

Seguiremos esta linha de discussão no primeiro dos três assuntos mais amplos a serem tratados neste livro: os dados das pessoas se conectando. Nosso ponto de partida será a beleza (como ela muda e o que a cria). Veremos por que tecnicamente uma mulher já passou do auge aos 21 anos e a importância de uma tatuagem proeminente, mas logo iremos além das conexões carnais. Também veremos o que os tuítes nos dizem sobre a comunicação moderna e o que as amizades no Facebook sugerem sobre a estabilidade de um casamento. As imagens de perfil são ao mesmo tempo bênção e maldição na Internet: transformam quase todos os serviços (Facebook, sites de emprego e, claro, de namoro) em um concurso de beleza. Vamos dar uma olhada no que acontece quando o OkCupid as tira do ar por um dia e espera que tudo dê certo. O amor não é cego, embora tenhamos encontrado evidências de que deveria ser.

Em seguida, a Parte 2 analisa os dados de divisão. Começamos por um olhar atento ao principal divisor humano: a raça, assunto que agora pode ser abordado neste nível de pessoa a pessoa pela primeira vez. Nossos dados privilegiados expõem atitudes que a maioria das pessoas jamais admitiria em público e veremos que esse preconceito racial não só é forte como aparece de modo consistente, repetido quase de forma textual (no caso, numérica) de um site a outro. O racismo também pode ser algo interno, produto apenas de um homem, seu preconceito e um teclado de computador. Veremos o que a busca do Google tem a dizer sobre a palavra mais odiada do Estados Unidos e o que essa palavra tem a dizer sobre o país. Também exploraremos a beleza física como divisor através de um conjunto de dados milhares de vezes mais poderoso do que qualquer outro disponível anteriormente. A feiura tem custos sociais impressionantes, que finalmente conseguimos quantificar. A partir daí, veremos o que o Twitter revela sobre os nossos impulsos de raiva. O serviço torna possível que as pessoas fiquem conectadas imediatamente e as afasta na mesma medida. A fúria colaborativa promovida pelo site traz uma nova violência ao mais antigo dos agrupamentos humanos: a multidão. Veremos se também será possível compreender melhor tudo isso.

Na terceira seção do livro, já teremos visto os dados de duas pessoas interagindo, para o bem e para o mal, e passaremos a olhar especificamente para o indivíduo. Exploraremos como as identidades étnicas, sexuais e políticas se expressam, concentrando-se nas palavras, imagens e marcadores culturais que as pessoas escolhem para se representar. Aqui estão cinco das frases mais comuns de uma mulher branca:

meus olhos azuis
cabelos ruivos e
andar de carro com tração nas quatro rodas
garota do interior
adoro sair

Trata-se de um haicai escrito por Carrie Underwood ou de dados? Você decide! Exploraremos as palavras que as pessoas dizem em público. Veremos também como elas falam e agem em particular, atentos aos locais onde rótulos e ações divergem: homens bissexuais, por exemplo, desafiam nossas ideias de identidade certinha. Em seguida, usaremos uma vasta gama de fontes (Twitter, Facebook, Reddit e até Craigslist) para nos ver em nossas casas, tanto fisicamente quanto de outras formas. E concluiremos com a pergunta natural em um livro como este: como manter a privacidade em um mundo que possibilita esse tipo de análise?

Ao longo do livro veremos que a Internet pode ser um lugar vibrante, brutal, carinhoso, indulgente, enganador, sensual e cheio de fúria. Óbvio, afinal ela é composta por seres humanos. No entanto, ao juntar todas essas informações, fiquei ciente de que nem todas as vidas são capturadas nos dados. Se você não tiver computador ou smartphone, não estará aqui. Posso apenas reconhecer esse problema, contorná-lo e esperar que ele desapareça.

Enquanto isso, digo que o alcance de sites como Twitter e Facebook, e até os meus dados sobre namoros, são surpreendentemente completos. Se você não usa muitos desses serviços, talvez não goste de saber que 87% dos Estados Unidos estão na Internet e este número atinge praticamente todas as fronteiras demográficas. Da zona urbana à rural, dos ricos aos pobres, dos negros aos asiáticos, passando por brancos e latinos, todos estão conectados. O uso da Internet é mais baixo (em torno de 60%) entre os muito idosos e com pouca educação formal, por isso, defini nestas páginas minha "linha de idade" bem antes da velhice (aos 50 anos) e decidi não abordar a educação formal. Mais de um em cada três norte-americanos acessa o Facebook *todos os dias*. O site tem 1,3 bilhão de contas em todo o mundo. Como aproximadamente um quarto do mundo tem menos de 14 anos, isso significa que mais ou menos 25% dos adultos do planeta têm conta no Facebook. Os sites de namoro citados no *Dataclisma* registraram 55 milhões de integrantes norte-americanos nos últimos três anos. Como já disse, trata-se de uma conta para cada duas pessoas solteiras no país. Já o Twitter é um caso particularmente interessante em termos demográficos. É uma história brilhante de sucesso tecnológico e a empresa está praticamente sozinha liderando a gentrificação em uma área imensa de São Francisco, mas o serviço em si é fundamentalmente populista, tanto na "abertura" de sua plataforma quanto nas pessoas que escolhem usá-la. Não há, por exemplo, diferenças significativas de uso por gênero, e pessoas com apenas o ensino médio tuítam tanto quanto as que têm nível superior. Latinos usam o serviço tanto quanto os brancos, e os negros o utilizam duas vezes mais. Além disso, também temos o Google. Se 87% dos norte-americanos usam a Internet, 87% deles usam o Google.

Estes grandes números não provam que tenho o retrato perfeito de tudo, mas pelo menos sugerem que este retrato está próximo. E, nesse caso, o perfeito não deve ser o inimigo do "melhor do que nunca". Não seria nem preciso dizer que o conjunto de dados com o qual trabalharemos engloba milhares de vezes mais pessoas do que qualquer estudo feito por Gallup ou Pew. O que não está tão óbvio é o fato de ser muito mais inclusivo que a maioria das pesquisas comportamentais acadêmicas.

É um problema notório na ciência comportamental contemporânea, embora seja pouco discutido publicamente, que praticamente todas as suas ideias básicas tenham sido estabelecidas por pequenos grupos de universitários. Quando eu era estudante universitário, ganhava 25 dólares para inalar um gás marcador levemente radioativo por uma hora no Massachusetts General Hospital e depois fazer algum tipo de tarefa mental enquanto eles faziam imagens do meu cérebro. "Não vai lhe fazer mal", diziam. "É como passar um ano em um avião", diziam. "Nada demais", diziam. O que eles não diziam (e não percebi na época) era que quando eu estava lá deitado e meio de ressaca, em algum tipo de aparelho de tomografia computadorizada lendo palavras e clicando em botões com o pé, eu representava o macho humano típico. Um amigo também participou desse estudo. Ele era um universitário branco exatamente como eu. Aposto que a maioria dos integrantes do estudo também era. Isso faz com que estejamos longe do norte-americano típico.

Entendo como isso acontece. Obter um conjunto de dados realmente representativo costuma ser mais difícil do que o experimento que se deseja realizar. Como você é um professor ou aluno de pós-doutorado que gostaria de levar a pesquisa adiante, acaba usando a chamada "amostra de conveniência", ou seja, alunos da sua universidade. Mas esse é um grande problema, especialmente quando se está pesquisando crenças e comportamentos. Tem até um nome: pesquisa WEIRD [ESTRANHO, em inglês], sigla para: *white* [brancos], *educated* [educados], *industrialized* [industrializados], *rich* [ricos] e *democratic* [democráticos]. E a maioria dos artigos na área de ciências sociais é WEIRD.*

Vários desses problemas também afligem meus dados. Vai demorar um pouco até que os dados digitais possam arrancar o "industrializado" dessa lista, mas como a tecnologia geralmente é vista como "coisa de elite" — imagem que muitos na área fazem questão de estimular —, sinto-me obrigado a distinguir entre os empreendedores e capitalistas de risco que se veem nos palcos da tecnologia fazendo gestos em aparelhos com tela sensível ao toque e soltando palavras vazias em headsets, pessoas geralmente muito WEIRD, tanto no sentido da sigla quanto de estranhos, dos usuários dos serviços em si, que são muito normais. Eles não conseguem deixar de ser assim, pois o uso desses serviços (Twitter, Facebook, Google e similares) é o padrão.

Quanto à autenticidade dos dados, boa parte dela acaba sendo confirmada porque a Internet faz parte importante do nosso dia a dia. Vejamos os dados do OkCupid. Você registra no site sua cidade, seu gênero, sua idade e quem está procurando, e ele ajuda a encontrar alguém que você possa convidar para um café ou uma cerveja. O perfil deveria ser a versão real de quem você é. Caso você coloque a

---

* Um artigo na *Slate* observou: "Participantes WEIRD de países que representam apenas 12% da população mundial diferem de outras populações em termos de tomada de decisões morais, estilo de raciocínio, justiça e até em coisas como percepção visual. Isso acontece porque boa parte desses comportamentos e percepções baseia-se nos ambientes e contextos nos quais crescemos."

foto de uma pessoa mais bonita como se fosse sua ou finja ser bem mais jovem do que realmente é, provavelmente conseguirá mais encontros. Mas imagine conhecer esses indivíduos pessoalmente: eles esperam encontrar o que viram na Internet. Se você não chega nem perto disso na vida real, o encontro basicamente acaba assim que você der as caras no local. Este é um exemplo da tendência mais ampla: à medida que os mundos on-line e off-line fundem-se, uma pressão social implícita consegue controlar muitos dos piores impulsos de inventar mentiras na Internet.

As pessoas que utilizam esses serviços, sejam sites de namoro, redes sociais ou agregadores de notícias, estão todas aprendendo a viver por tentativa e erro, como sempre fizeram. Só que agora isso acontece em telefones e notebooks. Quase sem querer, elas criam um arquivo singular: bancos de dados agora contêm anos de desejos, opiniões e caos em escala mundial. E como eles estão armazenados com precisão cristalina, podem ser analisados na plenitude do tempo e também com um escopo e flexibilidade inimagináveis há apenas uma década.

Passei vários anos reunindo e decifrando esses dados, não só do OkCupid como de quase todos os grandes sites. E, mesmo assim, nunca fui capaz de me livrar de uma dúvida incômoda, o que, dada a minha afinidade com os luditas, dói ainda mais: escrever um livro sobre a Internet é bem parecido com fazer um desenho muito bonito sobre um filme. Por que se dar o trabalho? Esta é a pergunta que me tira o sono.

∞

Há um ótimo documentário sobre Bob Dylan chamado *Don't Look Back*, ao qual assisti algumas vezes na faculdade, pois meu melhor amigo Justin estudava Cinema. Em um momento do filme, depois de uma festa, Bob começa a discutir com um cara qualquer sobre quem teria jogado um objeto de vidro na rua. Ambos estão visivelmente bêbados. O clímax do confronto é este diálogo que ficou na minha cabeça por 15 anos:

DYLAN: Eu conheço mil que são iguais a você e falam como você.

CARA NA FESTA: Ah, vai se foder. Você fala demais, sabe?

DYLAN: Eu sei, cara. Sei que falo demais.

CARA NA FESTA: Eu sei que você sabe disso.

DYLAN: Eu falo mais que você, cara.
CARA NA FESTA: Eu falo pouco.
DYLAN: Isso.

E aí alguém interrompe para que todos possam falar de poesia, porque é esse tipo de noite. Mas o negócio é o seguinte: astros do rock ou não, os falastrões são a voz da humanidade. A vida de conquistadores, magnatas, mártires, salvadores e até patifes (especialmente patifes!) representam a forma de contar nossa história e marcar o progresso desde as margens de alguns rios barrentos até onde estamos agora. Do faraó Narmer em 3100 a.C., o primeiro ser vivo cujo nome ainda sabemos, a Steve Jobs e Nelson Mandela, o arcabouço heroico é a forma usada pelas pessoas para ordenar o mundo. Narmer foi o primeiro em uma antiga lista de reis. Os escribas mudaram, mas a lista continua. Quer dizer, os anos 1960, o poder para o povo e tudo mais, é um exemplo perfeito: é a época de Lennon e McCartney, Dylan, Hendrix, não do "Cara na Festa". Acima de tudo, a existência do homem comum não era digna de registro, exceto quando cruzava com a de uma lenda.

Mas essa assimetria está acabando: os pequenos ruídos, os estalos e zumbidos do restante de nós finalmente estão sendo gravados. À medida que a Internet democratizou o jornalismo, a fotografia, a pornografia, a caridade, a comédia e tantos outros caminhos de esforço individual, ela acabará democratizando nossa narrativa fundamental (espero!). O som ainda é rudimentar e não refinado, mas estou escrevendo este livro para enfatizar os pequenos padrões detectados por mim e outras pessoas. Este é o eco do trem que se aproxima, captado pelos ouvidos encostados nos trilhos. A ciência dos dados está longe da perfeição: há a tendenciosidade da escolha e vários outros defeitos a serem entendidos, reconhecidos e contornados, mas a distância entre o que poderia ser e o que realmente é diminui a cada dia, sendo a convergência final o dia em que estou escrevendo.

Sei que há muita gente fazendo grandes declarações sobre dados e não estou aqui para dizer que eles mudarão o rumo da história, certamente não como fez a combustão interna ou o aço, mas acredito que mudarão o que a história é. Com os dados, a história pode se aprofundar e ir além. Diferentemente das tábuas de barro, dos papiros, do papel, do papel-jornal, do celuloide ou da fotografia, o espaço em disco é barato e quase inesgotável. Em um disco rígido, há espaço para mais do que os heróis. Como eu mesmo não sou um herói, apenas alguém que, acima de tudo, gosta de conviver com amigos, família e viver com simplicidade, isso significa algo para mim.

Agora, por mais que eu gostaria que eu, você e o usuário QuemPeidou81 tivéssemos a mesma importância que o presidente quando as obras futuras falarem desta década, imagino que as pessoas comuns sempre serão mais ou menos anônimas, como agora. Os melhores dados não podem mudar isso, mas todos nós seremos contados. Quando daqui a dez, vinte, cem anos, alguém quiser saber como foram esses tempos e entender as mudanças (saber como legalizar o casamento gay motivou e refletiu a aceitação geral da homossexualidade ou como a sociedade de aldeias na Ásia foi desalojada e depois recriada em grandes centros urbanos), dentro dessa história estarão dados do Facebook, Twitter, Reddit e similares, abrangendo até as suas entranhas. E se não for assim, este autor terá fracassado.

Tentei capturar tudo isso com o meu título-mistura. *Kataklysmos* é a palavra grega para o dilúvio do Antigo Testamento: foi assim que surgiu a palavra *"cataclysm"* em inglês [em português, cataclisma]. Essa alusão tem dupla ressonância: obviamente, vivemos uma inundação sem precedentes de dados. O que se coleta hoje é tão profundo que parece não ter fim. São facilmente quarenta dias e quarenta noites de dilúvio em comparação àquela chuvinha de sempre. Mas há também a esperança de um mundo transformado, em que tanto a compreensão atrasada de ontem quanto a visão limitada de hoje serão levadas pela enchente.

O livro é uma série de vinhetas, pequenas janelas que mostram nossas vidas: o que nos une, o que nos separa e o que nos faz ser quem somos. À medida que os dados continuam surgindo, as janelas vão aumentando, mas há muito para ver agora, e a primeira olhada é sempre a mais empolgante. Então, vamos para o peitoril. Eu dou o impulso para você subir e ver melhor.

PARTE 1

O que nos une

P.31

1.

Lei de
Wooderson

2.

Morte
causada
por mil
"blés"

P.45

3.

Escritos
no mural

P.57

P.77

4.

Você tem que ser a cola

5.

Não há sucesso como o fracasso

P.89

1.

Lei de Wooderson

Lá onde o mundo é inclinado, como nos Andes, as pessoas usam ferrovias funiculares para ir onde precisam: um par de cabos ligados por uma polia move o teleférico que sobe a colina. O peso de um vagão descendo levanta o outro, os dois vagões viajam fazendo contrapeso mútuo. Aprendi que ser pai se parece com isso. Se o passar dos anos vão acabando comigo, mas também fazem minha filha crescer, fico feliz por isso. Eu me rendo com prazer à passagem do tempo, claro, especialmente quando cada momento que passa é mais um vivido com ela, mas isso não significa que eu não tenha saudade dos dias em que o meu cabelo era todo castanho e minha pele não tinha manchas estranhas. Minha filha tem 2 anos e posso dizer que nada faz o arco do tempo ser tão claro quanto as rugas nas costas da mão enquanto ensino dedinhos rechonchudos a contar: um, dois, tlês.

Mas um cara que tem um filho e fica enrugado não é novidade. Podemos começar com a novidade inventada pelo departamento de marketing da indústria de cosméticos esta semana (enquanto escrevo este livro, é a ideia de "corrigir a cor" do rosto com uma pasta bege cremosa que é lama do pé das montanhas da Alsácia ou a própria essência do papo-furado) e voltar aos mitos da fúria ciumenta de Hera. As pessoas são obcecadas com o envelhecimento e temem ficar mais feias por isso desde que existem pessoas, obsessões e feiura. "Morte e impostos" são as únicas certezas da vida, não é mesmo? E, dependendo da próxima paralisação governamental feita pelo Congresso, os últimos parecem cada vez menos confiáveis. E é isso.

Quando eu era adolescente (e fico chocado ao perceber que na época estava mais perto da idade da minha filha do que dos meus atuais 38 anos) gostava muito de punk rock, especialmente pop punk. As bandas eram basicamente versões mais esnobes e pioradas do Green Day. Quando as ouço hoje em dia, todo o fenômeno parece sobrenatural: homens adultos reunidos em trios e quartetos por alguma força invisível para reclamar de namoradas e do que outras pessoas estão comendo. Mas eu achava essas bandas iradas e, como elas eram cool demais para ter pôsteres, precisava me virar colando as capas dos álbuns e panfletos de shows na parede do quarto, formando um mural. Meus pais há muito tempo se mudaram daquela casa. Duas vezes, na verdade. Tenho certeza de que o meu antigo quarto agora é o sótão de alguém e não faço ideia de onde foi parar aquela parafernália acumulada que eu colecionava. Muito menos lembrar-me de como era aquilo tudo. Só consigo sorrir e fazer uma expressão de desagrado ao pensar nisso.

Hoje, um jovem de 18 anos coloca uma imagem na parede e esse mural nunca desaparecerá. Não só a versão dele aos 38 anos conseguirá voltar, catar o que sobrou e perguntar: "Onde eu estava com a cabeça?", como o restante de nós também poderá fazer o mesmo, incluindo pesquisadores. Além disso, eles podem fazer essa busca para todas as pessoas, em vez de apenas um indivíduo. E mais, é possível relacionar aquele jovem de 18 anos com o que veio antes e com o que ainda virá, pois aquela parede coberta de totens o seguirá do quarto na casa dos pais ao dormitório que divide com colegas na faculdade, passando pelo primeiro apartamento, a casa da namorada, a lua de mel e, sim, ao quartinho da primeira filha. Nesse mesmo mural ele colocará 1 bilhão de atualizações dela comendo papinha.

O pai de primeira viagem talvez seja mais sensível aos marcos do envelhecimento. É praticamente o único assunto sobre o qual se fala com os outros e você consegue ter medidas reais no consultório médico de tempos em tempos. Mas os momentos marcantes continuam existindo bem depois do site babycenter.com e do pediatra interromper as medições. Nós é que paramos de registrar. Os computadores, por sua vez, não têm nada melhor para fazer: registrar é o trabalho deles. As máquinas não perdem o álbum de fotos, não viajam, não ficam bêbadas ou envelhecem, nem ao menos piscam. Elas ficam apenas lá paradas, recordando tudo. As incontáveis fases da nossa vida que só existem na lembrança e na eventual caixa de sapatos, estão ficando permanentes e, por mais assustador que isso seja para qualquer um que tenha postado uma selfie bêbado no Instagram, a oportunidade para a compreensão está clara, desde que feita com o devido cuidado.

O que acabei de descrever, o mural e a longa acumulação ao longo de uma vida, é o que sociólogos chamam de *dados longitudinais*, oriundos do acompanhamento das mesmas pessoas ao longo do tempo, e eu estava especulando sobre a pesquisa do futuro. Ainda não temos essa capacidade porque a Internet é muito jovem como registro humano predominante. Por mais difícil que seja acreditar, até o marco e cavalo de batalha que é o Facebook só ganhou maior proporção mesmo há seis anos. Não está nem no segundo segmento do ensino fundamental! As informações com esse nível de profundidade ainda estão sendo construídas, literalmente, um dia de cada vez. Daqui a dez ou vinte anos conseguiremos responder a perguntas como... bem, o quanto pode ser problemático para uma pessoa ter todos os momentos da vida publicados para todos verem desde a infância? Por outro lado, saberemos muito mais sobre os motivos que fazem amigos se afastarem ou como novas ideias infiltram-se no comportamento predominante na sociedade. Posso ver o potencial de longo prazo nas linhas e colunas dos meus bancos de dados e todos podemos enxergá-lo, por exemplo, na promessa da Linha do Tempo do Facebook: para a passagem do tempo, os dados criam um novo tipo de plenitude, se não for exatamente uma nova ciência.

Mesmo agora, em certas situações, podemos achar um excelente representante, uma espécie de *flash-forward* para as possibilidades. É possível pegar grupos de pessoas em diferentes pontos da vida, compará-los e fazer um rascunho do arco de uma vida. Esta abordagem não funcionará com gostos musicais, por exemplo, porque, como a música em si também evolui ao longo do tempo, não há como controlar a análise. Mas há constantes universais fixas que podem servir de base a esta ideia e, nos dados que tenho, a relação envolvendo beleza, sexo e idade é uma delas. Neste caso, existe a possibilidade de definir marcos, bem como expor vaidades e vulnerabilidades, que talvez até agora fossem apenas sombras da verdade. Ao fazer isso, abordaremos um assunto que já ocupou escritores, pintores, filósofos e poetas desde que essas vocações foram inventadas, talvez com menos arte (embora haja arte nisso), mas com uma nova e brilhante precisão. Como sempre, a parte boa está na distância entre pensamento e ação, e mostrarei a vocês como encontrá-la.

Começaremos pelas opiniões das mulheres: todas as tendências a seguir são verdadeiras nos meus conjuntos de dados sexuais, mas para fins de especificidade usarei números do OkCupid. Esta tabela lista a idade em que os homens são considerados *mais atraentes* pelas mulheres. Se eu organizá-la de modo incomum, você verá o motivo em um segundo:

idade da mulher versus *idade dos homens que lhe parecem mais atraentes*

20 23	32 31	33 32	45 40
21 23	33 32	34 32	46 38
22 24	34 32	35 34	47 39
23 25	35 34	36 35	48 40
24 25	36 35	37 36	49 45
25 26	37 36	38 37	50 46
26 27	38 37	39 38	
27 28	39 38	40 38	
28 29	40 38	41 38	
29 29	41 38	42 39	
30 30	42 39	43 39	
31 31	43 39	44 39	

Lendo de cima para baixo, vemos que mulheres de 20 e 21 anos preferem caras de 23, moças de 22 anos gostam de homens de 24 e assim sucessivamente, até à mulher de 50 anos, que escolhe homens de, no máximo, 46. Estes não são dados obtidos em pesquisa e sim construídos a partir de dezenas de milhares de preferências expressas no ato de encontrar um(a) parceiro(a). E mesmo se você olhar apenas as primeiras linhas, a essência da tabela está clara: as mulheres querem um cara aproximadamente da mesma faixa etária. Escolha uma idade em preto abaixo dos 40 e o número em vermelho quase sempre será próximo. A tendência mais ampla é mais facilmente visualizada quando deixo o espaço lateral refletir a progressão dos valores em vermelho:

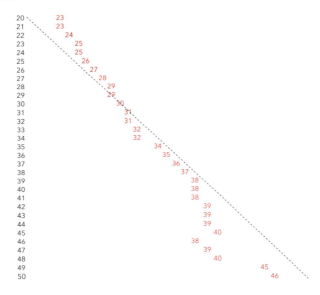

idade da mulher versus idade dos homens que lhe parecem mais atraentes

A diagonal pontilhada é a linha de "paridade cronológica" em que as idades de homens e mulheres seriam iguais. Isso não é um cânone da matemática, apenas algo que usei para guiar o seu olhar. Geralmente existe uma geometria intrínseca a determinada situação (há um motivo para ela ter sido a primeira das ciências) e vamos nos aproveitar disso sempre que possível.* Essa linha específica traz à tona

---

* Para mim, isso distingue a verdadeira visualização de dados de, digamos, um gráfico simples ou obra de arte impressionista que por acaso inclui números. Em uma visualização, o espaço físico em si transmite as relações.

duas transições, que coincidem com grandes datas. O primeiro ponto de articulação é aos 30 anos, em que a tendência dos números em vermelho (idade dos homens) vai para baixo da linha e nunca mais sobe. Essa é a maneira de os dados dizerem que, até os 30, as mulheres preferem homens um pouco mais velhos. Depois, elas acham melhor que eles sejam um pouco mais novos. Aos 40, a progressão liberta-se da diagonal, indo praticamente reta por nove anos. Isso significa que a preferência feminina parece chegar a um limite. Ou a aparência masculina vai ladeira abaixo, seja lá como você queira pensar nisso. Se desejarmos saber o ponto em que a beleza de um homem chega ao limite é este: os 40 anos.

As duas perspectivas (das mulheres avaliando e dos homens sendo avaliados) são as metades de um todo. À medida que a mulher envelhece, os padrões evoluem e, do ponto de vista do homem, o movimento quase 1:1 dos números vermelhos em relação aos pretos implica que, à medida que ele amadurece, as expectativas das parceiras também amadurecem praticamente ano a ano. Ele envelhece e o ponto de vista delas aceita isso. As rugas, os pelos no nariz, o apego renovado às bermudas cargo, tudo isso é satisfatório ou, pelo menos, é compensado por outras virtudes. Compare isso à queda livre dos valores do outro lado, dos homens para as mulheres:

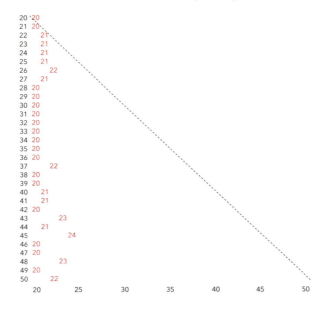

idade do homem versus *idade das mulheres que lhes parecem mais atraentes*

Lei de Wooderson 37

Este gráfico (que praticamente nem é um gráfico, apenas uma tabela com algumas colunas) faz uma afirmação tão forte quanto o espaço negativo que apresenta. A mulher está no ápice aos 20 e poucos anos. E ponto. Na verdade, o meu gráfico nem mostra isso tão claramente. As quatro idades femininas mais cotadas são 20, 21, 22 e 23 anos para *todos* os grupos de homens, exceto um. Pode-se ver o padrão geral abaixo, onde coloquei sombras nos dois primeiros quartis (isto é, na primeira metade) de avaliações. Também acrescentei algumas idades femininas como números em preto na parte horizontal para ajudá-lo a navegar:

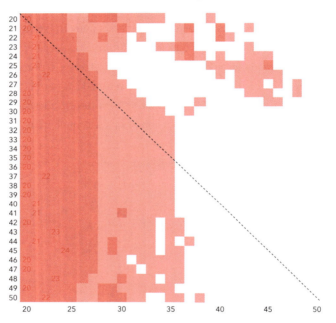

idade do homem versus *idade das mulheres que lhe parecem mais atraentes*

Mais uma vez, a geometria fala alto: o padrão masculino vai muito além da simples preferência por moças de 21 anos. E, após os 30, a metade inferior da faixa etária (isto é, mulheres acima de 35 anos) pode muito bem não existir. A mulher mais jovem é a preferida e, quanto mais jovem, melhor. E se "velha demais" significa o início do declínio de uma pessoa, a mulher heterossexual está velha demais assim que puder consumir bebidas alcoólicas (21 anos nos Estados Unidos).

Outro modo de colocar este foco na juventude é que a expectativa masculina nunca cresce. A ideia de sexy para um cinquentão é praticamente a mesma de um universitário, pelo menos quando a idade é a variável considerada. Na verdade, homens de 20 e poucos anos estão *mais* dispostos a namorar mulheres mais velhas. Aquele bolsão de avaliações médias na parte superior direita do desenho representa, basicamente, as "coroas que gostam de garotões". Os caras estão lá fazendo uma caminhada e apreciando um belo dia, até que, *pá*, são atacados.

No sentido matemático, a idade de um homem e seus objetivos sexuais são variáveis independentes: a primeira muda enquanto a segunda permanece constante. Chamo isso de Lei de Wooderson em homenagem a seu defensor mais famoso: o personagem vivido por Matthew McConaughey em *Jovens, loucos e rebeldes*.

É disso que eu gosto nessas alunas do ensino médio: eu envelheço e elas continuam com a mesma idade.

Diferentemente de Wooderson, o que os homens *dizem* querer é bem diferente dos dados de votações particulares que acabamos de ver. As avaliações foram enviadas sem qualquer pedido específico além de "julgue esta pessoa". Mas, quando você pede aos homens para escolher diretamente a idade das mulheres que estão procurando, os resultados são bem diferentes. O espaço cinza no gráfico a seguir é o que os homens *dizem* querer quando perguntados:

Lei de Wooderson   39

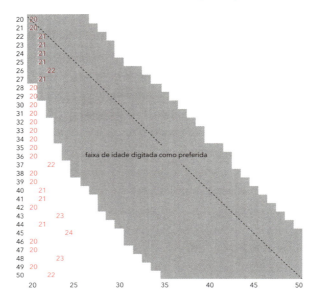

idade do homem versus *idade das mulheres que lhe parecem mais atraentes*

Como não acho que ninguém esteja nos enganando intencionalmente quando revela suas preferências ao OkCupid (há pouca vantagem nisso, pois você ganharia apenas um site que lhe dará algo que você definitivamente não quer), vejo isso como afirmação do que os homens imaginam que devam desejar *versus* o que realmente desejam. A distância entre as duas ideias aumenta ao longo do tempo, embora a tensão pareça se resolver em uma espécie de acordo patético quando chega a hora de parar de votar e começar a agir, como você verá.

O próximo gráfico (o último deste tipo que veremos) identifica a faixa etária com a maior densidade de *tentativas de contato*. As idades que recebem mais mensagens são descritas pelos quadrados cinza mais escuros ao longo da borda esquerda, na faixa maior. Estas três colunas verticais na metade interior do gráfico mostram os pulos no conceito que o homem tem de si mesmo à medida que se aproxima da meia-idade. Quase dá para ver as engrenagens girando. Aos 44 anos ele se sente confortável abordando uma mulher de 35. Um ano depois, porém... Ele pensa um pouco mais. Embora não haja problemas em uma diferença de nove anos, dez parecem ser demais.

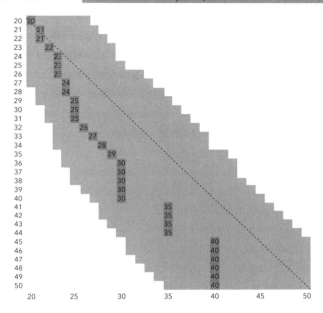

idade do homem versus *idade das mulheres para quem ele mais manda mensagens*

É este tipo de terra de ninguém calculada (o equilíbrio entre o que você quer, o que diz e o que faz) que o verdadeiro romance precisa ocupar: não importa o quanto as pessoas votem em particular ou o que preferem de modo abstrato, não há muitos homens de 50 anos procurando mulheres de 20 e tendo sucesso. Por um lado, isso é condenado pelas convenções sociais, por outro, o namoro exige reciprocidade. O que uma pessoa deseja representa apenas metade da equação.

Quando se trata das mulheres tomando a iniciativa e entrando em contato com os homens, pela proporção de beleza de mulheres para homens que vimos no início deste capítulo (um ano: um ano), além das motivações não físicas que as empurram para os homens mais velhos (econômicas, por exemplo), elas enviam mais mensagens para eles à medida que envelhecem, até os 30 e poucos anos. A partir daí, a quantidade de contato diminui, mas não acontece tão rapidamente quanto o número geral de mulheres disponíveis vai encolhendo. Pense deste modo: imagine que você possa pegar um típico cara de 21 anos, que está começando a namorar como adulto (definição: não há copos de plástico envolvidos durante a paquera/consumação/fim do relacionamento) e pode, de alguma forma, observar todas as mulheres que estariam interessadas nele. Se você também puder analisar o grupo todo ao longo do tempo, a principal forma pela qual ele perderá opções deste conjunto é quando algumas moças não estiverem mais solteiras, porque ficaram com outra pessoa. Na verdade, o grupo total de "interessadas" nesse homem aumentaria, porque, à medida que ele envelhece e presumivelmente fica mais rico e bem-sucedido, tais qualidades atrairão mulheres mais jovens. Seja qual for o caso, a idade em si não o atrapalha. Ao longo das duas primeiras décadas de relacionamentos amorosos, à medida que ele e as mulheres da amostragem amadurecem, as que ainda estiverem disponíveis irão considerá-lo tão desejável agora quanto na época em que todos estavam com 20 anos.

Caso você faça o mesmo para uma mulher típica de 20 anos, a história será diferente. Ao longo do tempo ela também perderia homens da amostragem para o casamento. Contudo, ela acaba perdendo opções para o tempo em si: cada vez menos homens solteiros restantes irão considerá-la atraente à medida que ela envelhece. O grupo de possíveis namorados é como uma lata com dois buracos: vaza em dobro.

A quantidade de homens solteiros diminui rapidamente por idade: de acordo com o Censo dos Estados Unidos, há 10 milhões de homens solteiros com idade entre 20 e 24 anos, mas apenas 5 milhões entre trinta e 34 anos e 3,5 milhões entre 40 e 44 anos. Quando sobrepomos as preferências de parceiro vistas anteriormente a estes números que só diminuem, teremos uma ideia do quanto as verdadeiras opções da mulher mudam ao longo do tempo. Para uma moça de 20 anos, esta é a forma real do grupo de possíveis namorados:

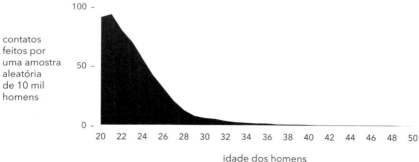

para uma mulher de 20 anos: número de homens interessados, por idade (20-50)

Os colegas dela (homens de 20 e poucos anos) compõem a maioria do grupo, e os números despencam rapidamente: homens de 30 anos, por exemplo, formam apenas uma pequena parte. Eles têm menor probabilidade de entrar em contato com uma garota tão nova apesar do interesse demonstrado em particular e, além disso, muitos homens já arranjaram parceira fixa nessa idade. Quando a mulher estiver com 50 anos, os que sobram (e ainda estão interessados) são apresentados no gráfico a seguir na mesma escala. É a Bridget Jones em forma de gráfico:

Comparando as áreas, para cada cem homens interessados nessa jovem de 21 anos, apenas nove procuram uma mulher trinta anos mais velha. Esta é a progressão total dos gráficos como os dois que mostramos anteriormente, criada a partir da perspectiva da mulher para cada uma das idades, de 20 a 50 anos:

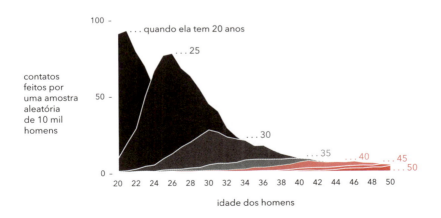

Lei de Wooderson 43

Costumo trabalhar vendo dois indivíduos sozinhos que, por algum motivo, não fazem contato. Neste caso, para esta faceta da experiência, são dois grupos inteiros de pessoas procurando umas pelas outras com objetivos diferentes. As mulheres querem homens que envelheçam com elas. E os homens sempre preferiram a juventude. Uma mulher de 32 anos vai se registrar no site, definir a preferência de idade como 28-35 e começar a navegar. Aquele homem de 35 anos entrará no site, definirá a idade como 24-40 e raramente entrará em contato com alguém acima de 29. E ninguém encontra o que procura. Pode-se dizer que são dois navios passando um pelo outro à noite, mas não seria muito correto. Os homens parecem estar no mar, sendo empurrados para algum horizonte cada vez mais longínquo, mas o que vejo são mulheres ainda em terra firme, apenas observando eles desaparecerem.

2.

Morte causada por mil "blés"

Em 2002, o Oscar contratou o diretor Errol Morris para filmar um curta-metragem explicando por que amamos o cinema. A Academia queria abrir a transmissão da cerimônia de entrega dos prêmios com uma montagem acelerada de pessoas, celebridades e anônimos falando sobre seus filmes prediletos. Como o meu amigo Justin era o diretor de elenco de Morris, ele me colocou na lista. Não havia qualquer garantia de que eu entraria no corte final do curta, mas eu podia ser entrevistado na frente da câmera e ver o que aconteceria.

Chegando lá, vi que tinha sido agendado para o mesmo dia dos nomes mais conhecidos: Donald Trump, Walter Cronkite, Iggy Pop, Al Sharpton e Mikhail Gorbachev. Trump e Gorbachev entrariam em sequência e em algum lugar havia uma foto dos dois comigo no meio, invadindo a foto e inventando o *photobombing* antes mesmo de a palavra existir. Eu digo "em algum lugar" porque logo depois do flash, Trump estalou os dedos e o guarda-costas pegou a câmera do Justin. Como filme favorito, Trump escolheu *King Kong* porque obviamente ele gosta de gorilas que tentam "conquistar Nova York". Já Gorbachev, por meio de um intérprete cujo bigode devia pesar uns cinco quilos, escolheu *Gladiador*. Aos dois minutos e um segundo no filme de Morris, os olhos arregalados e a voz que diz *A profecia* são meus.

Veja bem, gosto de um bom filme de anticristo mais do que boa parte das pessoas, mas escolhi *A profecia* mais ou menos aleatoriamente. Há tantos filmes bons que não tenho muita certeza de qual é o meu favorito. Mas sei qual é o filme de que menos gosto com toda a certeza: *Pecker*, de John Waters. Saí no meio dele. Duas vezes. Fui uma vez com alguns amigos, não consegui lidar com o estilo *trash*, sem contar os sotaques exagerados, e tive que sair. No fim de semana seguinte, *outros* amigos foram ver, e como John Waters é um cineasta de prestígio e eu sou um cara descolado que entende isso, imaginei que havia uma chance de estar errado da primeira vez. Além disso, eu não tinha nada melhor para fazer. Então, fui de novo.

Essa é a loucura temporária de ter 22 anos. Não estou dizendo que John Waters faz filmes objetivamente ruins, eles apenas não são para mim. Ou para muita gente. E ele aceita esse fato, a rejeição. É praticamente seu cartão de visitas como diretor. Em outras palavras: ninguém sai de *Pecker* achando que foi "blé". Ou você ama ou sai bufando de raiva depois de vinte minutos, como eu fiz duas vezes. Isso é proposital.*

Os fãs de Waters parecem amá-lo ainda mais por serem tão poucos. No OkCupid, uma busca pelos textos nos perfis dos usuários dá mais resultados para o nome dele do que para George Lucas e Steven Spielberg juntos. Ele tem página exclusiva no Reddit: */r/JohnWaters,†* e embora não seja a URL mais visitada de todos os tempos, as pessoas realmente postam por lá: notícias, vídeos antigos, perguntas sobre ele, comentários e por aí vai. Também existe a */r/GeorgeLucas*, com apenas uma postagem. Se você digitar */r/StevenSpielberg* na barra de endereços, recebe a mensagem de "não parece ter nada aqui" do servidor do Reddit porque, por melhor que o trabalho dele seja, ninguém se empolgou o bastante a ponto de criar uma página. Até diretores altamente queridos na Internet, como J. J. Abrams, não têm página própria. Fazer um site de fã exige motivação especial, geralmente intensificada por você se sentir parte de um grupo especial, escolhido e sempre pronto para o combate. Devoção é como vapor em um pistão: a pressão ajuda a fazer funcionar.

Como muitos artistas desde sempre, Waters entende muito bem como as coisas funcionam: afastar algumas pessoas atrai muitas mais, e falo dele aqui não apenas por minha batalha pessoal com *Pecker,* mas porque Waters também entende a universalidade do princípio: não é verdadeiro apenas para a arte. Ele tem um monte de frases ótimas, mas aqui está uma bastante significativa para mim: "A beleza é a aparência da qual você nunca se esquece. Um rosto deve abalar, não confortar." Ele está totalmente certo em relação a músicas, filmes ou uma vasta gama de fenômenos humanos: uma falha é algo poderoso. Mesmo em nível interpessoal, ser amado em âmbito universal é ser relativamente ignorado. Ser odiado por alguns é ser ainda mais amado por outros. E, mais especificamente, a beleza de uma mulher aumenta como um todo quando alguns homens a acham feia.

Pode-se ver isso nas avaliações de perfil no OkCupid. Como o sistema de avaliação do site é de cinco estrelas, os votos têm mais profundidade do que um simples *sim* ou *não*. As pessoas dão graus de opinião e isso nos dá mais espaço para explorar. Para mostrar esta descoberta, teremos que fazer uma breve jornada matemática.

---

* Waters sobre o cinema: "Para mim, o entretenimento se resume ao mau gosto. Se alguém vomitar enquanto assiste a um dos meus filmes, é como se eu fosse aplaudido de pé."

† Essas páginas no Reddit são chamadas de subreddits. Explicarei este site e suas nuances com mais detalhes em outro ponto do livro.

Esse tipo de exercício faz a ciência dos dados funcionar. Para montar um quebra-cabeça é preciso espalhar todas as peças e começar a fazer tentativas. Sem peneirar com cuidado, reduzir e usar de parcimônia, não há como algo "saltar aos olhos" entre terabytes de dados crus.

Vamos analisar um grupo de mulheres com aproximadamente a mesma beleza, como as que foram avaliadas exatamente na média:

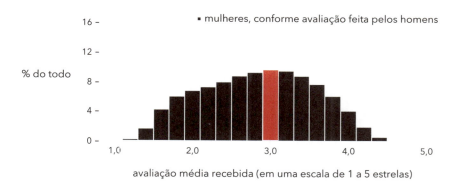

Agora imagine uma mulher neste grupo e pense nos diferentes tipos de voto que os homens poderiam ter lhe dado. Pense basicamente em como ela acabou sendo avaliada na média. Há milhares de possibilidades, estas são apenas algumas que criei: combinações de uma, duas, três, quatro e cinco estrelas, todas levando à média de três.

	quantidade de homens que votaram...					média dos padrões
	"1"	"2"	"3"	"4"	"5"	
Padrão A			100			3,0
Padrão B		10	80	10		3,0
Padrão C	10	20	40	20	10	3,0
Padrão D	25	25		25	25	3,0
Padrão E	50				50	3,0

Como você deve ter notado, os padrões de votos que escolhi ficam mais polarizados à medida que vão do Padrão A para o Padrão E. Cada coluna ainda tem como resultado o mesmo 3 do meio, mas elas expressam essa média de modos diferentes. O Padrão A é a personificação do consenso. Nele, os homens que votaram falaram em perfeito uníssono: *esta mulher está exatamente no meio*. Quando chegamos ao fim da tabela, a média geral ainda é centrada, mas nenhum indivíduo isolado tem essa opinião central. O Padrão E mostra o caminho mais extremo possível, que leva a uma média regular: para cada homem que dá à nossa mulher hipotética 1 estrela, outra pessoa deu a ela 5, mudando o resultado final para 3 apesar de tudo. Este é o estilo do John Waters.

Esses padrões exemplificam um conceito matemático chamado *variância*, que é a medida do quanto os dados se espalham em torno de um valor central. A variância aumenta quanto mais os dados apontam para longe da média. Na tabela a seguir, ela é maior no Padrão E. Uma das aplicações mais comuns da variância é determinar a volatilidade (e, portanto, o risco) em mercados financeiros. Veja estas duas empresas:

As duas deram um lucro de 10% no ano, mas são investimentos muito diferentes. A Associated Widgets teve diversos altos e baixos em termos de valor ao longo do ano, enquanto a Widgets Inc. cresceu aos poucos, apresentando ganhos consistentes a cada mês. Computar a variância torna possível que os analistas capturem esta distinção em um só número e, caso todo o restante continue igual, os investidores preferem o padrão da direita, obtendo o mesmo lucro com menos surpresas para o coração. Claro que quando se trata de romance, as surpresas *são* o lucro, e este é o X da questão. No fim das contas, a variância tem quase tanto a ver com a atenção sexual recebida por uma mulher quanto a beleza dela como um todo.

Em qualquer grupo de mulheres, em que todas sejam igualmente belas, a quantidade de mensagens recebidas por elas está altamente relacionada à variância: das misses à mais comum das mulheres, passando pelas moças que ficam entre esses dois pontos, os indivíduos que recebem o maior afeto serão os polarizadores. E o efeito não é pequeno: ser altamente polarizador, na verdade, rende 70% a mais de mensagens. Isso significa que a variância de fato torna possível pular várias "fases" no universo dos namoros: por exemplo, uma mulher com avaliação bem ruim (vigésimo percentil) e alta variância nos votos recebe quase tantas cantadas quanto uma mulher típica que está no septuagésimo percentil.

Isso ocorre em parte porque a variância significa, por definição, que mais pessoas gostam *muito* de você (e outras tantas detestam). Esses homens empolgados, chamados aqui de *fanboys*, são os que mandam a maioria das mensagens. Assim, ao empurrar as pessoas para a parte mais alta (as cinco estrelas), você consegue mais cantadas.

Contudo, os votos negativos também fazem parte da história e merecem um pouco de atenção. Por exemplo, as integrantes dos padrões exemplificados pelas letras C e D a seguir recebem cerca de 10% a mais de mensagens que as dos padrões mostrados nas letras A e B, mesmo que as duas primeiras mulheres tenham avaliações muito melhores no geral.

	quantidade de homens que votaram...					
	"1"	"2"	"3"	"4"	"5"	média dos padrões
Mulher A	2	22	27	29	20	3,4
Mulher B	10	13	31	28	18	3,3
Mulher C	32	22	12	16	18	2,7
Mulher D	47	13	6	19	15	2,4

Tenho falado de mensagens como se elas fossem um fim em si, mas em um site de namoros elas antecedem resultados como conversas mais profundas, troca de informações de contato e, eventualmente, encontros ao vivo. As pessoas com variância maior também recebem muito mais de tudo isso. A mulher D da tabela anterior, por exemplo, teria cerca de 10% mais conversas, 10% mais encontros amorosos e, provavelmente, faria 10% mais sexo que a mulher A, mesmo que ela seja muito menos atraente em termos de avaliação absoluta.

Além disso, os homens que deram uma e duas estrelas não estão cantando as mulheres, pois as pessoas praticamente não entram em contato com alguém que avaliaram mal.* É que ter detratores, de alguma maneira, induz as outras pessoas a lhe quererem ainda mais. O fato de as pessoas *não* gostarem de você acaba gerando mais atenção para o seu lado. E, sim, em seu castelo subterrâneo, Karl Rove sorri, acariciando um enorme sapo.

O fato de o OkCupid não publicar avaliações brutas de beleza (e nem número de variância, obviamente) para ninguém no site só aumenta o mistério em torno desse fenômeno, pois ninguém está tomando decisões conscientemente com base nesses dados. Mas as pessoas conseguem sentir a matemática por trás disso, mesmo sem saber, e acredito que esteja acontecendo o seguinte: imagine um cara atraído por uma mulher que ele conscientemente sabe ser de aparência não convencional. A própria singularidade da aparência implica que outros homens provavelmente se afastam dela, sugerindo menos competição. Ter menos rivais aumenta a chance de sucesso. Posso imaginar nosso homem navegando pelo perfil dessa moça, brincando com o cursor e pensando: *Aposto que ela não encontra muitos caras que a acham incrível. Na verdade, eu gostei mesmo dela pelas idiossincrasias, não foi apesar delas. Este é o meu diamante bruto,* e por aí vai. Até certo ponto, a impopularidade é o que a faz ser atraente para ele. E se o nosso rapaz hipotético estava em cima do muro sobre se deveria ou não se apresentar, isso pode fazer a diferença.

Olhando o fenômeno pelo ângulo oposto, o da baixa variância, uma mulher relativamente atraente e com avaliações consistentes seria considerada bonita por qualquer homem, correndo o risco de parecer mais popular do que realmente é. O apelo geral passa a impressão de que outros homens também estão atrás dela, deixando-a cada vez menos atraente. O cara interessado, porém em cima do muro, decide partir para outra.

Essa é minha teoria, pelo menos, mas a ideia da variância como algo positivo está bem estabelecida em outras áreas. Os psicólogos sociais a chamam de "efeito *pratfall*" ("efeito cair sentado", em tradução livre): desde que você seja competente no geral, cometer um pequeno erro de vez em quando faz com que as pessoas o considerem *mais*

---

* Apenas 0,2% das mensagens no site são mandadas pelos usuários para uma pessoa a quem eles deram menos de três estrelas.

competente. As falhas destacam os pontos positivos. O cérebro humano pode ter sido criado com essa necessidade de imperfeição, visto que o olfato, sentido mais conectado ao centro emocional do cérebro, prefere a discórdia à unanimidade. Os cientistas mostraram isso em laboratório, misturando odores ruins a agradáveis, mas a natureza, na sabedoria do tempo evolucionário, percebeu esse fato bem antes. O aroma agradável exalado por várias flores, como a da laranjeira e o jasmim, contém uma fração significativa (cerca de 3%) de uma proteína chamada indol. Ela é comum no intestino grosso e tem o odor característico da região. Mas as flores não cheiram tão bem sem indol. Um pouco de merda atrai as abelhas, no fim das contas. O indol também aparece como ingrediente nos perfumes humanos sintéticos.

Você pode ver um exemplo de implementação pública dos dados do OkCupid no refinado mundo das modelos. As mulheres são todas profissionalmente lindas e cinco estrelas, claro, mas mesmo nesse nível ainda é uma questão de se diferenciar pelas imperfeições. A carreira da Cindy Crawford decolou depois que ela parou de disfarçar a pinta e Linda Evangelista teve a questão com o corte de cabelo. Não se pode dizer que isso a deixou *mais bonita*, mas fez dela uma pessoa bem mais interessante. Kate Upton, pelo menos de acordo com o padrão da indústria, tem uns quilinhos a mais. Pegar alguns exemplos do conjunto de dados, mais fáceis de gerar identificação do que modelos em trajes de banho, ajudará você a ver como isso funciona para uma pessoa normal. Temos aqui seis mulheres, todas com avaliações medianas no geral, mas que tendem a gerar reações extremas dos dois lados: muitos votos de Sim e muitos de Não, mas pouquíssimos ousam dizer Blé.

Agradeço a todas por serem seguras o bastante para aceitar que as suas imagens fossem exibidas e discutidas aqui. O que se vê nessa matriz é o que se obtém ao longo do *corpus*. Estas são pessoas que abandonaram a média de propósito, seja por meio de modificações corporais, expressões de deboche ou do ato de comer um queijo quente com muita atitude. Aqui encontramos várias mulheres relativamente normais com uma característica incomum, como a moça do meio na coluna de baixo, cujo cabelo azul não se pode ver na foto em preto e branco. E também temos mulheres que escolheram destacar essa vantagem/desvantagem em particular. Se você conseguir uma avaliação de, digamos, 3,3 apesar dos quilos a mais e das pessoas que odeiam tatuagens ou algo assim, então, literalmente, você ganha mais força.

No fim das contas, visto que todos na Terra têm algum tipo de falha, a verdadeira moral aqui é: seja você mesma e tenha coragem para isso. Tentar ser igual aos outros certamente não vale a pena. Sei que isso está perigosamente perto do tipo de frase que costuma ser bordada em colchas de retalhos, que são as apresentações de PowerPoint de outra era e o oposto da ciência por definição. Também se parece muito com aquele conselho dado pela mãe, junto com um tapinha na cabeça daquele filho narigudo e de aparelho nos dentes que, aos 14 anos, não consegue descobrir o motivo da própria impopularidade. De qualquer modo, isso está lá, nos números. Como eu disse, as pessoas conseguem perceber a matemática por trás de tudo, especialmente as mães, ainda bem. Eu só gostaria que a minha tivesse me avisado que, no nono ano, ursos já não são mais considerados bacanas.

3.

Escritos no mural

A nostalgia costumava ser chamada de *mal du Suisse*, a doença suíça. Os mercenários do país espalhavam-se por toda a Europa e eram aparentemente famosos pela vontade de voltar para casa. Eles ficavam melancólicos, cantavam baladas pastoris em vez de lutar, e quando você é o rei da França e precisa combater os huguenotes, canções não servem de nada. As baladas foram proibidas. Na Guerra Civil norte-americana, a nostalgia foi um problema tão grande que tirou 5 mil tropas de combate e levou 74 homens à morte, pelo menos de acordo com os registros médicos do Exército. Dadas as circunstâncias, morrer de tristeza é até compreensível, mas, por outro lado, essa também era a época das sanguessugas e das serras para cortar ossos, então sabe-se lá o que realmente estava acontecendo. É interessante pensar que, naqueles dias, muitas das pessoas que saíam de casa o faziam para ir à guerra, por isso, boa parte da literatura inicial sobre nostalgia, então vista como uma doença de boa-fé, trata de soldados. Naquele tom de sépia no qual sempre penso no passado, gosto de imaginar cientistas em 1863 trabalhando furiosamente contra o relógio nos dois lados do rio Potomac, a fim de desenvolver a superarma definitiva que acabaria com a guerra: anuários escolares no ensino médio.

Eu nem sei se ainda fazem anuários no ensino médio. É difícil ver a necessidade deles agora que existe o Facebook, embora o último relatório trimestral da empresa afirme que pessoas abaixo de 18 anos não estão mais usando essa rede social como antes, então talvez as crianças voltem a precisar da cópia impressa, sei lá.* Mas, independentemente da maneira como os adolescentes estejam mantendo contato uns com os outros, seja pelo Snapchat, WhatsApp ou Twitter, tenho certeza de que eles estão usando palavras. As fotos até fazem parte do apelo de todos esses serviços, obviamente, mas há um limite para o que pode ser dito sem usar o teclado. Mesmo no Instagram, os comentários e as legendas são fundamentais: afinal, a foto só tem alguns centímetros quadrados, mas as palavras são as palavras: ainda expressam sentimentos e formam conexões.

Na verdade, com toda a preocupação sobre os efeitos da tecnologia na nossa cultura, tenho certeza de que até o adolescente mais reservado de 2014 escreveu muito mais em toda a sua vida do que eu ou qualquer um dos meus colegas de

---

* Verdadeira definição de ignorância: descobrir "o que as crianças estão fazendo esses dias" por meio da Comissão de Valores Mobiliários dos Estados Unidos.

escola no início da década de 1990. Na época, se você precisasse falar com alguém, usava o telefone. Escrevi alguns bilhetes de agradecimento bem formais e talvez uma carta por ano. O típico estudante do ensino médio de hoje deve superar esses números em uma manhã. A Internet tem vários aspectos lamentáveis, mas isto sempre me agradou: é um mundo de escritores. A sua vida on-line é mediada pelas palavras. Você trabalha, socializa e flerta, tudo digitando. Sinceramente, espero que haja alguma grandeza epistolar e austeniana em toda esta empreitada. Não importa quais palavras usamos ou como escrevemos as letras, estamos nos escrevendo mais do que nunca. Mesmo se às vezes

eita fia

for tudo o que tivermos a dizer.

∞

O major Sullivan Ballou foi um dos soldados do Exército Unionista no Potomac que sofreu com saudades de casa. Bem no início de *The Civil War*, de Ken Burns, o narrador lê a carta de despedida escrita para a esposa, sua "muito querida Sarah", em um momento importante e cheio de emoção no filme. O major escreveu do acampamento, antes da primeira grande batalha da guerra, e foi mortalmente ferido dias depois. Aquelas palavras foram as últimas que a família dele leria, e levaram para casa a maior tristeza que o país iria encarar nos anos seguintes. Devido à exposição, a carta de Ballou virou uma das mais famosas já escritas. Quando procuro "cartas famosas", o Google a exibe em segundo lugar. É um belo texto, mas pense em todas as outras cartas que nunca serão lidas em voz alta por terem sido queimadas, perdidas em alguma confusão, levadas pelo vento ou que apenas mofaram.

Hoje não é preciso confiar na sorte para preservar e saber o que alguém estava pensando ou como falava, e não precisamos que uma pessoa represente várias. Está tudo preservado, não só o texto de um homem falando para a esposa antes de uma batalha como de todos para todos, antes, depois e até durante cada uma das nossas batalhas pessoais. É possível encontrar leituras da carta de Ballou no YouTube, e vários comentários são do tipo "Não se fazem mais coisas assim". É verdade, mas o que eles, ou melhor, nós estamos fazendo tem uma riqueza e beleza de outro tipo: uma poética não de frases líricas e sim de compreensão. Estamos à beira de uma mudança monumental no estudo da comunicação humana e no que ela tenta estimular: a noção de comunidade e conexão pessoal.

Quando você quiser saber como as pessoas escreviam, suas palavras cruas e desmedidas são o melhor lugar para começar, e existem toneladas delas. Haverá mais palavras escritas no Twitter nos próximos dois anos do que as contidas em todos os livros já impressos. É a epítome da nova comunicação: curta e em tempo real. Na verdade, o Twitter foi o primeiro serviço que não só estimulou a brevidade e o imediatismo, como fez deles algo obrigatório, com a pergunta "O que está acontecendo?" e o espaço de 140 caracteres para responder ao mundo. A popularidade súbita do Twitter, assim como a súbita redefinição da escrita feita por ele, parece confirmar o medo de que a Internet estaria "matando a nossa cultura". Como as pessoas poderiam continuar a escrever direito (e até a pensar direito) neste novo espaço confinado? O que surgiria de uma mente tão restrita? O ator Ralph Fiennes falou por muitos quando disse: "Você só precisa olhar o Twitter para ver evidências de que muitas palavras em inglês utilizadas, digamos, em peças de Shakespeare ou romances do P. G. Wodehouse... são tão pouco usadas que as pessoas nem sabem mais o que significam."

Até as análises mais básicas mostram que a linguagem no Twitter está longe de ter se degradado. Na sequência, compararei as palavras mais usadas no Twitter com o Oxford English Corpus (OEC — Corpus da Língua Inglesa de Oxford), uma coleção de aproximadamente 2,5 bilhões de palavras retiradas de todos os tipos de escrita moderna: jornalismo, romances, blogs, artigos acadêmicos etc. O OEC é o censo canônico do vocabulário atual da língua inglesa. Fiz uma tabela contendo apenas as cem primeiras palavras das dezenas de milhares utilizadas pelas pessoas, o que pode parecer uma amostra insignificante, mas aproximadamente metade de toda a escrita é formada apenas por essas palavras (tanto no Twitter quanto no OEC). O mais importante a se observar na lista do Twitter é que, apesar dos resmungos dos cansados guardiões no alto da Fortaleza da Língua Inglesa, existem apenas duas palavras da linguagem da Internet: *RT* que significa *retweet* (retuitar) e *u*, usada no lugar de *you* (você) entre as cem mais utilizadas. Era de se imaginar que as contrações gramaticais ou de outros tipos seriam a base de um formato que permite apenas 140 caracteres, mas as pessoas parecem estar escrevendo de acordo com esta limitação em vez de usar artifícios para driblá-la. Além disso, quando se calcula o tamanho médio de palavra no Twitter, ele é *maior* que o do OEC: 4,3 caracteres *versus* 3,4.

Escritos no mural   61

Indo além do tamanho para o conteúdo do vocabulário do Twitter, destaquei as palavras exclusivamente utilizadas nele para facilitar a comparação:

	OEC	Twitter
1	the (o, a, os, as)	to (para)
	be (ser, estar)	a (um, uma)
	to (para)	I (eu)
	of (de)	the (o, a, os, as)
	and (e)	and (e)
	a (um, uma)	in (em)
	in (em)	you (você)
	that (aquele, aquela)	my (meu, minha)
	have (ter)	for (para)
10	I (eu)	on (em)
	it (pronome pessoal para indicar algo que não tem gênero)	of (de)
	for (para)	it (pronome pessoal para indicar algo que não tem gênero)
	not (não)	me (eu, mim)
	on (em)	this (isto)
	with (com)	with (com)
	he (ele)	at (para, em)
	as (como)	just (apenas)
	you (você)	so (então)
	do (fazer)	be (ser, estar)
20	at (para, em)	rt
	this (este)	out (sair, fora)
	but (mas)	that (que, aquele)
	his (dele)	have (ter)
	by (por)	your (seu, seus)
	from (de)	all (todos)
	they (eles)	up (subir)
	we (nós)	love (amor)
	say (dizer)	do (fazer)
	her (dela)	what (o que)
30	she (ela)	like (gostar, como)
	or (ou)	not (não)
	an (um, uma)	get (pegar, conseguir)
	will (partícula auxiliar que indica futuro do presente)	no (não)
	my (meu)	good (bom)
	one (um)	but (mas)
	all (todos)	new (novos)

62   Dataclisma

OEC	Twitter
would (partícula auxiliar que indica futuro do pretérito)	can (poder)
there (lá)	if (se)
their (deles)	day (dia)
40 what (o que)	now (agora)
so (então)	time (tempo)
up (subir)	from (de)
out (sair, fora)	go (ir)
if (se)	how (como)
about (sobre)	we (nós)
who (quem)	will (partícula auxiliar que indica futuro do presente)
get (pegar, conseguir)	one (um)
which (que, o qual)	about (sobre)
go (ir)	know (saber)
50 me (eu, mim)	when (quando)
when (quando)	back (voltar)
make (fazer)	an (um, uma)
can (poder)	see (ver)
like (gostar, como)	more (mais)
time (tempo)	by (por)
no (não)	today (hoje)
just (apenas)	twitter
him (dele)	or (ou)
know (saber)	as (como)
60 take (levar, tomar)	make (fazer)
people (pessoas)	who (quem, que)
into (dentro de)	got (peguei, consegui)
year (ano)	here (aqui)
your (seu, sua)	want (querer)
good (bom)	need (precisar)
some (algum, alguns)	happy (feliz)
could (poderia)	too (também)
them (eles)	u (letra usada para representar o pronome você)
see (ver)	best (melhor)
70 other (outros)	people (pessoas)
than (que, do que)	some (algum, alguns)
then (então)	they (eles)
now (agora)	life (vida)
look (olhar)	there (lá)
only (apenas)	think (pensar)
come (vir, chegar)	going (indo)

	OEC	Twitter
	its (seu, relacionado ao pronome neutro it)	why (por que)
	over (além)	he (ele)
	think (pensar)	really (realmente)
80	also (além disso)	way (jeito, caminho)
	back (voltar)	come (vir, chegar)
	after (depois)	much (muito)
	use (usar)	only (apenas)
	two (dois)	off (desligado, fora)
	how (como)	still (ainda)
	our (nosso)	right (certo)
	work (trabalhar, trabalho)	night (noite)
	first (primeiro)	home (casa)
	well (bem)	say (dizer)
90	way (jeito, caminho)	great (ótimo, grande)
	even (nem, mesmo que)	never (nunca)
	new (novo)	work (trabalhar, trabalho)
	want (querer)	would (partícula auxiliar que indica futuro do pretérito)
	because (porque)	last (durar, último)
	any (qualquer)	first (primeiro)
	these (estes)	over (além)
	give (dar)	take (levar, tomar)
	day (dia)	its (seu, relacionado ao pronome neutro it)
	most (o mais)	better (melhor)
100	us (nós)	them (eles)

Embora a lista do OEC seja meio banal e tenha muitos auxiliares e modificadores — linguagem técnica para obter algum verbo ou substantivo como pagamento —, no Twitter não há espaço para funcionários: cada palavra tem que ser chefe. Por isso, se veem termos vívidos, como:

love (amor)
happy (feliz)
life (vida)
today (hoje)
best (melhor)
never (nunca)
home (casa)

... chegarem às cem palavras mais utilizadas. O Twitter, na verdade, pode estar melhorando a escrita dos usuários, pois os obriga a usar menos letras para escrever frases significativas, levando a famosa máxima de William Strunk: *Omita palavras desnecessárias, ao* nível da combinação de teclas. Quem tuíta não tem opção além de ser conciso e, pensando bem, o limite de caracteres na verdade explica as palavras levemente maiores que encontramos. Com espaço finito para trabalhar, palavras mais longas significam menos espaço entre elas, representando menos desperdício. Embora os pensamentos expressos no Twitter possam ser resumidos, não há evidência aqui de que eles sejam pequenos.

Mark Liberman, professor de linguística na Universidade da Pensilvânia, chegou mais ou menos à mesma conclusão: em uma resposta direta ao Sr. Fiennes, ele calculou o comprimento médio de palavras em *Hamlet* (3,99) e em uma coleção de histórias de P. G. Wodehouse (4,05), e descobriu que eram bem menores do que o comprimento de palavras encontrado na amostra retirada do Twitter (4,80).* Liberman é apenas um de muitos especialistas em linguística comparada que começaram a peneirar os dados do Twitter. Uma equipe da Universidade do Estado do Arizona foi capaz de ler além da contagem e do comprimento das palavras e analisou os sentimentos e o estilo da escrita, fazendo várias descobertas surpreendentes: primeiro, o Twitter não muda a maneira como a pessoa escreve. Entre os vários exemplos analisados por eles, se alguém usa "u" no lugar de "you" (você) em e-mails ou mensagens de texto em celulares, também vai usá-lo no Twitter. Da mesma forma, se a pessoa em questão geralmente escreve "you" (você), ela o faz em todos os lugares: Twitter, mensagens de texto, e-mails e por aí vai. A decisão de se referir à primeira pessoa do singular como "I" (eu) ou "i" segue o mesmo padrão. Isto é, o estilo da pessoa não muda de um meio de comunicação para o outro, não há "emburrecimento". Você escreve do mesmo jeito de sempre, onde quer que esteja. Os linguistas também mediram a densidade lexical do Twitter: a proporção de palavras com conteúdo, como verbos e substantivos, e descobriram que não só era maior que a dos e-mails como comparável ao estilo da revista *Slate*, o controle escolhido para a sintaxe usada em revistas. Tudo aponta para a mesma conclusão: o Twitter não alterou tanto a nossa escrita, ela apenas se adaptou para caber em um lugar menor.

---

* Liberman (e eu) cortamos as URLs e os sinais especiais @ e # da análise para que estes números não fossem artificialmente inflados por "não palavras".

Olhando os dados, em vez de um deserto de troncos cortados, encontramos uma floresta de bonsais.

Este tipo de análise aprofundada (densidade lexical, frequência de palavras) indica a real natureza da transformação que está a caminho. A mudança que o Twitter trouxe à linguagem em si não é nada comparada à mudança que está trazendo ao *estudo* da linguagem. O Twitter nos dá uma noção das palavras como blocos de construção de pensamento e também um conector social, que é realmente o propósito da linguagem desde que a humanidade se acotovelou para sair da África. E, ao contrário de meios de comunicação mais antigos, o Twitter nos dá a possibilidade de analisar esses laços em nível individual. É possível ver não só o que uma pessoa diz como a quem ela diz, quando e com que frequência. Especialistas em linguística comparada investigam há muito tempo os pontos em comum que existem em determinados grupos em termos de linguagem. As palavras mais básicas geralmente têm sons em comum (como *tres, trois, drei, three* e *thran*, do espanhol, francês, alemão, inglês e o gujarati da Índia), e essas ramificações nos deram uma noção dos movimentos genéticos e culturais ao longo do tempo. Os pesquisadores já estão agrupando as pessoas pela linguagem que usam no Twitter. Aqui vemos uma tentativa inicial de encontrar as tribos e os dialetos emergentes, usando um *corpus* de 189 mil tuiteiros trocando 75 milhões de tuítes entre si.

subgrupos no Twitter por padrão de mensagens trocadas

palavras-exemplo	discurso característico	porcentagem da amostra
nigga (gíria para negro), poppin (rolando), chillin (curtindo)	finais encurtados (por exemplo: -er => -a ou -ing => -in)	14
tweetup (encontro de usuários do Twitter), metrics (métricas), innovation (inovação)	jargões do momento na área de tecnologia da informação	12
inspiring (inspirador), webinar (seminário via web), affiliate (afiliada), tips (dicas)	autoajuda de marketing	11
etsy (loja virtual), adorable (adorável), hubby (maridão)	jargão de bricolagem	5

palavras-exemplo	discurso característico	porcentagem da amostra
pelosi (política norte-americana Nancy Pelosi), obamacare (política de saúde do presidente norte-americano Barack Obama), beck (Gleen Beck, comentarista político norte-americano), libs (corruptela de "liberais")	assuntos polêmicos entre militantes	4
bieber, (astro pop Justin Bieber) pleasee (por favorr), youu (vocêê), <33	finais aumentados (repetição da última letra)	2
anipals (palavra misturando "animais" e "amigos"), pawesome (palavra misturando "patas" e "incrível"), furever (palavra misturando "pelos" e "para sempre")	trocadilhos relacionados a animais	1
kstew (atriz Kristen Stewart), robsessed (palavra misturando o nome do ator Robert Pattinson com o adjetivo "obcecado"), twilighters (fãs de Crepúsculo)	amálgamas/trocadilhos em torno dos filmes da série Crepúsculo	1

É importante observar que o estudo agrupou os usuários apenas pelas palavras que escreveram, pessoas para quem mandaram as mensagens e o que escreveram. Esses argumentos linguísticos não foram determinados a priori. O grupo listado em primeiro lugar é o maior detectado pelos pesquisadores e também o mais volúvel (mandando a maior quantidade de tuítes per capita), bem como o mais insular. Cerca de 90% dos tuítes enviados por este grupo são direcionados ao próprio grupo, e a linguagem de seus usuários é mais fortemente "característica": metade das cem palavras mais representativas usadas por eles se encaixa no padrão de "finais encurtados". Na lista vemos grupos tipificados por gírias, referências de cultura pop, jargões e trocadilhos bobos, pessoas unidas pela forma especial de falar. Este é exatamente o tipo de linguagem e de informações que até agora se perderam na história. Saber as últimas palavras de um homem para a esposa e como as pessoas conversam entre amigos dá uma sensação muito mais profunda de quem eles são: tecnocratas, chatos políticos, gurus de marketing, obcecados pelo ator Robert Pattinson etc. Será interessante ver nos próximos anos como todos esses grupos se unem e recombinam, pois seremos capazes de analisar tudo pelo que eles escreveram.

Quando linguagem e dados se unem, essa dimensão extra que é o tempo se torna irrefutável. Daqui a algum tempo serviços como o Twitter serão indispensáveis. Olhando para trás, o Google Books está trabalhando para consertar nosso ponto cego histórico: em colaboração com diversas bibliotecas pelo mundo, eles digitalizaram 30 milhões de livros, grandes e pequenos, e, de acordo com sua especialidade, fizeram tudo ser passível de busca. Este corpo de dados criou um novo campo de estudos culturais quantitativos chamados culturômica, cujo método principal consiste em analisar mudanças no uso das palavras ao longo do tempo. O longo alcance dos dados (vão até o século XIX) viabiliza um olhar incomum para as pessoas e o que elas consideram importante. Veja um pequeno gráfico que gosto de chamar de Pizza Agora, Pizza Para Sempre:

Também é possível ler partes de história não culinária nos dados: o "sorvete" decolou na década de 1910, exatamente quando a GE inventou a geladeira elétrica caseira. Notou a queda da "massa" no final dos anos 1990? Foi quando a dieta Atkins ficou famosa. Durante as guerras mundiais, gostamos de carne vermelha. Essas são aplicações leves de uma técnica que pode ter um alcance profundo na nossa psique coletiva.* A frequência com que as palavras são usadas pode até mostrar como percebemos abstrações como a passagem do tempo, algo muito difícil de investigar diretamente. Perguntar a uma pessoa o que significam "dez anos" é como pedir que essa pessoa descreva uma cor: você obtém impressões quando está querendo fatos. Mas olhar a escrita ao longo do tempo nos dá uma noção melhor.

Os dados mostram que, a cada ano, estamos ficando mais envolvidos no presente. Menções escritas do ano 1850, por exemplo, alcançaram seu ápice (em 1851) em aproximadamente 35 instâncias para cada milhão de palavras escritas. Já as menções ao ano 1900 chegaram ao ápice de 58 por milhão. Menções dos anos recentes, por sua vez, têm seu ápice em uma quantidade três vezes maior que isso. Aqui está a trajetória apresentada pelos marcos dos últimos cinquenta anos no conjunto de dados.

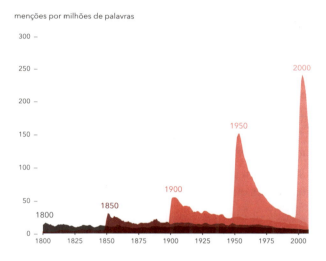

Trabalhos como este, com base na palavra impressa, ajudam a entender nossa cultura como um todo. O Twitter torna possível ver os grupos se unindo dentro

---

* Os dados do Google Books explicam o fato de mais livros serem publicados agora do que eram, digamos, no século XIX. O Google Books pega uma amostra de determinado número de livros a cada ano. Então, embora os dois gráficos por acaso mostrem o aumento nas menções aos termos em questão ao longo do tempo, isso acontece em função do aumento no interesse. Nem todos os termos seguem esse padrão. "God" ("Deus"), por exemplo, vem apresentando um declínio constante há décadas, e agora é utilizado na escrita norte-americana cerca de um terço menos do que no início do século XIX. Os pesquisadores Jean-Baptiste Michel e Erez Lieberman Aiden cunharam o termo "culturômica" no artigo "Quantitative Analysis of Culture Using Millions of Digitized Books" [Análise quantitativa da cultura usando milhões de livros digitalizados]. Os gráficos e as descobertas utilizados aqui foram adaptados do trabalho deles.

dele. Mas tanto livros quanto tuítes são formas de comunicação de um para muitos e, geralmente, como é o caso do major Ballou, nossas palavras mais importantes são ditas em ambiente privado, de um para um. Os usuários do OkCupid trocam cerca de 4 milhões de mensagens por dia. Claro que eles fazem isso com um objetivo específico (namorar), mas a interface não pergunta nada específico e não limita o conteúdo ou quantidade de caracteres digitados. Pense nele como o Gmail para estranhos: a comunicação no site diz respeito a duas pessoas se conhecendo. O romance acontece bem depois, fora da Internet. Pesquisadores externos raramente trabalham com mensagens particulares como essas. Por ser o conteúdo mais delicado gerado por usuários, raramente se permite que esses dados de mensagens saiam dos seus lugares sagrados nos bancos de dados, mesmo de forma anônima ou agregada. Contudo, minha posição privilegiada no OkCupid dá acesso especial a eles.

Primeiramente, os dez anos de história do site promovem uma visão de como a tecnologia alterou a maneira como as pessoas se comunicam. O OkCupid tem registros da época antes do smartphone, do Twitter, do Instagram. Ele estava ativo quando o MySpace ainda era um serviço de armazenamento de arquivos. Julgando pelas mensagens ao longo desse tempo, a cultura de escrita mais ampla está realmente mudando e essa mudança é motivada pelos telefones. A Apple abriu sua loja de aplicativos no meio de 2008 e o OkCupid, como todos os grandes serviços, rapidamente lançou um aplicativo. O efeito disso na escrita foi imediato. Os usuários começaram a escrever em teclados menores que a palma da mão e o tamanho das mensagens diminuiu em quase dois terços:

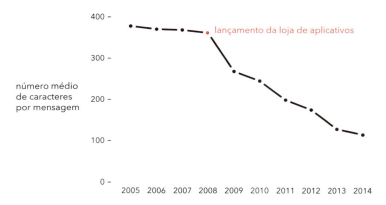

O tamanho médio das mensagens agora gira em torno de apenas cem caracteres, tamanho digno de Twitter. E, em termos de efeito, parece que os leitores se adaptaram. As melhores mensagens, isto é, as que recebem mais respostas, agora têm entre quarenta e sessenta caracteres.

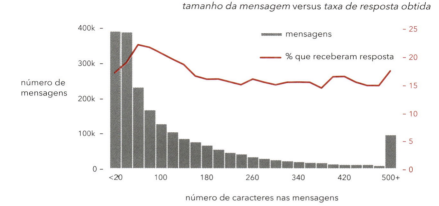

tamanho da mensagem versus *taxa de resposta obtida*

Se considerarmos apenas as mensagens de determinado tamanho e perguntarmos em quantos segundos ela foi escrita, podemos ter uma noção do quanto de revisão e esforço se traduz em melhores resultados. A seguir estão as mensagens entre 150 e trezentos caracteres, comparadas com quanto tempo elas demoraram a ser escritas. Como se pode ver, escrever com cuidado ajuda até certo ponto, mas a queda no fim do gráfico é um amigo em forma de números que diz: *não pense demais!*

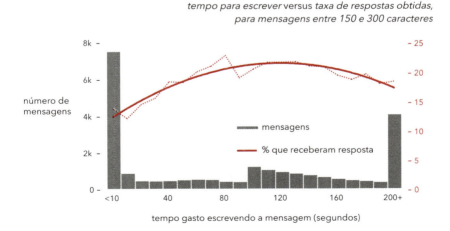

tempo para escrever versus *taxa de respostas obtidas, para mensagens entre 150 e 300 caracteres*

Escritos no mural 71

A primeira coluna vertical à esquerda, das mensagens escritas em até dez segundos, representa uma parte exagerada do todo e deve gerar alguma desconfiança. Eu, definitivamente, fiquei desconfiado e, a esta altura, estou tão habituado que meu rosto não demonstra mais qualquer emoção. Quem precisa de botox depois de dez anos trabalhando em um site de namoro? Como tantas pessoas estão digitando mensagens tão longas com tanta rapidez? Simplesmente, elas não estão digitando, e agora você vai ver como sei disso.

A seguir temos um gráfico de dispersão de 100 mil mensagens, no qual o número de caracteres *digitados* aparece comparado aos caracteres *verdadeiramente enviados*.* Como há uma vasta gama de contagens, indo de um a quase 10 mil, este gráfico é logarítmico:

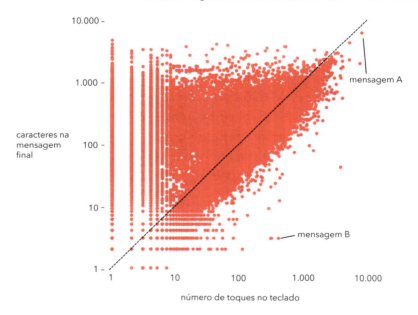

caracteres digitados versus *caracteres efetivamente enviados*

Adicionei outra linha diagonal que, assim como no gráfico anterior, marca a região em que os dois eixos são iguais: isto é, para os pontos vermelhos ao redor dela, o texto era idêntico à quantidade de toques no teclado. Basicamente, quem enviou a

---

* Capturei os caracteres digitados por meio de um script feito para este capítulo.

mensagem digitou o que estava na cabeça e apertou Enviar, sem apagar nem editar nada. Assim, sabemos que a mensagem A no canto superior direito foi digitada mais ou menos na pressa, quase sem revisão. Voltando aos registros (*logs*, no jargão de tecnologia da informação), descobri que quem enviava a mensagem levava 73 minutos e 41 segundos para digitar esses 5.979 caracteres de "oi", fazendo com que a mensagem final equivalesse a quatro páginas deste livro. Ele não recebeu resposta. Nem o cavalheiro que enviou a mensagem B, que leva o prêmio Raymond Carver pela brevidade, à custa de muito suor. Ele precisou de 387 toques para chegar a "olá".

Mas esses são os exemplos mais radicais. A ideia central do gráfico de dispersão é: quanto mais você se aproxima da diagonal, menos revisadas são as mensagens. Siga para o canto inferior direito e você terá muita edição, já no canto superior esquerdo, você terá... uma impossibilidade física. A geometria do nosso gráfico sugere que, assim que você ultrapassa a diagonal e vai para a parte superior, está entre as pessoas que devem ter *digitado* menos caracteres do que as mensagens efetivamente continham. Quem serão esses seres misteriosos que escrevem palavras apenas com o pensamento? Eles são os que copiam e colam, e eles são muitos.

Podemos esclarecer o gráfico deixando cada ponto 90% transparente. Isso torna possível que vejamos a verdadeira densidade por trás das informações. É como se tirássemos uma radiografia dos dados e, ao fazer isso, conseguíssemos ver os ossos.

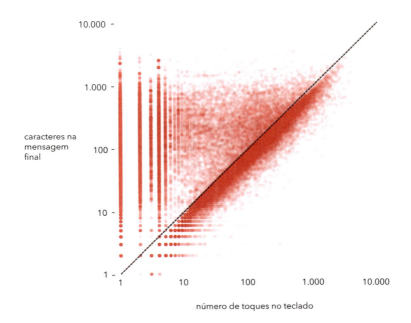

A faixa densa de pontos situada logo abaixo da diagonal representa o pessoal que escreve do zero. É surpreendentemente compacta. Claro que há a fronteira superior da linha, que separa as mensagens escritas do zero das copiadas como uma fronteira entre facções em guerra, mas a fronteira inferior da faixa é quase tão nítida quanto. Parece haver um limite natural à quantidade de esforço que alguém está disposto a fazer em uma mensagem. Se você fizer as contas, são três caracteres digitados para cada um no produto final.

Acima da diagonal estão as pessoas que não se esforçaram tanto. Esta difusão de pontos no centro superior à esquerda representa todas as pessoas que colaram um modelo de mensagem e fizeram algumas edições. Aqui a natureza logarítmica do gráfico pode enganar: mesmo uma pequena quantidade acima da linha central significa que a maior parte do conteúdo da mensagem é fixa. Indo para o lado esquerdo, vemos as linhas verticais densas, os sulcos. Essas são as mensagens que foram "digitadas" com apenas alguns toques no teclado. E são muitas: no geral, 20% da amostra registraram cinco toques ou menos. Essas pessoas pegaram algo de que gostaram ou que deu certo e reenviaram. Não é spam do jeito que normalmente usamos essa palavra, pois o OkCupid descobre rapidamente contas falsas ou bots e os exclui do site. Essas são pessoas reais tentando fazer contato, basicamente memorizando cantadas digitais. Muitas dessas cantadas são preguiçosas e simples, como seria de se esperar: "Oi, você é gata" ou "Quer conversar?", os equivalentes digitais de "Você vem sempre aqui?". Mas algumas mensagens repetidas são tão idiossincráticas que é difícil acreditar que elas se aplicariam a múltiplas pessoas. Aqui está uma delas, apresentada exatamente como foi digitada:

Também sou fumante. Comecei quando fiz um mochilão em maio. Costumava fumar só quando bebia, mas agora eu acordo e, puta merda, quero um cigarro. Às vezes queria ter trabalhado num escritório igual ao de *Mad Men*. Você já viu a exposição do Le Corbusier no MoMa? Parece bem interessante. Vi uma exposição do Frank Gehry (se escreve assim?) semana passada em Montreal, que mostrava como ele usou modelagem computadorizada para projetar uma casa doida em Ohio.

Essa é a mensagem inteira. Quem a mandou estava tentando conquistar mulheres fumantes e fãs de arte. O "se escreve assim?" espontâneo é meu floreado favorito. Quarenta e duas mulheres diferentes receberam essa mesma mensagem.

Em todo o site, a estratégia de copiar e colar fica abaixo das mensagens enviadas do zero em cerca de 25%, mas em termos de esforço *versus* resultado acaba sempre ganhando: medindo as respostas recebidas por esforço unitário, é muito mais eficiente enviar a todos a mesma mensagem do que criar uma nova mensagem para cada destinatário. Falei com várias pessoas sobre os caras que copiam e colam e a resposta geralmente fica em torno de "Mas isso é tão idiota". Quando digo que a cópia é 75% tão eficaz quanto o texto original, elas se mostram céticas. Claro que quase todos percebem a fórmula, mas a mensagem mostrada anteriormente é um exemplo de texto replicado impossível de identificar, e o homem que a enviou recebeu cinco respostas *exatamente* do tipo de mulher que estava procurando, gastando muito menos tempo. E devo dizer uma coisa: quase tudo na minha mesa ou em mim, provavelmente em toda a minha casa, foi feito em uma fábrica junto com sei lá quantas cópias. Enfrentei uma multidão para pegar meu almoço, um sanduíche escolhido em uma prateleira com vários sabores. Modelos funcionam. Nosso mochileiro fumante e amante de arquitetura está apenas fazendo o que as pessoas sempre fizeram: usando a tecnologia a seu favor. Nesse caso, a motivação dele é usar alguns atalhos de teclado para economizar tempo.

Como vimos, telefones e serviços como o Twitter exigem adaptações específicas. O eterno aqui é que a escrita, como a vida, permanece. Ela muda de forma, consegue se replicar de formas estranhas, encontra nichos inesperados... Até cheira mal de vez em quando, como tudo que é vivo. Mas perceba que estamos vivendo a explosão cambriana da escrita em vez de sua extinção em massa. A linguagem está mais variada do que nunca, mesmo que uma parte dela seja diretamente copiada de uma área de transferência. A variedade é a *preservação* da arte, não uma ameaça a ela. Da linguagem altamente fluida da ficção literária à simples atualização de status com eventuais erros de grafia: toda essa escrita tem um propósito. Seja de um amigo para outro, de um estranho para outro, de um amante para outro ou de um autor para um leitor, usamos palavras para nos conectar. E enquanto houver uma pessoa entediada, empolgada, enfurecida, extasiada, apaixonada, curiosa, com saudades de casa ou medo do futuro, ela escreverá a respeito.

4.

Você tem que ser a cola

Uma grande desvantagem dos dados de sites de namoro é que eles não dizem quase nada sobre as pessoas que estão efetivamente namorando. Depois que se encontram e o relacionamento segue, não precisam mais de mensagens, avaliações etc. É uma ironia tanto em relação ao conjunto de dados quanto ao trabalho propriamente dito. Você faz tudo certo e os clientes vão embora. Em duplas, ainda por cima!

O lugar para onde eles vão, obviamente, é o mundo real: um bar, à luz do dia, em encontros ao vivo. Eles saem do mundo facilmente quantificável dos bits e pixels para entrar, em resumo, na vida um do outro. Pense na progressão de um relacionamento: duas pessoas se encontram cara a cara pela primeira vez. Conversam, bebem e se conhecem. Depois (se houver um depois), são os apartamentos. O número desconhecido na porta, a maçaneta de alumínio enquanto a sua é de aço, o cheiro estranho, embora agradável, dos lençóis alheios. Xampus no banheiro: usados, mas novos para você. Amoras. Tudo bem, por que não? No seu apartamento, da próxima vez, ela abre a geladeira e encontra apenas... Mostardas. Desculpe. Todos nós já estivemos no quarto de outra pessoa, no covil, entre lembranças de eventos e pessoas das quais não nos lembramos, questionando primeiro os bibelôs e depois nos surpreendendo com o quanto algo como o troféu do Encontro de Natação para Convidados de Ponderosa (terceiro lugar, 1985) pode ser *seu*, apesar de você saber disso apenas por meio da outra pessoa (ou justamente por isso).

Aí você conhece os amigos. A melhor amiga. A outra melhor amiga. Mais uma *outra* melhor amiga. Tipo, sério, elas se conhecem desde sempre. Com algumas bebidas e o tipo certo de pessoas, todas viram suas amigas também. Conhecidos e colegas de trabalho entram na história, alguns de passagem, outros com um objetivo. Por fim, se estiver realmente virando algo sério, surgem os pais. Você conta uma versão mais bonitinha da história da sua vida, as partes que vocês podem contar juntos porque já se conhecem muito bem. Afaste-se da mesa por um segundo e os pais saberão mais a seu respeito do que quando você se levantou. Ao se acomodar de volta na cadeira, "M nos disse que...", e é a deixa perfeita para uma de suas histórias favoritas. Duas vidas estão se unindo. E aí, geralmente, é bastante comum voltarmos ao início com outra pessoa.

Até agora olhamos as formas pelas quais duas pessoas se juntam no primeiro afã da atração. Não sei se um computador algum dia conseguirá capturar o caminho delas rumo a um relacionamento pleno, mas temos uma imagem da vida desse casal quando ele chega lá. Este padrão do casal que está junto, mistura do que será chamado de "grafos sociais", agora está bem-documentada.

Tenho 384 amigos no Facebook e aqui estão eles. Eu sou o ponto no meio, minha esposa Reshma é o ponto preto na altura das três horas e as conexões de todos com todos são mostradas pelas linhas cinza.

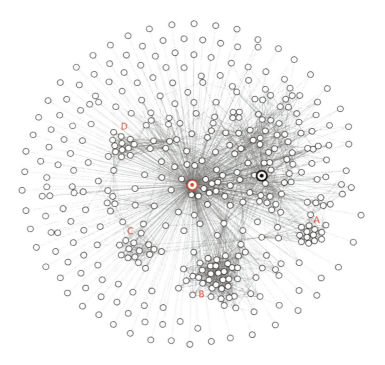

Embora os grupos dos meus amigos estejam muito bem unidos, este gráfico não foi feito à mão, pois meu hábil assistente de pesquisa, James Dodwell, desenvolveu um software especial para gerá-lo. Os pontos unem-se com base na quantidade de conexões compartilhadas. Pense neles como pequenos montes de pó de ferro magnetizados pelo PODER DA AMIZADE e deixados em cima de uma mesa para se acomodarem. Mesmo que eu não use o Facebook para muita coisa além da tarefa altamente circular de aceitar pedidos de amizade, você pode ver todos os lados da minha vida lá. Meu conjunto bem unido de parentes, tão próximos da sobreposição quanto possível no software, é o A; as pessoas com quem estudei estão em B; meus colegas de trabalho, em C; e os amigos *gamers*, em D. Pode-se até ler a minha tentativa de carreira como músico no gráfico. Passei anos em turnê com uma banda, e esses pontos solitários ao longo do perímetro esquerdo são basicamente pessoas que conheci nas turnês. Nossa ligação é através da música, invisível a algoritmos.

Deixe-me expandir o gráfico para incluir as conexões de Reshma e mostrar o escopo da nossa rede como casal. As conexões que dividimos (isto é, os amigos em comum) estão em vermelho-escuro.

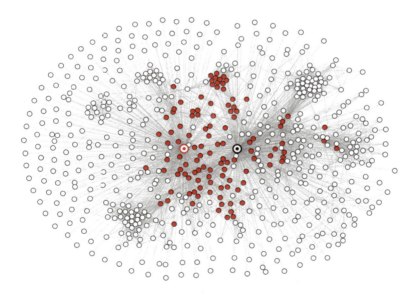

Embora isso possa parecer uma abstração seca da vida de um casal, um grafo mútuo como este diz muito sobre a construção do laço entre as duas pessoas. Apenas pelo grafo, a imagem em si, podemos calcular que Reshma e eu temos probabilidade muito menor de separação do que os outros casais.

A análise de rede, que é o estudo de pontos e linhas como os padrões mostrados anteriormente, existe como ciência há quase trezentos anos e é possível ver o progresso crescente dos dados, de um filete até o cataclisma. O primeiro problema de rede era uma espécie de charada rústica, uma lenda urbana da era do Iluminismo, que alegava ser impossível andar pela cidade prussiana de Königsberg cruzando cada uma de suas sete pontes apenas uma vez. Em 1735, Leonhard Euler, como fazem os gênios, veio e reduziu uma pergunta coloquial sobre bairros e trilhas a uma abstração de pontos e linhas (chamados formalmente de nós e arestas) e, ao fazê-lo, provou com rigor a veracidade da lenda. Ele representou a cidade como uma rede, e acabou fundando uma disciplina.

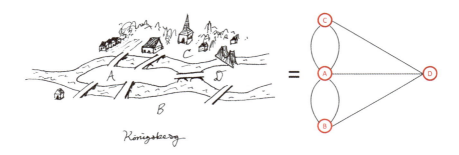

Segundo Euler, como você só pode atravessar cada ponte uma vez, para entrar em um novo bairro, é preciso um *par* de pontes, uma para entrar e outra para sair. Dessa maneira, a solução é tão simples quanto olhar o gráfico da rede e perguntar se cada ponto ao longo do seu caminho, além daquele em que você começou e terminou, tem um número igual de linhas (um par de pontes) associado a ele. Em Königsberg nenhum deles tem, portanto, o problema estava resolvido. O fato de que uma ciência duradoura, em pleno desenvolvimento, e que só agora está encontrando sua expressão completa, tenha surgido de uma origem tão simples deve ser um dos melhores exemplos do espírito humano.* O conceito de nós e vértices de Euler, que inicialmente resolveu nada mais do que um dia de caminhada, desde então, vem nos ajudando a entender doenças e seus vetores, caminhões e suas rodas, genes e suas ligações e, claro, pessoas e seus relacionamentos. E a teoria de redes aplicada a esses casos explodiu apenas nas últimas décadas, porque as redes em si explodiram.

---

* Evidências que provam o contrário: das sete pontes tão famosas na época de Euler, quatro foram destruídas. Duas por bombas e duas por uma via expressa.

Há quarenta anos, Stanley Milgram estava enviando pacotes (kits com instruções e envelopes com postagem paga) para cem pessoas em Omaha, trabalhando em seus "seis graus de separação" e esperando que talvez algumas almas aventureiras participassem. Seus métodos incomuns, por mais engenhosos que fossem, resultariam na famosa teoria, mas não exatamente na prova. Em 2011, a escala impressionante e sem precedentes do Facebook tornou possível que víssemos que ele estava realmente certo: 99,6% das 721 milhões de contas na época estavam conectadas por seis passos ou menos.

Hoje, a teoria das redes trabalha com os conjuntos de dados obtidos com a tecnologia e mostra como as pessoas podem encontrar novos empregos, organizar informações a partir de dados absurdos e até fazer filmes melhores. Quando construiu a sua sede, a Pixar ficou famosa por colocar todos os banheiros do prédio no átrio central para forçar a conversa entre departamentos, sabendo que a inovação geralmente surge do choque de ideias causado por um acaso feliz. Esta foi uma aplicação da "força dos laços fracos", conceito postulado na década de 1970 com amostras de dúzias de pessoas, mas posteriormente amplificado com base em novos e robustos dados de rede. Segundo ele, as pessoas que você não conhece muito bem na vida ajudam a espalhar ideias, especialmente se forem novas.*

Outra ideia estabelecida há muito tempo na teoria das redes é a de "enraizamento". Uma de suas expressões é a quantidade de sobreposições em um par de grafos sociais: o meu enraizamento e o de Reshma significa apenas o quanto a parte vermelha do nosso grafo é grande comparada ao todo. Pesquisas usando várias fontes (e-mails, mensagens instantâneas, telefone) mostraram que quanto mais amigos em comum duas pessoas têm, mais forte é o relacionamento delas. Mais conexões implicam em mais tempo juntos, mais interesses em comum e maior estabilidade. Mas ao contrário de, digamos, registros telefônicos ou até de e-mail, as redes sociais na Internet anexam dados ricos aos vértices e nós dos grafos (não muito diferente da forma pela qual sites de namoro pegaram o eterno ritual da paquera e acrescentaram idade e beleza como variáveis a serem estudadas), e é claro que o Facebook é a mais rica rede deste tipo já criada. Os efeitos dessa riqueza estão apenas começando a ser notados.

A análise de grafos sociais começou (e continua sendo em boa parte) uma questão de "quem conhece quem". O escopo dos dados do Facebook, que possibilita o

---

* O artigo original já foi citado mais de 20 mil vezes.

aprofundamento em vários graus praticamente sem esforço, está começando a mudar isso. Para relacionamentos, especialmente os românticos, esses dados abriram caminho para uma nova e poderosa forma de medir a força do laço existente entre duas pessoas. Descobriu-se que as vidas não devem apenas estar entrelaçadas e sim entrelaçadas de modo específico. E acontece algo raro na métrica de análise de redes: a quantidade importante é a de quem *não* conhece quem.

Os cientistas Lars Backstrom e Jon Kleinberg, trabalhando com 1,3 milhão de casais do Facebook, estabeleceram essa ideia em um artigo de 2013. Eles contaram a quantidade de vezes em que uma pessoa e seu cônjuge funcionaram como ponte entre as partes da rede deles como casal *que não se conectavam*. Veja o que estou querendo dizer: o grafo à esquerda é um cenário maravilhoso: mais ou menos todo mundo se conhece, altamente enraizado, mas o casamento mais forte é o da direita. Nele, o casal formado por A e B é o único conector que liga os dois grupos ao redor deles:

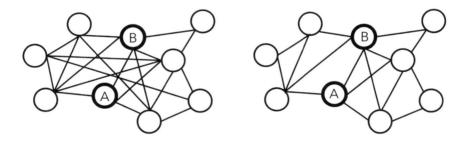

Isso deve parecer meio estranho: por que você ia querer que a sua rede fosse mais instável para você e seu cônjuge? Mas, como acontece com as melhores ideias, é o que ocorre intuitivamente na vida real. Voltando a usar a minha história como exemplo, o primo de Reshma, Sheel, está altamente enraizado na vida dela. Os dois cresceram juntos e ele, assim como ela, tem conexões com quase todos os integrantes da grande família estendida, incluindo muita gente que eu nem conheço. Eles se conhecem a vida toda, enquanto Reshma e eu estamos casados há apenas sete anos. A relação com Sheel e Reshma como par central funcionaria de modo semelhante ao exemplo mostrado à esquerda. Contudo, Sheel não conhece os colegas de trabalho de Reshma, nem os do grupo de dança ou os amigos de faculdade. Eu conheço todos eles e, além disso, sou a única pessoa na vida dela que esses três grupos distintos têm em comum, pelo menos diretamente. Para esses grupos, nós personificamos o ideal da direita. Vale a pena notar que se Reshma e eu trabalhássemos juntos ou tivéssemos estudado na mesma faculdade, não poderíamos fazer o papel que temos nas redes um do outro.

Backstrom e Kleinberg chamam o nível em que o relacionamento satisfaz este ideal de "dispersão", pois mostra o quanto o seu grafo estaria desconectado sem você, isto é, o quanto o seu círculo social iria para o espaço se você e seu cônjuge fossem de alguma forma arrancados do centro (digamos, por ter um segundo filho). Prefiro o termo "assimilação" por achar que captura melhor o resultado: as pessoas assimiladas têm um papel singular *como casal* dentro de sua rede mútua. Casais altamente assimilados funcionam em conjunto como laço entre grupos que de outra forma não teriam conexão alguma. Eles são a cola especial em uma determinada quantidade de pontos e são uma cola do tipo epóxi, que exige os dois ingredientes para funcionar.

O poder de assimilação vem do fato de o seu cônjuge ser uma das poucas pessoas (se não a única) que você apresenta a todos os recônditos mais distantes da sua vida. Ele está presente nas festas de trabalho, nas reuniões e quando os seus amigos *gamers* vão à sua casa para aquela jogatina de *Magic: The Gathering*, pela qual você espera o ano inteiro. (Ele pode não está lá, se puder evitar, mas você entendeu a ideia.) Enquanto isso, embora esses colegas de trabalho, de escola e *gamers* estejam densamente intraconectados, eles não têm relação entre si exceto por você e seu cônjuge.

Essa é a importância de tudo isso: para pessoas casadas no Facebook, o cônjuge é o integrante mais assimilado da rede por impressionantes 75% do tempo. E ainda mais importante para a assimilação como métrica da força do relacionamento: os casais jovens em que isso *não* acontece têm probabilidade 50% maior de separação. Nos relacionamentos mais estáveis, as duas pessoas fazem esse papel singular na vida um do outro. Considerando grafos alternativos de um casal não assimilado, faz sentido por que, em um casal excessivamente enraizado como o exemplo da esquerda, mostrado anteriormente, você e seu cônjuge acabem competindo com todas as outras pessoas por tempo e atenção. Há muita regularidade e nada de diferente ou especial. Muitas noites com as amigas ou, em uma rede cheia de grupos fechados sem assimilação, "levar vidas separadas" pode rapidamente virar "levar vidas secretas", que pode parecer como:

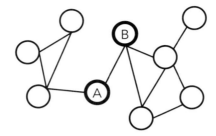

Backstrom e Kleinberg compararam várias outras formas de avaliar um relacionamento à assimilação e há apenas um detalhe no artigo deles, apresentado quase como um comentário à parte, que achei particularmente irônico. Logo no início, a melhor forma de prever se o relacionamento durará não depende do grafo social: no primeiro ano de namoro, o melhor método de avaliação é a frequência com que eles veem o perfil um do outro. Apenas ao longo do tempo, quando as visualizações declinam e a rede mútua se completa, a assimilação passa a dominar o cálculo. Em outras palavras, a curiosidade, descoberta e estimulação (visual) de se apaixonar por alguém acabam sendo substituídas pelo equivalente ao aninhamento na teoria dos grafos.

∞

Há uma ideia na ciência da computação de que é preciso ser o próprio cliente. Você deve ter pelo menos confiança suficiente no site ou software que está impondo ao mundo a ponto de usá-lo. Exatamente como Jonas Salk, que se injetou com sua recém-criada vacina para a pólio, você quer provar que o seu trabalho é bom. Os programadores chamam isso de *dogfooding*, termo que vem da expressão em inglês "eat your own dog food" [coma a sua própria comida de cachorro], porque, como grupo, eles tomam péssimas decisões durante as refeições. Em algumas empresas, o *dogfooding* é obrigatório. Se você for a uma reunião com o pessoal da Microsoft, eles aparecerão com celulares Windows Phone e tablets Surface como cães obedientes mastigando pedaços duros de músculo.

Você e eu não temos esse tipo de ordens superiores, é claro. Mas eu fiz questão de usar meus dados neste capítulo porque precisava trabalhar os conceitos abstratos usando um exemplo claro, e também porque desejava mostrar que, em um livro com tantos dados altamente pessoais de outras pessoas, estou disposto a aplicar esta análise a mim mesmo.

E ofereço aqui a mesma oportunidade. Para deixar você testar o próprio casamento, parceria ou amizade codependente e pouco saudável em relação aos princípios discutidos neste capítulo, implementei o algoritmo de Backstrom/Kleinberg no endereço:

dataclysm.org/relationshiptest

Dê ao site um par de credenciais do Facebook e ele não só vai mostrar o grafo e enraizamento do casal como também avaliará os relacionamentos mais assimilados de vocês. O mundo agora chegou a um ponto em que podemos fazer algo com nossos dados. Não precisamos mais esperar que um Milgram, que dirá um Euler, ensine algo a nosso respeito. Da mesma forma que um serviço como o Facebook ou Twitter expõe nossos dados ao escrutínio acadêmico, ele nos devolve um escrutínio pessoal. Já existem ferramentas fracas para capturar e analisar nossa atividade física e não está longe de surgirem ferramentas melhores. Quando você vê pessoas da média gerência brincando com seus Fitbits no elevador, sabe que o movimento Quantified Self [eu quantificado] veio para ficar. O site que mencionei é a minha pequeníssima tentativa de criar novas possibilidades.

Se você usar o meu aplicativo com outra pessoa, espero que estejam no alto das listas um do outro, mas lembre-se: um terminozinho de amizade criativo pode dar o gás necessário ao seu placar de assimilação. Porque seu placar é ótimo até alguma ex-namorada ficar à frente da sua esposa.

5.

Não há sucesso como o fracasso

Há um ótimo Tumblr chamado "Clients From Hell" (Clientes Malditos, em tradução livre) em que todos podem mandar suas histórias de terror vividas na indústria de serviços. Há todo tipo de falta de consideração e de noção, mostrados em várias postagens por dia. Veja um exemplo típico da página de alguém que quer fazer um anúncio com foto:

CLIENTE: Podemos colocar um título na foto?
DESIGNER: Bom, ela já tem uma legenda.
CLIENTE: Se o leitor não reparar na legenda, pode ver o título.
DESIGNER: Seria bem incomum ter um título e uma legenda em uma foto.
CLIENTE: Faz sentido. Então coloca o título perto da legenda.

Minha frase de cliente favorita no site é: "Não gostei do dinossauro nesta imagem. Muito artificial. Melhor usar uma foto real de dinossauro." A maioria das contribuições ao blog é feita por designers gráficos, mas a popularidade do Clients From Hell revela uma verdade universal: as pessoas odeiam seus clientes.

Não falo de ódio em nível individual, mas, em massa, os clientes devem ser temidos, como qualquer multidão. Quem lhe disser o contrário, seja o dono da loja de cupcakes na rua ou o CEO na sala de reuniões, está mentindo. Parte disso vem da mentalidade do "... sempre tem razão": ninguém gosta de uma pessoa com tanto poder. Mas a principal causa de frustração é que as pessoas não entendem e não conseguem expressar do que realmente precisam. Como disse Steve Jobs: "As pessoas não sabem o que querem até que você lhes mostre." Mas ele não disse que mostrar a elas, especialmente na área de TI, significa brincar de "pregar o rabo no burro" com milhões de pessoas gritando conselhos ao mesmo tempo.

Se você, por exemplo, trabalha em uma empresa de carros e as pessoas não gostam de alguma coisa do seu produto, elas dizem isso a você indiretamente ao não comprá-lo. Historicamente, não há canal aberto entre a Ford e as pessoas que querem porta-copos verdes ou que preferiam um volante quadrado porque, bem, a maioria das curvas é de noventa graus. É por isso que empresas tradicionais gastam tanto tempo em pesquisa de marcado: elas precisam ficar bem longe desse tipo

Não há sucesso como o fracasso   91

de ideia, porque quando uma empresa como a Ford ouve sobre um problema por meio do setor de Contas a Receber, é tarde demais.

Já um site é diferente: se as pessoas têm uma ideia maluca, alguém da empresa está a apenas um e-mail de distância. E, se as pessoas não usarem algo, o site nota imediatamente. As medições são feitas e analisadas em tempo real, com todos os detalhes, em todas as áreas do site. Sempre que notar algo novo no seu site favorito (Google, Facebook, LinkedIn, YouTube ou qualquer outro), e clicar lá, saiba que provavelmente alguém com fones de ouvido e comendo Doritos acabou de ver um pequeno contador subir em 1. É aí que a riqueza dos dados pode enlouquecer uma pessoa: um dos melhores designers do Google, o homem que na verdade criou a equipe de design visual deles, Douglas Bowman, acabou se demitindo porque o processo ficou microscópico demais. Como a empresa não conseguia decidir entre dois tons de azul em um determinado botão, eles lançaram todos os 41 tons intermediários para ver qual tinha melhor resultado. *Conheça a si mesmo* estava escrito no Templo de Apolo em Delfos. Mas, como o resto da melhor sabedoria que o tempo tem a oferecer, essa ideia foi para o espaço assim que alguém ligou um computador.

Não saber o que os clientes precisam em um carro ou até em uma interface específica para um site é assunto para escolas de negócios ou workshops de design. Eu me interesso quando as pessoas não entendem o próprio coração. Gente dizendo uma coisa e fazendo outra é normal nas ciências sociais, mas eu tive uma oportunidade rara de ver as pessoas *agindo* de forma contraditória. E tudo aconteceu porque *eu* também não sabia o que elas queriam.

∞

Em 15 de janeiro de 2013, o OkCupid lançou o "Dia do Amor é Cego" e retirou todas as fotos dos perfis dos usuários do site por algumas horas. A ideia era fazer algo diferente e chamar um pouco de atenção para um novo serviço que estávamos lançando. Os programadores "desligaram o interruptor" às nove da manhã:

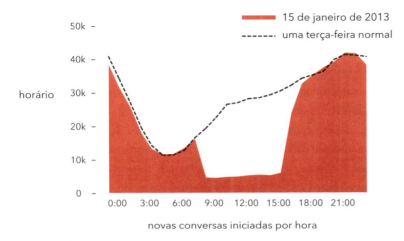

novas conversas iniciadas por hora

Era algo desesperador, raro na vida selvagem! O novo serviço que o OkCupid estava tentando promover era um aplicativo para dispositivos móveis chamado Crazy Blind Date (Encontro Maluco às Escuras). Com alguns toques na tela, ele uniria você a uma pessoa e escolheria um lugar na vizinhança e um horário no futuro próximo para que vocês se encontrassem. O aplicativo dava uma interface para deixar as duas partes confirmarem, mas não havia como elas se comunicarem diretamente antes do encontro ao vivo. As únicas informações que dava sobre a outra pessoa era o primeiro nome e uma pequena foto embaralhada, como a que mostramos aqui. Você deveria apenas aparecer e torcer para que tudo desse certo.

Você já deve ter notado que estou falando do Crazy Blind Date no tempo passado. Mesmo depois de 250 mil downloads, ele fracassou, porque, no fim das contas, as pessoas insistem em querer ver aonde estão se metendo. O aplicativo foi uma daquelas ideias que parecem ótimas na teoria e

foto embaralhada como as que apareciam no Crazy Blind Date

Não há sucesso como o fracasso 93

péssimas na prática, era como um grande "Dia do Amor é Cego", sem qualquer forma de religar o interruptor e voltar ao normal. Encerramos o serviço alguns meses depois do lançamento, mas antes de o Crazy Blind Date ser mandando para a grande loja de aplicativos do céu (curiosidade: não há bugs no paraíso, apenas recursos maravilhosos), cerca de 10 mil pessoas o utilizaram para tomar uma cerveja ou uma xícara de café com alguém que nunca viram e com quem jamais conversaram antes.

A partir desses poucos intrépidos, o aplicativo deixou de herança para o mundo um raro conjunto de dados. O Crazy Blind Date registrou não só o fato de a pessoa A e a pessoa B terem se encontrado pessoalmente, como as opiniões de um sobre o outro. Após cada encontro, como um colega intrometido, o aplicativo perguntava como havia sido. Como a maioria dos usuários também tinha contas no OkCupid, pudemos cruzar os dados com todo tipo de detalhes demográficos. De repente, tínhamos registros pessoais para combinar com nossa imensa coleção de interações digitais. Quando juntamos as duas fontes, encontramos algo realmente extraordinário: a aparência das duas pessoas quase não tinha influência sobre o fato de elas terem se divertido ou não. Não importa quem tinha aparência melhor ou o quanto a porcentagem de pessoas que avaliaram os encontros positivamente foi constante, mesmo nos casos em que um dos participantes do encontro às cegas fosse incrivelmente bonito e o outro, bem comum. A beleza não importava. Esses dados, tirados de encontros amorosos reais, mudaram tudo o que vi em dez anos gerenciando um site de namoros.

Estes são os números para os homens. Expressei a beleza como a *diferença relativa* nas avaliações individuais de cada integrante do casal em vez de absolutas. Fiz isso para capturar o fato de a felicidade sentida por uma pessoa ao se perceber na tabela como, digamos, um "seis", é altamente dependente da própria aparência. Se ele for "um", pode ficar maravilhado com isso, pois significa que está namorando alguém mais bonito. Um "dez", por sua vez, se sentiria de outra forma. Incluí a contagem de encontros em cima das barras para mostrar que o equilíbrio na beleza entre homens e mulheres, tendo encontros amorosos, era o esperado se os pares não tivessem sido formados aleatoriamente. Não houve evidência de pessoas enganando o sistema, digamos, desembaralhando as fotos antes do encontro ou aparecendo no local e saindo às escondidas quando o outro não correspondia ao seu padrão de beleza. Os números de satisfação (para os homens) são as porcentagens em vermelho:

como a beleza afeta a satisfação masculina nos encontros amorosos

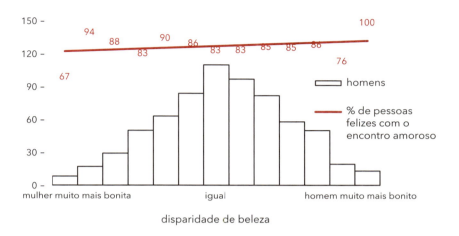

E a seguir estão os dados para as mulheres:

como a beleza afeta a satisfação feminina nos encontros amorosos

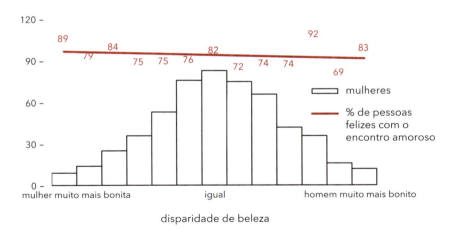

Nos dois conjuntos de dados do Crazy Blind Date, as pessoas simplesmente não pareciam se importar tanto com a aparência física do parceiro. As mulheres divertiram-se 75% das vezes e os homens, 85%. O resto da variação é basicamente ruído. Essa indiferença em relação à aparência é exatamente o oposto do que se vê nos dados do OkCupid. Tracei um gráfico dos dados de satisfação com o encontro ao vivo (os números em vermelho) comparados às *taxas de resposta* a mensagens on-line dessas mesmas mulheres. Para facilitar a comparação, as linhas mostram as mudanças em relação à média das suas respectivas quantidades:

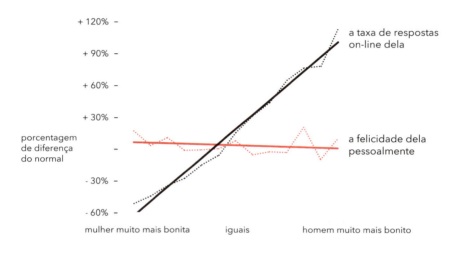

O gráfico de comparação masculina é bem similar a este e, para fins de clareza, os dados que serviram de base para as duas linhas do gráfico anterior são do *mesmo conjunto de pessoas*. A linha em preto é a experiência delas no OkCupid e a vermelha, do Crazy Blind Date. Em resumo, as pessoas parecem estar pré-selecionando demais na Internet com base em algo que não parece tão importante quando elas se encontram pessoalmente.

Esse tipo de pré-seleção superficial está em toda parte. Na verdade, há muito dinheiro a ser feito com isso. Você sabe qual a diferença entre o Tylenol e o paracetamol de outra marca? A caixa. A menos que você tome remédios como uma cobra e queira engolir o pacote todo, não há motivo para pagar o dobro por moléculas "de marca", cujas propriedades são determinadas por leis químicas imutáveis. Mesmo assim eu tenho um imenso vidro de Tylenol vermelho na minha mesa de cabeceira.

Claro que prestamos mais atenção aos rótulos quando eles estão ligados a pessoas. Em termos de compatibilidade superficial, quem se descreve como democrata e republicano se entende com pelo menos todos os grandes grupos no OkCupid, o que não pode ser dito sobre protestantes e ateus. Sei disso por meio das várias perguntas de compatibilidade feitas pelo site: elas abordam basicamente tudo e o usuário médio responde cerca de trezentas delas. O site deixa você decidir a importância de cada pergunta respondida e é possível apontar as respostas que aceitaria (ou não) de um pretendente em potencial. Apesar de todo esse controle, no caso político, o sistema entra em colapso. Quando você olha além dos rótulos e analisa quem realmente manda mensagem para quem e quem responde (leia-se: quem acaba tendo encontros amorosos reais), é o fato de *se importar com* política, de um jeito ou de outro, que é realmente importante para a compatibilidade mútua do que os detalhes de qualquer crença específica. Confirmamos isso em um experimento que durou todo o verão de 2011.

As pessoas tendem a surtar nessas perguntas de compatibilidade, marcando quase tudo como "obrigatório", fazendo uma lista de características fundamentais: procuro uma pessoa que adore cachorros, seja agnóstica, não fume e que não tenha filhos. E que seja boa de cama, é claro. Contudo, perguntas bem simples como *Você gosta de filmes de terror?* e *Já viajou sozinho para outro país?* têm um imenso poder de previsão. Se você já empacou nas perguntas que deveria fazer a outra pessoa em um primeiro encontro, experimente essas duas. Em cerca de 3/4 dos casais unidos pelo OkCupid que mantiveram um relacionamento duradouro, ambos responderam a essas duas perguntas da mesma forma, seja com "sim" ou "não". As pessoas tendem a enfatizar demais o que é grande e espalhafatoso: fé, política e, sem dúvida, a aparência, mas isso não importa tanto quanto parece. Às vezes, não importa nada.

Por mais que o Dia do Amor é Cego tenha sido um fracasso, ele nos deu um exemplo visceral do que as pessoas fazem na falta de informações. Ao esconder as imagens sem mudar nada mais no perfil, criamos um experimento em tempo real para comparar com a atividade normal do site. Por sete horas nossos usuários agiram sem justamente a coisa que nossos dados anteriores indicavam que era o conhecimento mais importante que o OkCupid poderia oferecer: a aparência das pessoas.

Alguns desses resultados são previsíveis. As pessoas mandam mensagens sem os preconceitos ou inclinações típicos em termos de etnia e beleza, pois o usuário não poderia julgar o que não podia ver. Mas das 30.333 mensagens enviadas às cegas, 8.912 acabaram sendo respondidas, em uma taxa cerca de 40% maior que o usual. E, às escuras, para as pessoas que resolveram participar, algo surpreendente aconteceu: 24% dos pares conversando quando as fotos foram escondidas tinham trocado informações de contato antes que as imagens tivessem voltado. Essa foi uma janela de apenas sete horas no Dia do Amor é Cego. O número esperado nessa quantidade de tempo é quase a metade disso. Então, não só as pessoas estavam escrevendo mensagens com probabilidade muito maior de receberem respostas, como estavam trocando telefones e endereços de e-mail com gente que nunca viram em uma proporção bem maior.

Para os casais que começaram a conversar e ainda estavam se conhecendo quando restauramos as fotos, às quatro horas da tarde, o dia teve um efeito reverso. As duas pessoas estavam às escuras, subitamente as luzes se acenderam e foi possível ver o susto delas nos dados. As conversas perto do momento em que desligamos o interruptor duraram uma média de 4,4 mais mensagens. Quando se compara isso com um conjunto de dados de controle, deveriam ter durado 5,6. As eventuais trocas de contatos nessas conversas "com luz acesa" diminuíram em quantidade semelhante.

Os sites de namoro são feitos para dar às pessoas as ferramentas e informações para obter o que elas desejam da vida de solteiro: sexo casual, alguns encontros amorosos divertidos, um parceiro, um casamento... qualquer coisa. Características como altura, visões políticas, fotos, artigos, tudo isso está logo ali, fácil de organizar e procurar. Elas estão lá para ajudar as pessoas a formar opiniões e satisfazer seus desejos e, por mais fascinantes que julgamentos e desejos possam ser, há um lado disso que presta um desserviço ao amor. As pessoas fazem escolhas a partir das informações fornecidas por nós apenas porque *podem* fazer isso, não porque necessariamente deveriam.

Não consigo deixar de pensar nas muitas pessoas recusadas por terem alguma característica considerada inegociável, mas com a qual ninguém realmente se importa, e me pergunto se a Internet mudou o romance da mesma forma que mudou todo o resto, pelo mesmo motivo. Citando o meu anti-Jagger pessoal: on-line você sempre *pode* ter o que você quer.* Mas é bem mais difícil encontrar o que você precisa.

---

* No original, o autor escreve "You *can* always get what you want", em um trocadilho com a letra da música dos Rolling Stones "You Can't Always Get What You Want" (Nem sempre você pode ter tudo o que quer, em tradução livre). (*N. da T.*)

PARTE 2

O que nos separa

P.105

6.
O fator
de
confusão

7.
A
apoteose
do mito
da beleza

P.123

P.133

8.
O interior é o que conta

9.
Dias de fúria

P.145

6.

O fator de confusão

Se você ficar com uma prancheta na esquina sudoeste da Rua 58 com a 5ª Avenida e observar um pouco as pessoas, poderá rapidamente concluir que a maioria dos nova-iorquinos é linda, magra e, acima de tudo, rica. Tudo brilha de tanto dinheiro. Claro que muitos nova-iorquinos *são* ricos, mas não é só isso. Você está em frente à loja Bergdorf Goodman e este é o fator de confusão.

Fator de confusão é o termo técnico para algo pelo qual você não foi responsável em sua análise, mas que afeta os resultados dela mesmo assim. Garantir que você não esteja em pé em uma versão digital do Upper East Side é uma das partes que mais exigem tempo e análise ao se trabalhar com dados digitais. Quando você parece ter todas as variáveis e possibilidades disponíveis para análises e especulações, sua pesquisa pode viajar para onde a curiosidade levar, mas, fazendo jus ao clichê, essa liberdade exige eterna vigilância.

Aproveito a ocasião para confessar uma coisa. Até este momento, sempre que você viu dados de opinião pessoa a pessoa nestas páginas, seja em votos, resultados dos encontros do Crazy Blind Date, gráficos e tabelas (em todas as proporções e totais), sempre que um usuário estava julgando o outro, ambos eram brancos. Precisei fazer isso porque, quando se está analisando o comportamento de dois desconhecidos norte-americanos, em um contexto romântico, a raça é o ápice do fator de confusão. E para garantir que o que eu desejava dizer sobre atração ou sexo se restringisse a isso, precisei tirar o fator raça da equação.

Como norte-americano, meu reflexo de jogar a raça para debaixo do tapete é inato, então, de certa forma, eu estava apenas fazendo o que já ocorre naturalmente, embora os números tenham me obrigado. Além da relação peculiar que os Estados Unidos têm com o assunto, um longo histórico de incluir falsamente minorias historicamente discriminadas como prova de tolerância e fazer pseudociência ruim dificulta qualquer análise sobre raça. Isso não significa que não tenhamos bons números. Há vários, de determinado tipo: se meus dados prediletos são os de pessoa a pessoa, penso neste outro como pessoa a objeto: um grupo ou outro *versus* as taxas de desemprego, os resultados do SAT (equivalente norte-americano do Enem), o sistema judicial, o câncer... Por mais que pesquisas como essas tenham nos ajudado a identificar e (de vez em quando) enfrentar a desigualdade, há algo incompleto nelas. Perde-se o ser humano que está (ou não) contratando, ensinando, fazendo o trabalho policial ou a medicina preventiva: você perde as pessoas que criaram os resultados que todos esses estudos pretendem medir. Então, você acaba chegando a conclusões como: *Negros têm 30% mais chances de serem condenados à prisão do que brancos pelo mesmo crime.* A construção da manchete diz tudo. Quem está maltratando a justiça aqui? Sintaticamente, ninguém. Na prática, tenho um bom palpite. Mas é raro encontrar um estudo que vá além das instituições e do binarismo simplório "nós *versus* eles" das relações raciais.

Por trás de cada bit nos meus dados, existem *duas* pessoas: o agente e o paciente, e o fato de podermos vê-los como iguais no processo é algo novo. Se há uma parte "-clisma" de todo esse negócio de dados, fazendo o título deste livro não ser apenas um trocadilho metido a inteligente ou acidente do alfabeto, é esta, pois torna possível que vejamos a experiência humana total, não só do lado que por acaso recebeu atenção em um determinado momento.

Antes de surgirem dados como os nossos, um dos tópicos mais quantificados na vida pública era o esporte, em que você tem números em tempo real sobre todas as interações imagináveis e os dados em nível individual para serem fatiados e recombinados à vontade. Talvez seja surpreendente que o esporte seja o lugar onde a discussão sobre raça é *menos* analítica. A controvérsia do "quarterback negro" que durou os primeiros dez anos deste milênio é o exemplo perfeito. Há anos houve um ciclo de notícias constante nos meios de comunicação: um quarterback negro era escolhido entre os times universitários ou jogava muito bem e alguém inevitavelmente insinuava que negros não têm sucesso nessa posição na liga de futebol americano. Costumava-se alegar que lhes faltava inteligência. Houve reações adversas, debates e muitas discussões alegando que este era apenas um estereótipo negativo. Contudo, em meio a todos os comentários e gritaria, e da gritaria contra a gritaria, nos 97 mil resultados apresentados pelo Google ao se buscar a expressão "black quarterback" (quarterback negro), achei apenas um artigo que realmente calculou a proporção de quarterbacks negros e brancos, que acaba sendo a mesma até o segundo decimal: 81,55. Em um assunto tão influenciado por estatísticas, em que pelotões de trituradores de números calculam a taxa de sucesso de 54% de qualquer bom jogador nas tentativas de gol feitas acima de cinquenta jardas, em jogos fora de casa decididos por sete pontos ou menos, contra adversários da liga AFC, era de se imaginar que comparar estatisticamente quarterbacks negros e brancos seria a primeira coisa a ser feita, mas na verdade houve (e geralmente há) um assustador silêncio numérico quando o assunto é raça. Em vez disso, vemos apenas retórica e apelos a anedotas. Um "debate" feito nesses moldes apenas faz todos acreditarem que estão certos quando, na verdade, apesar de todas as palavras gastas, um único número pode claramente mostrar que um lado está errado: 81,55. O artigo que fez o cálculo da proporção tinha zero tuítes e zero curtidas no Facebook e não foi postado em algum blog obscuro, ele apareceu no *The Big Lead*, que é de propriedade do jornal *USA Today*. Você geralmente fica com a sensação de que as pessoas simplesmente não *querem* saber.

Se em situações como essa pode parecer que nos falta *vontade* de examinar a raça pela lente das estatísticas, em várias outras áreas simplesmente faltam dados. A maioria dos aspectos da vida ainda não foi quantificada de modo tão obsessivo quanto o futebol americano. Isso está mudando rapidamente.

No OkCupid, uma das formas mais fáceis de comparar uma pessoa negra e uma branca (ou quaisquer duas pessoas de qualquer raça) é olhar para a "porcentagem de compatibilidade", termo usado pelos sites. É feita uma série de perguntas aos usuários, eles respondem e um algoritmo prevê o quanto as duas pessoas se dariam bem, digamos, durante uma cerveja ou um jantar. Ao contrário de outros recursos do OkCupid, não há componente visual nesta porcentagem de compatibilidade. O número entre duas pessoas apenas reflete o que pode se chamar de eu interior delas, tudo o que acreditam, apreciam e desejam, e até o que elas consideram engraçado, mas nada sobre aparência. Julgando apenas por essa medida de compatibilidade, os quatro maiores grupos raciais do OkCupid (asiáticos, negros, latinos e brancos) se dão bem da mesma forma.* Na verdade, a raça tem menos efeito na porcentagem de compatibilidade do que religião, política ou escolaridade. Entre os detalhes que os usuários acreditam ser importantes, a comparação mais próxima à raça seria o signo astrológico, que não tem efeito algum. Para um computador não acostumado às categorias, "asiático", "negro" e "branco" poderiam muito bem ser "áries", "virgem" e "capricórnio".

Mas essa neutralidade racional existe apenas em teoria, pois tudo muda quando as opiniões dos usuários entram em jogo e não apenas a análise imparcial do algoritmo, que não enxerga a cor da pele. Considerando o perfil completo, com a foto dominando a página, é assim que os usuários do OkCupid avaliam uns aos outros pela raça:

---

* Claro que nem toda pessoa no OkCupid encaixa-se exatamente em uma dessas categorias. Porém, para simplificar e manter o foco da discussão, limitaremos nossa análise aos usuários que selecionaram uma dessas quatro opções.

avaliações médias dadas pelos homens às mulheres no OkCupid

| | | raça das mulheres | | | |
		asiáticas	negras	latinas	brancas
raça dos homens	asiáticos	3,16	1,97	2,74	2,85
	negros	3,40	3,31	3,43	3,23
	latinos	3,13	2,24	3,37	3,19
	brancos	2,91	2,04	2,82	2,98

Recebi esses dados sem qualquer enfeite porque a essa altura você já está pelo menos um pouco familiarizado com o sistema de uma a cinco estrelas do OkCupid. Mas para deixar a análise mais fácil de ver, vou pegar a mesma matriz e "normalizar" cada coluna. Na tabela a seguir, cada valor é a diferença de porcentagem (para mais ou para menos) da média (o valor "normal") na coluna. São as mesmas informações, apenas escritas de modo diferente. Pense no número normalizado como a preferência relativa dos homens pelas mulheres. Como você pode ver, os asiáticos acham as asiáticas 18% mais bonitas que a média, enquanto os negros as consideram apenas 2% melhores. E por aí vai:

avaliações médias dadas pelos homens às mulheres no OkCupid

| | | raça das mulheres | | | |
		asiáticas	negras	latinas	brancas
raça dos homens	asiáticos	+18%	-27%	+2%	+7%
	negros	+2%	-1%	+3%	-4%
	latinos	+5%	-25%	+13%	+7%
	brancos	+8%	-24%	+5%	+11%

Logo deixarei o OkCupid de lado e irei direto aos valores normalizados quando apresentar matrizes similares aqui, mas, por ora, os dois padrões essenciais que fazem homens se sentirem atraídos pelas mulheres são diretos: eles tendem a gostar de mulheres da própria raça; e, além disso, eles não gostam de negras. Os dados das mensagens estão altamente relacionados a essas avaliações, então eles também seguem o padrão.*

Apenas para mostrar que essas tendências de votação não estão sendo manipuladas por algum artefato estatístico obsoleto, coloquei os números de votação per capita brutos no que se chama diagrama de caixa, que indica em que ponto fica o

---

* As negras recebem aproximadamente 75% da quantidade de primeiras mensagens que outras mulheres recebem. E as mensagens delas são respondidas na mesma taxa de 75% em relação às outras mulheres.

volume de um conjunto de dados. Veremos a seguir que a massa central de mulheres negras está avaliada quase completamente abaixo das outras três etnias, e o extremo superior das negras fica mais ou menos na altura do meio das outras três:

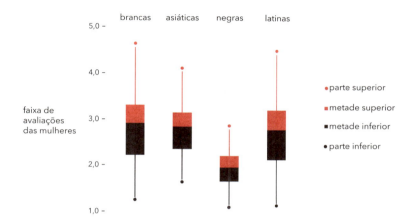

Matematicamente, este é um desprezo total: ser negra basicamente lhe custa cerca de 3/4 de estrela na classificação, mesmo se você estiver entre as mais bem-avaliadas. Além disso, quando invertemos esta análise e olhamos para as pessoas que estão votando, é possível ver um maciço padrão similar. A maioria de homens não negros aplica a redução de ¾ às negras. Não há um núcleo de racistas baixando os números isoladamente.

Por mais assustador que isso seja, apenas reflete um conjunto de dados e os pensamentos de um grupo de pessoas. Então, este é um bom momento para dar uma pausa e responder a uma pergunta que você pode estar se fazendo desde o início, considerando quantos dados do OkCupid eu já usei até agora: *Quem são essas pessoas?*

Do modo mais superficial, os integrantes do OkCupid refletem a composição geral de usuários da Internet, com a óbvia limitação de (praticamente) todos no site serem solteiros. Esses usuários são mais jovens que a média nacional (a idade mediana do OkCupid é 29 anos) e tendem a ser menos religiosos. A composição racial é mais ou menos o que se esperava. Estes são os nossos números, comparados aos números genéricos da pesquisa "Usuário Norte-Americano da Internet" feita pela Quantcast, a principal empresa de medição de audiência on-line nos Estados Unidos. É como se fosse o Ibope para a Internet.

composição racial

	usuários do OkCupid	usuários norte-americanos da Internet
asiático	6%	4%
negro	7%	9%
latino	8%	9%
branco	80%	78%

Aprofundando-se mais um nível demográfico, os usuários do OkCupid são, na verdade, mais urbanos, escolarizados e progressistas do que o país como um todo. Os maiores mercados do site até agora são lugares como Nova York, São Francisco, Los Angeles, Boston e Seattle. Além disso, 85% dos usuários têm ensino superior completo. Os que se descrevem como liberais superam os que se descrevem como conservadores em mais de dois para um. Há um espírito amplo e de mente aberta em todo o site. E uma quantidade involuntariamente hilária de 84% de usuários respondem a esta pergunta de compatibilidade...

Você pensaria em sair com alguém que expressou verbalmente um forte viés negativo contra determinada raça?

negativamente (escolhendo "Não" em vez de "Sim" ou "Depende"). Considerando os dados anteriores, isso significa que 84% das pessoas do OkCupid não pensariam em namorar alguém do OkCupid.

Basicamente, os usuários do OkCupid são tudo que em tese faria um grupo de pessoas ser "menos racista". Ressalto essa informação para as pessoas que vivem em cidades grandes e diversificadas, como eu, e consideram-se esclarecidos, relaxam no Facebook com uma taça de vinho e uma dose ou duas de superioridade moral progressista. Quando mostro aqui que negras e, depois, negros são sumariamente rejeitados e que acrescentar a raça branca à identidade de um usuário faz com que ele ou ela seja mais atraente, não estou descrevendo um delírio do Meio-Oeste norte-americano. Estou descrevendo o nosso mundo, o meu e o seu. Se você estiver lendo um livro de ciência popular sobre o Big Data e toda a sua importância, não tenha dúvida de que os dados mostrados nele também são sobre você.

Contudo, olhe mais uma vez para a pergunta de compatibilidade mostrada anteriormente, que foi escrita por um dos usuários do OkCupid e respondida quase 2 milhões de vezes: "expressou verbalmente" é uma construção estranha. Livrando-se dela, o que se lê é mais ou menos "Você namoraria uma pessoa racista?", que imaginei ser o objetivo real da pergunta. O autor, porém, entendeu as sutilezas do conjunto de dados antes de mim. Em um site de namoros você pode agir de acordo com impulsos que teria contido em outras ocasiões. Em algum nível, os usuários julgam e são julgados pelos outros, e cada pessoa entra no site fora do contexto da vida diária. O site não o conecta à sua família. Nada é publicado nas timelines dos seus amigos. O jogo consiste em mostrar pessoas e você decidir se gosta delas ou não, se fala com elas ou não. E só. Em um mundo digital compulsivamente ligado em redes, há uma solidão antiquada no namoro on-line. A sua experiência se resume a você e a pessoa escolhida, e o que vocês fazem é segredo. Geralmente, o próprio fato de você ter uma conta é desconhecido pelos seus amigos, que dirá o que você faz com ela. Então, as pessoas podem se guiar por atitudes e desejos relativamente livres das pressões sociais.

Na mente dos leigos, o Facebook, "a rede social", aparece como a condição *sine qua non* das fontes de dados on-line. É fácil ver o motivo: o Facebook é imenso e tão predominante que uma amostra dos usuários de lá representa basicamente uma amostra das pessoas no mundo com acesso à Internet. Em outras palavras, é fácil obter um *corpus* representativo para o que você quiser. E eles têm dados muito robustos e variados: sabem com quem você estudou no ensino médio, que música você acabou de ouvir no Spotify, onde seus pais moram, e por aí vai.

Mas, por mais vantajosa que seja, essa riqueza pode também ser um problema. Você raramente encontra um desconhecido no Facebook. O site é feito para as pessoas que você já conhece e sobre as quais já formou opiniões: afinal, são seus amigos. Os dados do Facebook sobre raça são a personificação do solipsismo "mas eu tenho amigos negros" que se ouve por aí. Por definição, a maneira como você trata os amigos é a exceção de como trata o restante da humanidade. Além disso, o seu relacionamento com os amigos foi formado primeiramente fora da rede.

E há outro fator: as pessoas ficam inibidas quando os amigos estão olhando. Esse aspecto de "aquário" é o motivo pelo qual o primeiro passo na maioria dos aplicativos de namoro no Facebook é tirar você do Facebook, porque a sua existência lá é acompanhada por todos. Há muito tempo nós tentamos colocar características "sociais" no OkCupid, e foi um fracasso, como aconteceu com o Match. com quando tentou oferecer os mesmos recursos. Seja lá por que motivo, as pessoas não querem trazer a rede de contatos que já têm para os namoros on-line.

O fator de confusão   113

Imagino que esse desejo de solidão tenha a mesma origem da claustrofobia que afeta a maioria de nós se dois velhos amigos estivessem sentados na mesa ao lado durante um primeiro encontro promissor em algum restaurante. Isso não desmerece em nada o negócio nem a comunidade criados pelo Facebook, mas os relacionamentos da "vida real" que tanto reforçam quanto englobam o site dão uma força diferente aos dados deles. Quando se quer olhar para algo como raça, assunto sobre o qual há uma pressão para se comportar de certa forma em público, pelo menos entre pessoas decentes, os sites de namoro fornecem um conjunto de dados singularmente poderoso: todos são desconhecidos, solitários e estão lá para dizer de quem gostam e não gostam.*

Então vamos comparar os dados do OkCupid aos de outros sites de namoro e ver o que acontece. Observar os números de outros usuários que agem em outras interfaces nos dará uma noção muito melhor do verdadeiro padrão, justamente o que vemos a seguir: estes são os dados do OkCupid, do DateHookup e do Match.com, sites que, juntos, tiveram cerca de 20 milhões de norte-americanos como usuários apenas no ano passado, apresentados lado a lado. Nos detalhes, as matrizes variam. Lembre-se de que esses valores refletem ações produzidas por pessoas diferentes, usando softwares diferentes, mas, tirando essa diferença, vemos o mesmo padrão geral. Em termos da "direção" dos sentimentos, de gostar ou não gostar, as matrizes são praticamente idênticas:

	OkCupid	raça das mulheres			
		asiáticas	negras	latinas	brancas
raça dos homens	asiáticos	+18%	–27%	+2%	+7%
	negros	+2%	–1%	+3%	–4%
	latinos	+5%	–25%	+13%	+7%
	brancos	+8%	–24%	+5%	+11%

---

* É claro que sites de namoro estão longe de ser uma fonte *geral* perfeita. Como já sabemos, quase todos os usuários são solteiros, e isso tem consequências. Usando nossos dados, se eu fosse pesquisar, digamos, hábitos de consumo, e concluísse que o homem médio norte-americano gasta toda a renda disponível em restaurantes e ingressos de cinema, eu estaria sendo idiota. Uma afirmação como essa seria absurda, por não levar em conta a natureza especial da minha fonte.

Match	asiáticas	negras	latinas	brancas
asiáticos	+50%	-68%	-14%	+31%
negros	+9%	-13%	+8%	-3%
latinos	+4%	-67%	+33%	+29%
brancos	+13%	-68%	+8%	+47%

DateHookup	asiáticas	negras	latinas	brancas
asiáticos	+11%	-24%	+9%	+4%
negros	+7%	-9%	+9%	-7%
latinos	+12%	-27%	+10%	+6%
brancos	+18%	-30%	+6%	+5%

Você provavelmente já ouviu falar do Match.com, que é o site de namoro mais popular nos Estados Unidos há quase duas décadas. Eles compram toneladas de espaço publicitário em programas exibidos em todo o país e, como resultado, conseguem exatamente a demografia ampla no estilo "todos os norte-americanos" que seria de se esperar. Já o DateHookup é um site gratuito com milhões de integrantes, muito popular entre aqueles que buscam relacionamentos casuais. Sua base de usuários tem cerca de 20% de negros e 13% de latinos. É o mais diversificado dos três sites analisados aqui. Penso nele como Atlanta ou Houston enquanto o OkCupid seria Portland e o Match.com, Dallas. Mas, como podemos ver, quando se trata de homens avaliando mulheres, obtemos o mesmo padrão nos três sites.

Os votos no outro lado, de mulheres avaliando homens, não são tão uniformes de um site a outro, embora ainda sejam bem parecidos.

		raça dos homens			
	OkCupid	asiáticos	negros	latinos	brancos
	asiáticas	+19%	-38%	-15%	+35%
raça das mulheres	negras	-34%	+52%	-17%	-1%
	latinas	-35%	-20%	+19%	+37%
	brancas	-26%	-19%	-1%	+46%

Match	asiáticos	negros	latinos	brancos
asiáticas	+3%	-7%	-5%	+9%
negras	-9%	+10%	-1%	+0%
latinas	-8%	-6%	+6%	+8%
brancas	-7%	-5%	-0%	+12%

DateHookup	asiáticos	negros	latinos	brancos
asiáticas	-	-34%	+14%	+20%
negras	+9%	+25%	-12%	-22%
latinas	-18%	-14%	+21%	+10%
brancas	-12%	-25%	+7%	+31%

Essas matrizes mostram duas tendências negativas e duas positivas. Os negros, mais uma vez, são pouco apreciados por usuárias não negras, mas, agora, os asiáticos se juntaram a eles nos números vermelhos. No lado positivo, as mulheres claramente preferem homens da própria raça, sendo mais "leais em relação à raça" do que os homens, embora também expressem nítida preferência secundária por homens brancos.

Outra forma de analisar nessas hierarquias raciais foi proposta por nós no OkCupid e reforça essa "preferência branca". Como os usuários são capazes de escolher mais de uma identidade étnica, podemos estudar misturas raciais quase como se estivéssemos em um laboratório. Temos homens que marcam "asiático" como etnia, por exemplo, enquanto outros marcam tanto "asiático" como "branco". Comparar os dois grupos nos dá uma noção do que acontece quando se acrescenta "brancura" a alguém. E isso faz muita diferença. Quando você acrescenta a etnia branca, as avaliações sobem muito. Eu mostrei os dados completos aqui. É uma tabela grande e confusa, mas vale a pena explorá-la.

Basta olhar a coluna da direita para ver a melhora nos números em consequência da "brancura" na constituição racial de alguém. A principal vantagem é que o desprezo racial aplicado aos negros, negras e asiáticos nas tabelas anteriores desaparece significativamente. É o inverso da velha "regra de uma gota".

Infelizmente, não há muitas pessoas que escolhem "negro" e "latino" ou "asiático" e "negro" para completar totalmente essa alquimia, mas isso nos dá um vislumbre interessante sobre a nossa forma de enxergar o espectro étnico.

homens avaliando mulheres	raça das mulheres		
	latinas	latinas – brancas	% de mudança
asiáticos	2,7	2,8	+4
negros	3,4	3,4	–2
latinos	3,4	3,4	+1
brancos	2,8	3,0	+7
	negras	negras + brancas	
asiáticos	2,0	2,3	+19
negros	3,3	3,5	+5
latinos	2,2	2,9	+28
brancos	2,0	2,5	+24
	asiáticas	asiáticas + brancas	
asiáticos	3,2	3,0	–5
negros	3,4	3,6	+5
latinos	3,1	3,3	+5
brancos	2,9	3,0	+2

raça dos homens (rótulo lateral esquerdo da primeira tabela)

mulheres avaliando homens	raça dos homens		
	latinos	latinos + brancos	% de mudança
asiáticas	1,7	1,8	+7
negras	2,0	2,4	+18
latinas	2,1	2,2	+8
brancas	1,8	2,1	+15
	negros	negros + brancos	
asiáticas	1,5	1,6	+6
negras	2,7	2,6	–4
latinas	1,7	1,9	+17
brancas	1,6	2,0	+26
	asiáticos	asiáticos + brancos	
asiáticas	2,0	2,1	+4
negras	1,8	2,7	+48
latinas	1,5	2,2	+44
brancas	1,5	2,0	+32

raça das mulheres (rótulo lateral esquerdo da segunda tabela)

O fator de confusão

Tudo isso foi tirado de avaliações em um site de namoros, mas dados sobre namoro são essencialmente sobre primeiras impressões (afinal, os usuários precisam se conhecer pelo menos um pouco antes de quererem se beijar) e refletem o mesmo espírito de qualquer par de pessoas que deseja ficar junto: *Bem, para o que estou olhando aqui? Quem eu vejo?* Os dados medem o frisson de conhecer gente nova: aquela mistura de julgamento, instinto e química que determina se você gosta ou não de alguém antes de saber muito sobre ele ou ela. Aqui estão alguns usuários do OkCupid definindo esse momento com as próprias palavras:

Aí um belo dia eu estava olhando os caras compatíveis e lá estava ele. Gostei de cara do perfil... Alguma coisa nele me fez sorrir.

Bella, sobre Patrick

Bem, tudo começou quando eu estava olhando as garotas compatíveis e vi aquela menina, que achei atraente à primeira vista.

Dan, sobre Jenn

Mas se existe amor à primeira vista, também há ódio à primeira vista, certo? E não teria o mesmo frisson da atração, só que ao contrário, quando alguém se encolhe de pavor inconscientemente diante de um estranho? Mais uma vez, vamos usar as palavras de alguém:

Pouquíssimos afro-americanos nunca tiveram a experiência de andar na rua e ouvir as portas dos carros sendo trancadas. Isso acontece comigo... Pouquíssimos afro-americanos não tiveram a experiência de entrar em um elevador e ver uma mulher segurar a bolsa nervosamente, prendendo a respiração até ter a chance de descer. Isso acontece com muita frequência.

Barack Obama, 19 de julho de 2013

Esses lampejos de intuição no núcleo dos dados, extrapolações a partir de quantidades ínfimas de informação, pertencem não só ao romance como também ao ato de decidir para quem você vai alugar o seu apartamento, aprovar ou não um empréstimo e, certamente, no trabalho policial, onde geralmente não há tempo para nada além de um lampejo. Mesmo em situações mais ponderadas, a primeira impressão é a que fica. Uma pesquisa fez a pergunta: "Emily e Greg são mais empregáveis que Lakisha e Jamal?" e recebeu um sonoro "sim" de profissionais de RH norte-americanos. Os cientistas mandaram currículos idênticos, alguns com nomes que "pareciam de negros" no topo e outros com nomes "que pareciam de branco", e descobriram que os últimos receberam 50% mais respostas, independente do cargo ou ramo de atuação da empresa. E as empresas que dizem oferecer "oportunidades iguais aos funcionários" discriminam tanto quanto as outras.

Esse tipo de ironia explica por que os grandes estudos são importantes, mas as pequenas medições de pessoa a pessoa são essenciais: quando você lê descobertas como as mostradas anteriormente e vê que Jamal não consegue o emprego, é fácil criticar os poucos gerentes racistas que fizeram as probabilidades ficarem contra ele. No entanto, os dados vistos neste capítulo mostram que o racismo não é um problema de valor aberrante: é generalizado. Vimos os mesmos padrões repetidos em três sites diferentes, com usuários e experiências diferentes: homens, mulheres, grátis, pagos, casuais, sérios, com demografia mais "urbana" e mais "populares". No geral, o conjunto pesquisado representa boa parte dos jovens adultos dos Estados Unidos, e os dados mostram algo de modo uniforme: os não negros desprezam perfis de afro-americanos. Não é um problema causado por um pequeno grupo de usuários negros "feios" nem por um pequeno grupo de racistas obstinados estragando um padrão que, do contrário, seria regular.

Não é mais socialmente aceitável ser abertamente racista. Em resposta a essa pressão, há uma parte do público que se esquivou, pensando: "Se eu não consigo mais gritar palavras de ódio para alguns estudantes, tudo bem. Vou gritar na televisão." Este não é o norte-americano típico. A maioria de nós (quase todos, na verdade) reconhece que o racismo é errado. Mas será que ele ainda está implícito em muitas das nossas decisões?* Os psicólogos têm um nome para os padrões interiores de crenças que ajudam uma pessoa a organizar informações à medida que as encontra: *esquema*. E nosso esquema ainda está fora de sincronia com o mundo idealizado pela maioria de nós. Em centenas de pequenas ações diárias, nenhuma delas feita com intenção ou sentimento racista, nós refletimos uma cultura mais ampla que é, de fato, racista. Como vimos, este padrão está tão arraigado que também foi adotado por grupos adicionados mais recentemente à nossa sociedade, como asiáticos e latinos.

---

* Para ser claro, o "nós" aqui não é retórico. Ele também me inclui.

Quando se trata desses padrões, os indivíduos, de certa forma, não têm culpa. O fato de pessoas negras receberem 3/4 da atenção em sites de namoro é praticamente um acidente. Não posso culpar alguém por não querer sair com outra pessoa. Raramente há maldade nessa decisão. Escolhas, como votos nesses sites, são feitas em um instante, sendo atos pequenos, aparentemente insignificantes. Você navega pelo site e talvez um rosto a cada 12 seja negro. E, olhando para aquela pessoa, os seus atos, naquele momento, podem tomar qualquer rumo, como aconteceria se estivesse olhando para um usuário branco. Você está no fluxo. E daí se não gostar de uma pessoa específica em um determinado momento? Todos têm o direito de pensar o que quiser sobre qualquer indivíduo. Na verdade, ver cada pessoa como indivíduo em primeiro lugar e não uma categoria significa dar um passo imenso na direção certa, pois os padrões agregados mostram que o dado, no geral, ainda está viciado. Na verdade, há outra metáfora melhor da mesma categoria: os dados mostram que a casa ainda está ganhando a comissão. Não é o crupiê, a mão, nem o jogo: são as regras do jogo que fazem certos grupos de pessoas perderem e outros ganharem.

Recentemente, o professor de sociologia Osagie K. Obasogie fez uma pesquisa inovadora: entrevistou pessoas que nasceram cegas e encontrou as mesmas atitudes em relação à raça de pessoas que enxergam. A amostra foi relativamente pequena, com apenas 106 indivíduos, mas ele encontrou a personificação dos meus dados do OkCupid. Ele cita vários exemplos de pessoas cegas e jovens que estão felizes em um encontro amoroso até alguma "pista" (geralmente tocar o cabelo, mas de vez em quando um sussurro dado por um desconhecido) revelar que a outra pessoa era negra. Aí o encontro amoroso era encerrado.

Obasogie afirma que as atitudes das pessoas cegas sobre raça refletem uma vida inteira de absorção cultural em vez de uma realidade visual. Olhando os dados em questão, parece impossível argumentar o contrário. Além disso, ele observou que o sexo é o centro da discórdia entre o que estamos vendo e o que a cultura nos diz que vemos. Em entrevista ao *Boston Globe*, Obasogie ficou impressionando pela vigilância com que "as fronteiras raciais são patrulhadas, principalmente no reino do namoro", mesmo entre as pessoas cegas. Aprofundando-se nessa metáfora, poderíamos dizer que uma patrulha protege o interior e o namoro é apenas a fronteira de uma vasta massa cultural que levará décadas para ser reorganizada.

De qualquer modo, estou bem ciente da longa e vergonhosa história da "ciência" feita por pesquisadores brancos para "provar" a crença desses cientistas de que pessoas brancas são melhores. E também estou ciente de como dados mostrando que, por exemplo, "mulheres acham homens brancos mais atraentes" podem aparecer. Não estou dizendo que homens brancos sejam anormalmente bonitos nem que os dados "provam" que negros não são atraentes. Na verdade, os padrões do OkCupid mudam fora dos Estados Unidos. No Reino Unido, os integrantes negros do site recebem 98,9% das mensagens recebidas pelos brancos. No Japão, 97,8%. No Canadá, 90%. Muitos usuários negros nesses dois países, especialmente no Japão, são norte-americanos morando no exterior.

O sexo às vezes nada tem a ver com estrutura óssea, carne e músculos: defeitos e qualidades que todas as raças têm em medidas iguais. Também existe a cultura, bem como expectativas e condicionamentos. É o que esses dados mostram e, por serem pessoa a pessoa e coletados em detalhes, podem revelar a situação de uma forma que nenhuma outra pesquisa consegue.

Fui estudante de intercâmbio no Japão por um verão durante o ensino médio e os funcionários da agência na cidade que me recebeu, Utsunomiya, de vez em quando levavam a mim e os outros norte-americanos para visitar uma escola ou fábrica na região. O objetivo era que nós víssemos o país e vice-versa. Era o início dos anos 1990, antes da Internet, e o Japão ainda era nosso grande rival na economia, em vez da China. Havia uma tensão no ar: eles tinham comprado o Rockefeller Center havia alguns anos e o iene ameaçava o dólar. O nome do meu programa de intercâmbio dava o tom da visita em três palavras: Juventude para o Entendimento.

Apesar do nome, achei a cultura desconcertante. Eu me lembro que até os nomes dos personagens do jogo Street Fighter II eram errados: o Vega se chamava Balrog e o Balrog era o M. Bison... Eu pensei: *"Que loucura!"* Mas eles tinham seriados americanos: *S.O.S Malibu* logo seria o programa mais assistido no país. Em uma ocasião fomos reunidos em uma escola, onde tivemos que levantar e dizer umas palavras na frente do grupo de alunos. Saí da plateia para o pódio, disse algo idiota e desci. A pessoa que subiu logo depois de mim era a única loira da nossa pequena trupe e, quando ela se levantou — eu nunca vou me esquecer —, houve um suspiro audível. A pessoa que estava em pé ali era só uma garota comum (tínhamos 16 anos e éramos todos desajeitados e horríveis), mas houve um frisson na multidão, como se Pamela Anderson em pessoa estivesse lá.

Muitas pessoas levaram aquele tremor ao pé da letra e, por décadas, estudantes da frenologia, racialistas e charlatães fizeram de tudo para dar uma base biológica (e portanto imutável) a essa resposta essencialmente cultural. O livro *The History of White People*, de Nell Irvin Painter, dá uma excelente visão geral da "ciência racial" e também fornece a citação de um texto da época do Iluminismo sobre as maravilhas da raça "caucasiana" escrito, naturalmente, por um branco:

> *O sangue da Geórgia é o melhor do leste, talvez do mundo. Não observei um só rosto feio neste país, em ambos os sexos, apenas rostos angelicais. A natureza despejou em abundância sobre as mulheres belezas que não são vistas em qualquer outro lugar... Seria impossível indicar aspectos mais formosos ou silhuetas melhores que as dos georgianos.*

Johann Blumenbach é o autor desse trecho. Ele desenvolveu suas teorias raciais coletando e comparando crânios humanos. A sabedoria talvez tenha progredido. Já o subconsciente é outra história.

7.

A apoteose do mito da beleza

Trabalho em um universo em que as pessoas se identificam de quase todas as formas concebíveis: fumantes ou não fumantes; cristãos ou ateus; nerds, geeks ou, talvez, dorks; sem falar de brancos, negros ou asiáticos; gays, heterossexuais, nenhum deles ou ambos. A humanidade é composta por tribos dentro de tribos. Ou, como diz o provérbio coreano de modo mais bonito: "Além das montanhas, montanhas." Isso representa a aspereza da península deles e a eterna dificuldade do nosso árido terreno humano.

Ao gerenciar um site de namoros, fiquei ciente de uma subdivisão que, apesar de parecer frívola, é tão inata quanto a raça ou a sexualidade de uma pessoa, e, como essas características, costuma ser resistente à análise direta. No OkCupid, assim como no Match e no Tinder, um grande divisor (talvez o mais profundo de todos) é o que existe entre os belos e o resto. Estes são os nossos "vou" e "não vou", ricos e pobres e, quando se trata de atração sexual, os "vou" colhem os benefícios da herança, enquanto os "não vou" ficam a ver navios. De modo semelhante à raça, a beleza é uma carta que você recebe e vive, em consequência disso.

O gráfico a seguir mostra as novas mensagens recebidas por semana de acordo com a beleza física do destinatário:

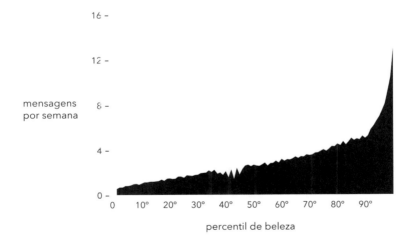

O aumento acentuado no lado direito derruba o resto da curva, obscurecendo sua verdadeira natureza, mas a partir do percentil mais baixo ela se torna quase uma função exponencial, ou seja, obedece à matemática que sismólogos usam para medir a energia liberada por terremotos. Sim, a beleza opera em uma escala Richter. Em termos de efeito, há pouca diferença visível entre os números 1 e 2: eles causam tremores que variam apenas em graus de imperceptibilidade. Mas nos pontos mais altos da escala uma pequena diferença tem impacto cataclísmico: um 9 é intenso, mas um 10 pode rachar o mundo. Ou afundar mil navios.

O que você definitivamente não consegue ver no gráfico anterior, pois eu agreguei os dados para obscurecer isso, é que os homens e as mulheres vivenciam a beleza de modo desigual. Aqui vemos a densidade de mensagens do OkCupid separadas por gênero, com os dados agregados sendo a linha pontilhada no meio.

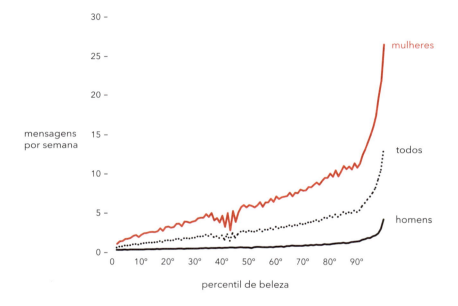

É difícil explicar o quanto o canto superior direito deste gráfico exige atenção, exceto se eu for atrás de você e gritar na sua cara sobre os meus hobbies. Especialmente em grandes cidades, onde o fluxo de mensagens é 50% maior do que o mostrado neste gráfico, a quantidade de "oi, e aí, você gosta de motocicletas porque eu gosto de motocicletas?" recebida por uma mulher no alto da escala a cada vez que ela entra no site é digna de uma monografia de faculdade. Um verdadeiro "*cara*clisma". No entanto, nem os efeitos da beleza nem a separação entre homens e mulheres estão confinados ao reino sexual.

Aqui estão os dados relativos aos pedidos de entrevistas no Shiftgig, site de empregos que procura trabalhadores temporários e do setor de serviços:*

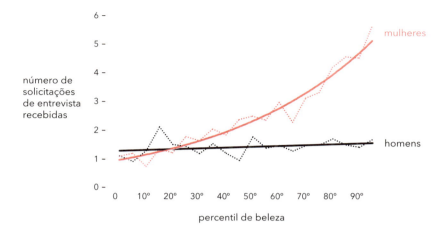

E da contagem de amigos no Facebook:

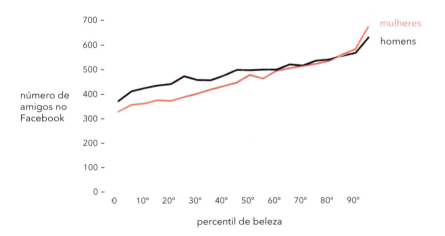

Sucesso e beleza estão associados em ambos os sexos, mas podemos ver que a inclinação da linha vermelha é sempre maior. No Facebook, cada percentil de beleza

---

* Destaquei as linhas de tendência porque os dados são levemente mais esparsos e, portanto, apresentam mais ruído que o usual. Esta amostra tem aproximadamente 5 mil pessoas.

A apoteose do mito da beleza   127

dá dois amigos para um homem e três para a mulher. No Shiftgig, as curvas nem podem ser comparadas dessa maneira, pois a curva feminina é exponencial e a masculina, linear. Além disso, essas curvas revelam se o *gerente que contrata*, a pessoa que faz a entrevista, é homem ou mulher. Nos dois casos, o gráfico dos candidatos do sexo masculino é uma reta, indicando que a aparência do homem não tem qualquer efeito em suas possibilidades de emprego, enquanto o gráfico feminino é exponencial. Concluímos, então, que as mulheres são tratadas como se estivessem no OkCupid, mesmo quando estão se candidatando a uma vaga de emprego. Profissionais de RH do sexo masculino analisam a beleza das candidatas como o fariam em um cenário de conquista, o que é deprimente ou muito empolgante, caso você seja advogada com prática em litígios. E as funcionárias pensam da mesma forma (aparentemente sexualizada), apesar de (geralmente) não haver qualquer intenção de romance.

Não chega a ser um terreno intelectual inexplorado o fato de a beleza fazer diferença, ainda mais para as mulheres. Por exemplo, um artigo importante da psicologia social se chama "What Is Beautiful Is Good" (O que é belo é bom, em tradução livre). Este foi o primeiro passo de uma agora vasta linha de pesquisa estabelecendo que pessoas de boa aparência são consideradas mais inteligentes, mais competentes e até mais confiáveis. Pessoas mais bonitas conseguem empregos melhores. Elas também são mais inocentadas nos tribunais e, caso isto não ocorra, conseguem sentenças mais leves. Como observa Robert Sapolsky no *Wall Street Journal*, dois neuropsicólogos da Universidade de Duke estão trabalhando para descobrir o motivo: "O córtex orbitofrontal medial do cérebro avalia tanto a beleza de um rosto quanto a bondade de um comportamento, e o nível de atividade nessa região durante uma dessas tarefas prevê o nível na outra. Em outras palavras, o cérebro... assume que os ossos do rosto dizem a você algo sobre os corações e as mentes." Em nível neurológico, o cérebro registra aquele baque da atração sexual (*Nossa, ela é gata*), e todo o resto parece ser consequência.

Quanto à minha segunda afirmação, de que a beleza afeta particularmente as mulheres, o best-seller *O mito da beleza*, de Naomi Wolf, mostrou isso muito melhor do que eu poderia fazer. Em resumo, minhas descobertas aqui não são novas. O novo está em nossa capacidade de testar ideias estabelecidas e até famosas em relação às ações atomizadas de milhões de pessoas. Essa granularidade dá força e nuance aos trabalhos anteriores e até sugere formas de construir algo novo em cima disso.

O artigo "What Is Beautiful" (O que é belo) baseou-se em uma amostra de pesquisa de apenas sessenta pessoas, que mal é suficiente para provar o efeito, que dirá suas várias facetas.* Mas agora podemos partir do "O que é belo é bom" e perguntar "Mas o quanto isso é bom?" e em quais contextos. No sexo, a beleza é algo muito bom. Na amizade, apenas razoavelmente bom, e quando você está procurando emprego, o efeito realmente depende do seu gênero. Quanto à obra seminal de Wolf, podemos confirmar a verdade por trás da observação ampla "a mulher de hoje está reduzida à sua 'beleza'", pois três robustos conjuntos de pesquisa corroboram a força dessa associação. E, melhor ainda, podemos ampliar alguns dos argumentos mais persuasivos dela sobre a beleza ser um meio de controle social. Pense na forma pela qual os dados do Shiftgig mudam a compreensão de como o desempenho das mulheres é percebido no local de trabalho. Elas estão evidentemente sendo procuradas (e cada vez mais exponencialmente) por uma característica que nada tem a ver com a capacidade de fazer bem um trabalho. Os homens, por sua vez, não passam por esse tipo de seleção. Basta a simples probabilidade, portanto, para concluir que a taxa de fracasso das mulheres como um todo será maior. E o crucial é que devemos culpar os critérios, não as pessoas. Imagine se os homens fossem contratados pela força física deles, independentemente do trabalho. Isso geraria *deliberadamente* homens fortes enfrentando desafios que nada têm a ver com a força física. Da mesma maneira, contratar mulheres com base na aparência significa (estatisticamente) garantir um mau desempenho ou limitar as oportunidades delas. Assim, completa Wolf: "O mito da beleza, na realidade, sempre determina o comportamento, não a aparência." Ela estava falando primeiramente no contexto sexual, mas aqui nós vemos como isso acaba, matematicamente, até no local de trabalho.

Como já mencionei, tenho uma filha, e em nossas raras horas vagas Reshma e eu gostamos de especular sobre o futuro dela. Todos os pais fazem isso, basta um momento de calma e será inevitável, assim como dois bêbados em um bar sempre acabam discutindo. Toda família tem os seus devaneios favoritos, mas o nosso deve

---

* O estudo da beleza pelos métodos tradicionais é especialmente suscetível ao problema da insuficiência. Se o tema da sua pesquisa for, por exemplo, a riqueza, será fácil obter a medida do patrimônio líquido ou renda de alguém e depois passar para a característica que você deseja analisar. Mas, para estudar a beleza, primeiro é preciso determinar o quão belos são seus objetos de estudo, um processo que exige muitos recursos. Como a beleza é tão subjetiva (ao contrário da cor de cabelo, por exemplo, sobre a qual você se pergunta se obterá leves variações que são praticamente sinônimas, como castanho, castanho-escuro e castanho-claro), obtêm-se amplas variações de opinião que só podem ser absorvidas se a amostra for um conjunto grande e diversificado. Como já vimos anteriormente com o fator WEIRD, este não é um ponto forte da pesquisa acadêmica.

ser parecido com os da maioria das outras famílias, imagino. Minha esposa ou eu começamos o assunto, não importa na verdade quem foi: nossa garotinha será tão inteligente. Ah, se vai. Ensinaremos a ela tudo o que pudermos. Ela será gentil, de bom coração. Concordamos que isso é muito importante para que ela seja feliz. E, claro, veja esta pele branquinha, estes olhos, ela vai ser tão bonita. Uau! É, teremos que colocar trancas na porta quando ela for adolescente. E aí a conversa muda um pouco de rumo. Mas ela não pode ser bonita demais, não é? Pois é, nós não gostaríamos disso. Aí nós dois relaxamos e a conversa muda de rumo. Basicamente, é isso: eu não consigo imaginar alguém desejando limites a um filho homem.

Infelizmente, esse problema está se agravando em função da Internet: para O *mito da beleza*, as mídias sociais representam o Dia do Juízo Final. A sua foto está anexada a praticamente tudo, cada currículo, cada inscrição em site, cada post. Se as pessoas querem saber o que você está fazendo, elas verão sua aparência. Não porque deveriam e sim porque isso é possível: o Facebook e o LinkedIn, basicamente, estenderam o problema do Dia do Amor é Cego do OkCupid para tudo. Há apenas dez anos era quase impossível ligar o nome de uma pessoa à foto dela. Agora, basta jogá-lo no Google (todo mundo faz isso) e surge a miniatura de foto vinda de alguma rede social. Todos nós já reviramos nossas fotos para escolher a "melhor". Escolham com sabedoria, amigos, porque ela define você de um jeito inédito. Há um impulso nessa tendência que pode não ser óbvio para quem trabalha fora da indústria. O novo padrão de design usado nos últimos dois anos, mais aberto e centrado nas imagens (que chamo de "Pinteresty"), dá mais importância não só às fotos, mas *especificamente à beleza*. Recentemente o OkCupid fez uma mudança em algumas fotos, que passaram do tamanho da caixa preta ao da vermelha, mostradas a seguir:

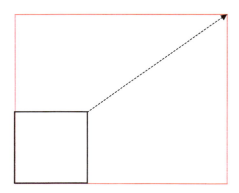

Os designers só queriam dar uma aparência mais moderna à página. O que eles não previram (e depois precisaram resolver) foi o seguinte: os pixels a mais tornaram possível que os rostos bonitos ofuscassem ainda mais os outros. Os ricos ficaram mais ricos, digamos assim. Foi o equivalente no webdesign à política econômica interna dos Estados Unidos.

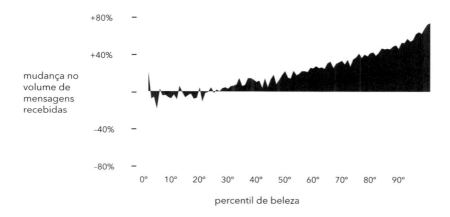

Com toda essa pressão, não surpreende que blogs de imagem corporal predominem hoje em dia. E posts marcados com as hashtags #thinspiration (trocadilho com as palavras "magreza" e "inspiração"), #thinspo (corruptela do mesmo trocadilho anterior), #loseweight (#percapeso), #keeplosing (#continueperdendo), #proana, #thighgap ficaram tão comuns que tanto o Tumblr quanto o Pinterest (de modo independente) tiveram que alterar os Termos de Serviço para banir esse tipo de conteúdo. Para quem estava se perguntando o que são as duas últimas hashtags, #proana significa "pró-anorexia", pessoas *a favor de* passar fome como técnica para emagrecer. Enquanto isso, #thighgap se refere a ter coxas tão magras que não encostam uma na outra quando você fica em pé, mantendo os pés e joelhos juntos. É uma característica fetichizada por adolescentes do sexo feminino. Muito longe de questionar o quanto isso seria desejável, trata-se de algo biologicamente impossível para a maioria das pessoas. A depravação total desse fenômeno não o atinge até você procurar esses marcadores e se ver diante de uma página sem-fim de corpos destruídos fazendo pose para a câmera. Não só as mulheres "inspiradoras" são terrivelmente magras como costumam aparecer nas imagens de lingerie, biquíni ou roupa íntima. Os blogs criados por mulheres são a verdadeira epítome do *male gaze*, o olhar masculino, e digo isso como uma pessoa automaticamente cética em relação à linguagem da esquerda acadêmica.

O fato de o Tumblr e o Pinterest terem banido esse conteúdo não resolveu nada, obviamente, muito menos os problemas de imagem corporal de todos os usuários. Então, os sites estão usando outra abordagem. Como esses blogs são marcados com as hashtags, é possível intervir por meio de um algoritmo: procure "tighgap" no Tumblr e surgirá uma tela dizendo:

> "Se você sofre de algum transtorno alimentar ou conhece alguém que se encontra nesta situação..."

Logo a seguir vem um link com fontes de ajuda. É uma pequena medida, mas antes de o comportamento ser digitalizado praticamente não havia como agir sobre esse problema de modo direto, pelo menos não até que danos visíveis já tivessem ocorrido. Havia apenas rumores, um ouvido na porta do banheiro, talvez a triste suspeita de um pai ou mãe. Os dados falam de como realmente estamos nos sentindo não só uns em relação aos outros, como também em relação a nós mesmos. Se eles encontram divisões na cultura, na política, nos hábitos e nas tribos, também podem encontrar divisões dentro de nós. E esse é um pensamento promissor, porque, para obter a plenitude, a primeira etapa é saber o que está faltando.

8.

O interior é o que conta

Antigamente, havia duas formas de se descobrir o que alguém realmente pensava. A primeira era pegar a pessoa distraída. Você espionava, provocava, criava algum pretexto, fazia de tudo para a pessoa esquecer que estava sendo observada. Pesquisas assim deviam ser muito divertidas: um jaleco de laboratório, uma câmera escondida... Quem sabe até um bigode falso. Mas, em grande escala, era impossível. Para dados em massa tínhamos apenas a segunda opção: fazer a pergunta e esperar uma resposta sincera. Esse é o padrão mais popular desde que Gallup criou o American Institute of Public Opinion (Instituto Norte-Americano de Opinião Pública) em 1935.

Infelizmente, as pesquisas são historicamente incapazes de revelar atitudes verdadeiras em relação a temas como raça, comportamento sexual, uso de drogas e até funções corporais, porque as pessoas editam as respostas. Os dados comportamentais observados são muito úteis, como já vimos, mas pensamentos e crenças não acarretam uma ação explícita. E geralmente as atitudes mais desagradáveis e polêmicas escondem-se por trás de um véu de ego e normas culturais quase impossível de remover, pelo menos através de perguntas diretas. É a maldição do cientista social: o que você mais quer saber é justamente o que seus objetos de estudo mais tentam esconder. Essa tendência, chamada *influência da desejabilidade social,* é bastante documentada. No mundo todo, as pessoas respondem perguntas de modo a serem bem-vistas pelo entrevistador. O caso mais famoso foi o chamado efeito Bradley: em 1982, os eleitores da Califórnia disseram nas pesquisas de boca de urna que elegeriam como governador o candidato negro Tom Bradley por uma margem significativa, mas na privacidade da cabine de votação, acabaram dando ao oponente branco uma vitória apertada. Ao longo dos anos 1980 e 1990, candidatos negros costumavam receber mais apoio em pesquisas do que nas eleições propriamente ditas. Além do racismo, problemas como depressão e vícios também são difíceis de se diagnosticar em nível social, porque as pessoas não conseguem ser sinceras sobre esses assuntos. Até nas perguntas de compatibilidade do OkCupid (que costumam ser vistas apenas por quem responde) os usuários se recusam a assumir certas atitudes, mesmo as que eles mostram em todas as outras partes do site. O simples ato de perguntar gera a autocensura. Quase todo site que registra opiniões ou coleta dados descritivos enfrenta o mesmo problema, mas há um lugar em que não se precisa fazer perguntas e, por isso, os dados estão livres de pressões: com a busca, não há pergunta, você simplesmente fala.

O interior é o que conta   135

A única solicitação feita pelo Google é a famosa página inicial contendo apenas um campo para entrada de dados: aquele pequeno retângulo vazio, cujo cursor está inerte e pronto, apenas esperando pelos seus pensamentos. O negócio da empresa consiste em ajudar as pessoas a encontrarem o que procuram na grande mata cerrada da Internet, e o Google vem conseguindo isso de modo espetacular. Mas de modo quase secundário ao sucesso mundial, à medida que usuários inserem novos desejos em seu banco de dados, o Google virou um repositório do id coletivo da humanidade. Ele ouve nossas confissões, preocupações e segredos, sendo médico, padre, psiquiatra, confidente e, acima de tudo, o Google não precisa perguntar nada, pois a pergunta está sempre implícita no espaço em branco da interface: *E aí, em que você está pensando?* Ahab e sua baleia, Arthur e seu Graal. O que a pessoa procura geralmente mostra como ela é por inteiro. O truque até agora consiste em saber: como podemos ver as buscas?

Desde 2008 o Google nos deu este vislumbre com a ferramenta Google Trends, com a qual qualquer pessoa pode pesquisar no banco de dados agregados de busca. Construindo a frase do jeito certo e adicionando um pouco de tabulação cruzada é possível usá-la para obter uma excelente amostra da mente privada, do funcionamento interno que até agora permaneceu inacessível às pesquisas desde que elas começaram. Desde que o serviço foi lançado, cientistas já usaram o Google Trends para prever o mercado de ações, revelar o que move a produtividade econômica (países mais ricos se preocupam mais com o futuro do que com o passado), além de analisar epidemias de gripe e dengue em tempo real e, com isso, pará-las rapidamente. Quando as pessoas estão doentes, procuram sintomas e remédios. O Google Flu (Google Gripe) sente o que está acontecendo e alerta o Centro de Controle e Prevenção de Doenças dos Estados Unidos.

O site também registra outros tipos de virulência. Como não há pergunta e, diferentemente dos sites sociais, não há alguém do outro lado da linha, as pessoas libertam seus impulsos mais desprezíveis no Google. A palavra "nigger" (termo pejorativo para se referir a pessoas negras que pode ser traduzido como "crioulo"), por exemplo, é muito procurada: está em 7 milhões de buscas por ano. Nos Estados Unidos o volume de buscas é maior onde seria de se esperar (na conservadora Virgínia Ocidental), mas se mostra constante em todo o país. O Brooklyn tem pouco em comum com a cidade onde fui criado, Little Rock, mas este é um dos pontos: "nigger" é tão comum em Nova York quanto na região central do Arkansas e tão pesquisado em Chicago quanto em Fresno.* A julgar pelo volume de buscas, a palavra é literalmente mais americana do que "torta de maçã", com 30% de vantagem. O que também é interessante é que ela aparece com muito mais frequência no Google do que em um lugar mais público, onde nossa alma é mostrada, o Twitter. Usando a palavra "nigga" como controle, visto que é semelhante em termos de significado, mas não tem a mesma bagagem pejorativa, "nigger" aparece cerca de trinta vezes mais em buscas do que nas mídias sociais.

Ao contrário dos ciclos agudos de doenças, o caminho do racismo é lento e persistente, trabalhando em nível geracional em vez de metabólico, sendo um dos poucos assuntos onde podemos começar a ver as amplas possibilidades longitudinais dos dados. Além disso, ligar os altos e baixos nas buscas a eventos reais permite revelar algumas nuances emocionais ocultas por trás dos dados. Por exemplo, se você comparar as buscas pela palavra "nigger" ao ciclo da campanha norte-americana de 2008, verá o país começando a lidar com a perspectiva de ter um presidente negro.

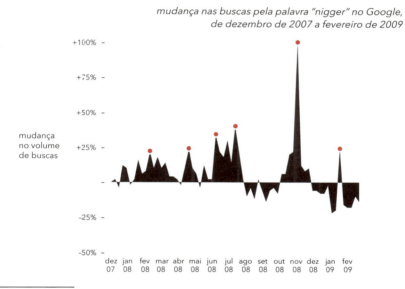

mudança nas buscas pela palavra "nigger" no Google, de dezembro de 2007 a fevereiro de 2009

---

* O Google Trends expressa a popularidade de uma busca por meio de um índice numérico simples, proporcional à quantidade de buscas para uma palavra ou frase. Os índices para "nigger" são de aproximadamente 10% um do outro para as áreas metropolitanas citadas. A corruptela "nigga" não foi incluída, visto que a maioria das buscas relacionadas a ela é por letras de rap (a busca exata de dados que fiz para este capítulo foi "nigger −nigga −song"). As buscas mais realizadas para "nigger" são, de longe, "jokes" (piadas) e "nigger jokes" (piadas de preto). Para minha análise de busca racial estou usando um método criado pelo cientista de dados e economista do Google, Seth Stephens-Davidowitz. Escrevendo a partir de sua visão privilegiada sobre os dados, ele conclui: "A imensa proporção das buscas [por 'nigger'] era por piadas sobre afro-americanos." Ele usa dados públicos e anônimos em sua pesquisa.

Olhando os seis picos vermelhos, da esquerda para a direita, vemos a Superterça-feira de 5 de fevereiro, seguida pelas primárias fortemente contestadas da Pensilvânia em 22 de abril. Em 6 de junho as buscas alcançam um novo pico: Hillary suspendeu a campanha e Obama foi escolhido candidato. Em 15 de julho, complicando os dados (e também a discussão moral), o rapper Nas lançou um álbum cujo título não oficial era *Nigger*, chegando ao primeiro lugar das paradas. Mas mesmo diante desse evento, que poderia confundir os dados, o volume de buscas geral caiu à medida que a supremacia de Obama se estabeleceu. As tensões raciais e políticas dissiparam-se enquanto as outras candidaturas se prepararam para a queda, mesmo antes da indicação oficial. Na verdade, o volume de buscas com teor racial chegou ao ponto mais baixo de toda a campanha na semana da Convenção Nacional Republicana, no início de setembro.*

Contudo, após chegar a este mínimo, o rancor voltou rapidamente ao normal e depois explodiu na noite da eleição, quando as buscas por "nigger" alcançaram um nível inédito. No dia seguinte, quando os Estados Unidos acordaram diante da realidade confirmada de um presidente negro, aproximadamente uma em cada cem buscas por "Obama" também incluía o já citado epíteto ou "KKK" na string de busca. Quase imediatamente depois, porém, o volume de buscas influenciadas pela raça caiu imensamente e, exceto por um surto final de raiva na posse, esse nível (25% abaixo do *status quo* pré-Obama) se manteve. Fala-se muito sobre a "conversa nacional" dos Estados Unidos sobre raça, mas quando olhamos os dados, vemos que está mais para uma série de convulsões nacionais. Por outro lado, também é possível notar que, apesar de todas as promessas não cumpridas de seu famoso discurso, Obama realmente mudou o curso do epíteto favorito da nação norte-americana:

índice de buscas no Google pela palavra "nigger", por data

---

* Isso não aconteceu apenas porque as pessoas saíram de férias: termos neutros como "pasta" (massa), "pizza", "family" (família) e "truck" (caminhão) se mantiveram constantes ao longo do ano.

Na verdade, houve apenas três aumentos reais em buscas por "nigger" durante o mandato do Obama. A primeira foi movida pelo tipo de cultura inútil no qual os políticos do Tea Party parecem se especializar: o volume aumentou em outubro de 2011, na semana em que o mundo descobriu a existência de um "NiggerHead Lake" (Lago Cabeça de Negro, em tradução livre) na propriedade do governador do Texas, Rick Perry. Os dois picos remanescentes, ambos comparáveis em tamanho e surpresa à noite da eleição de Obama, eram duas partes de uma mesma história. O primeiro atingiu os servidores do Google no fim de março de 2012 e o outro na última semana de junho do ano seguinte. O de março de 2012 está relacionado com a divulgação na mídia da morte de Trayvon Martin e, o segundo, com a época em que o promotor montou o caso contra George Zimmerman, talvez essas tenham sido as duas vezes desde a primeira campanha de Obama em que os brancos se sentiram mais atacados. Não houve aumento comparável durante a fase de defesa do julgamento nem no veredicto. E, como aconteceu após a eleição de 2008, as buscas alcançaram outro nível mais baixo logo após a soltura do acusado, revelando mais uma vez o ciclo de tensão e alívio que permeia as relações de raça nos Estados Unidos.

Quando você está procurando palavras com forte carga racial, "nigger" é o ponto de partida óbvio, mas rapidamente é possível descobrir que não há outras da mesma importância. "Nigger", na verdade, é o alfa e o ômega do discurso de ódio. Outros termos horrendos como "spic" (palavra pejorativa usada para se referir a mexicanos) e "chink" (termo pejorativo para se referir a chineses) são tão pouco usados que há poucos dados para analisar e comparar. O mais importante não são os epítetos propriamente ditos e sim a mentalidade por trás deles, uma verdade que pode ser percebida na forma pela qual a carga da palavra "nigger" muda de acordo com a identidade de quem fala. Se fosse o cantor country Toby Keith em vez do Nas lançando aquele álbum em 2008, teríamos uma história *muito* diferente. Para isso, a função de preenchimento automático do Google é útil, pois fornece pensamentos inteiros em vez de apenas uma palavra fora de contexto.

Se você não estiver familiarizado com o preenchimento automático, quando começa a digitar uma frase, por exemplo, "Quem é o...", o Google se oferece para terminar o pensamento com textos oriundos de outras buscas populares. Digite "Quem é o..." e ele sugere "homem mais rico do mundo". Brinque um pouco mais e você verá boa parte da humanidade se perguntando como a cara-metade vive.

Por que as mulheres...

    ... traem?

    ... menstruam?

    ... usam salto alto?

Por que os homens...

    ... se afastam?

    ... se apaixonam?

    ... mentem?

E quando você começa a buscar estereótipos, é como jogar Taboo, mas sem qualquer palavra tabu. Por que os negros... gostam de frango frito? Por que os muçulmanos... odeiam os Estados Unidos? Por que os asiáticos... são todos parecidos? O preenchimento automático fornece esse tipo de frase, e esses são exemplos textuais. Na verdade, um desses resultados, "Why Do White People Have Thin Lips" (Por que os brancos têm lábios finos?), é o título de um artigo científico recente que explora o duplo objetivo desse recurso: obviamente, revela tendências, mas, devido à ubiquidade do Google, ele também tem o poder de defini-las. O artigo sugere que o preenchimento automático acabará perpetuando os estereótipos que apenas deveria refletir, e é fácil ver como isso acontece: um usuário digita uma pergunta não relacionada ao assunto e acaba esbarrando nos preconceitos alheios. Por exemplo, "Por que casais... gays se parecem?" era um estereótipo do qual eu não tinha conhecimento até agora. É o site agindo não como Grande Irmão e sim como Irmão Mais Velho, dando cigarros mentais para você.

Fazer mais experiências com o preenchimento automático gera outra visão da humanidade. É como estar ao lado de uma pessoa na frente do espelho do banheiro. Vá para a página de busca e digite:

"Por que meu(minha)(s) a...", depois

"Por que meu(minha)(s) b...", e assim por diante.

E o Google completará suas frases com um alfabeto de problemas, incluindo esta brilhante sequência:

por que minhas fezes estão verdes
por que minha língua fica branca
por que minha urina está amarelo-escura
por que minha vagina está coçando

Preciso destacar que todos esses problemas provavelmente resultam de ficar sentado na frente do computador por tempo demais.

Assim, desse jeito irregular, nossos pensamentos ocultos estão ganhando o mundo. Com uma boa dose de criatividade na hora de digitar, alguns truques para driblar os problemas e um pouco de matemática, estamos levando o monólogo interno da humanidade a um público mais amplo. Expomos nosso lado nocivo e também o lado ridículo, e para esses impulsos nocivos os dados das buscas fornecem a exposição necessária. Não é mais publicamente aceitável dizer algo racista, mas agora podemos saber que essas palavras ainda estão sendo faladas, mesmo quando a influência da desejabilidade social nos diz o contrário. Além disso, embora esse poder de detectar atitudes ocultas latentes seja novo, o poder de explorá-las não é, e isso faz com que esses dados sejam ainda mais importantes. Deixo a explicação com o estrategista republicano Lee Atwater. No texto a seguir, ele discute a chamada Estratégia Sulista do partido em uma entrevista com o cientista político Alexander P. Lamis. Atwater disse isso em 1981, quando fazia parte do governo Reagan:

Você começa em 1954 dizendo "crioulo, crioulo, crioulo". Em 1968, você já não pode mais dizer "crioulo" porque ofende, o tiro sai pela culatra. Então você diz coisas como "o estado reforça a desigualdade racial por meio da alocação seletiva de alunos em determinadas escolas", "direitos estaduais superam os federais" e tal. Você está ficando tão abstrato agora [que] está falando em cortar impostos, e tudo isso de que está falando é totalmente econômico, e um subproduto delas é [que] os negros sofrem mais que os brancos.

Atwater achou que estava falando em caráter extraoficial ("Você não vai me citar dizendo isso, não é?"). Com os dados das buscas não precisamos esperar acidentes como esse para analisar a desconexão entre conversas públicas e privadas sobre um assunto como raça. Ele mostra que estamos caminhando para um mundo melhor. E, também, que há muito a percorrer.

Vamos retomar de onde deixamos o Obama, no dia da posse em 2009. Havia muita esperança na época, alegando-se que os Estados Unidos tinham virado uma sociedade "pós-racial" e esta não era necessariamente uma ideia absurda. Essa sociedade "pós-racial" era basicamente uma tentativa de extrapolar o sucesso da campanha de Obama para outros aspectos da vida norte-americana e alegar que a vitória dele provou que "a raça não era um fator" em nossa vida.

Apesar dessa possibilidade promissora, Seth Stephens-Davidowitz do Google concluiu que a raça de Obama provavelmente lhe custou de três a cinco pontos percentuais no voto popular em 2008, e a perda não veio dos republicanos e sim de pessoas que teriam votado em um democrata branco como John Kerry. Esses 5% poderiam ter alterado metade das eleições desde a Segunda Guerra Mundial, um resultado que nunca poderíamos ter detectado sem os dados das buscas. O brainstorm do pesquisador foi voltar *antes* de Obama ter entrado no quadro político nacional, entre 2004 e 2007, e peneirar os dados do Google Trends em busca de atitudes raciais preexistentes (e evitando que a antipatia por Obama prejudicasse o quadro). Usando esses dados para obter um "índice de rancor racial" em cada estado, ele poderia comparar esse índice aos totais de votos de Obama e também com o resultado esperado para um candidato democrata genérico (isto é, branco), para o qual obviamente há vários dados anteriores. Quanto maior o índice de rancor racial, pior Obama se sairia. Aqui está um exemplo do método nas palavras do responsável pelo estudo:

> *Consideremos dois mercados de mídia, Denver e Wheeling (este igualmente dividido entre Ohio e a Virgínia Ocidental). O Sr. Kerry recebeu aproximadamente 50% dos votos nos dois mercados. Com base nos grandes ganhos para os democratas em 2008, o Sr. Obama deveria ter recebido aproximadamente 57% dos votos tanto em Denver quanto em Wheeling. Denver e Wheeling, contudo, mostraram atitudes raciais diferentes. Denver teve a quarta menor taxa de busca com índice de carga racial no país. O Sr. Obama obteve 57% dos votos lá, conforme previsto. Já Wheeling teve a sétima maior taxa de busca com índice de carga racial no país. O Sr. Obama teve menos de 48% dos votos em Wheeling.*

Historicamente, espera-se que um candidato à presidência tenha um impulso modesto de aproximadamente dois pontos percentuais em seu estado natal. Devido ao rancor racial, em 2008, John McCain teve mais do que a vantagem de jogar em casa. Se você está procurando evidências de que ser branco gera vantagens na vida norte-americana, este é um caso. McCain era o filho favorito do país pelo único motivo de estar concorrendo com um homem negro.

Considero Muhammad Ali um dos americanos mais corajosos. Em 1967, já campeão dos pesos-pesados, ele se recusou a servir no Vietnã e perdeu não só o título como foi banido do esporte por três anos e meio. Ali perdeu o ápice da carreira e foi condenado a cinco anos de prisão (que a Suprema Corte acabou revogando), devido às suas crenças. É uma postura inimaginável para os líderes políticos de hoje, que dirá nossos artistas e celebridades. De Kanye a Glenn Beck, passando por Rachel Maddow e Sarah Palin, vemos muita raiva e pouco sacrifício. Cada um pode ter sua opinião sobre a postura de Ali contra o Vietnã, e como filho de um veterano (Hué, 69) conheço pelo menos uma pessoa que discorda de mim, mas dados como esses podem ajudar a entender *o motivo* da escolha de Ali. Como ele mesmo disse na época: "Nunca fui chamado de crioulo por nenhum vietcongue." E provavelmente tinha razão. Mas imagine se o Google existisse na época, o que teria sido digitado na página de busca nos Estados Unidos. E imagine a desvantagem de um homem negro em seu estado natal naquela época.

Ainda não sabemos para que lado vão as atitudes. Por tudo o que mostramos, Obama *realmente* ganhou e, por mais deprimente que alguns desses fatos sejam, há muito a se comemorar: por exemplo, não há evidências de que o preconceito tenha prejudicado o presidente novamente em 2012, embora àquela altura ele já fosse mais conhecido como "Barack Obama" do que como "homem negro". Algo que se perde na agregação ao longo deste livro é que em nível individual o efeito pessoal dessas forças sociais amplas geralmente são muito sutis. Para falar dos dados que mostramos em um capítulo anterior, os vários usuários negros do OkCupid tiveram uma boa experiência no site, todos tiveram encontros amorosos e enfrentaram rejeições, como qualquer outra pessoa. Eles só recebem mais rejeições coletivamente. Quando você analisa pessoa a pessoa, qualquer experiência individual é mínima e variada demais para dizer *de modo conclusivo* que aconteceu algo "racial". Pode ser a cor da sua pele ou apenas você. Por outro lado, é risível pensar em um cara furioso procurando "piadas de preto" porque Barack Obama foi eleito, mas é muito menos engraçado quando podemos ver que ele é apenas um em milhares e milhares fazendo a mesma busca. E fica ainda menos engraçado quando você percebe o grande efeito que essas atitudes particulares podem ter, mesmo na vida pública. Portanto, trata-se da história de apenas um de nós *versus* a história de todos nós. É por isso que dados como esses são necessários: para encerrar discussões que jamais poderiam ser vencidas por anedotas, pois eles fornecem fatos que precisam ser encarados.

Conheço algumas pessoas que só leem livros bons, e por "bons" eu quero dizer obras recomendadas: por amigos, professores, críticos ou pela Amazon. Faz sentido: a leitura é algo lento, o tempo é precioso, então por que arriscar? Mas isso não faz o meu estilo. Gosto de História e, quando vou à livraria, apenas pego um monte de livros aleatórios dessa seção e vejo o que dá certo. Leitor, eu já li muita porcaria. E livros demais sobre Napoleão. Mas, entre várias descobertas felizes movidas pelo acaso, *A People's History of the United States* é a minha favorita. Sim, eu sei que agora ele virou um clássico, mas isso não muda o fato de que eu nunca tinha ouvido falar no livro até tirá-lo da prateleira da loja. O Google Books o descreve bem: é uma crônica da "história norte-americana de baixo para cima". Enquanto a maioria dos livros fala de líderes e grandes eventos, *A People's History* mostra as casas, lojas, fazendas, fábricas e pequenas preocupações de outrora. O negócio é: por mais que eu adore esse livro e por mais que ele vire a versão da história americana aprendida na escola de cabeça para baixo, Howard Zinn só é capaz de falar sobre o que podia ver, isto é, as ações observáveis, as palavras ditas em voz alta. O coração dos homens e das mulheres era inacessível para ele. No estresse da Crise dos Mísseis de Cuba, no tédio das trincheiras, na liberação da pílula anticoncepcional, em todos os momentos de alegria silenciosa e angústia interior perdidos para a História, imagine se tivéssemos os dados que temos agora? O quanto isso enriqueceria a nossa compreensão?

9.

Dias de fúria

Na noite de Ano-Novo, entediada no sofá e esperando a bola que marca a passagem do ano cair, Safiyyah Nawaz tuitou uma piada boba:

> $afiyyah @safiyyahn 🐦
> esta linda terra agora tem 2014 anos, incrível

Ela recebeu 16 mil retuítes, quase todos nas 24 horas seguintes. Para fins de referência, os votos de Feliz Ano-Novo da Katy Perry aos seus 49 milhões de seguidores receberam apenas 19 mil retuítes. Os da Lady Gaga, que também anunciou um clipe há muito esperado, tiveram 20 mil. Safiyyah Nawaz não é uma popstar mundial em ascensão e esta não é a história do Twitter dando poder a um indivíduo para desafiar a ordem cultural. Se você não ouviu falar de Safiyyah é porque ela é uma estudante do ensino médio na Carolina do Norte cuja piada, contendo exatamente as palavras aqui mostradas, fez o Twitter explodir.

Primeiro, eram pessoas intrigadas, perguntando-se se ela falava sério, mas se você observar os tuítes daquela noite, cada retuitador um grau mais afastado do ser humano Safiyyah estava mais ciente de que a ridicularização feita por ele, ou ela, fazia parte do fenômeno de observar o aumento na quantidade de retuítes. Foi realmente possível ver a massa digital virar uma multidão. Não demorou muito para os LOL (sigla para *laughing out loud*, rindo bem alto) virarem OMG (*oh, my God*; ai, meu Deus), que por sua vez viraram WTF (*what the fuck?*, mas que porra é essa?) e logo depois surgiram tuítes como estes:

> Cocaine Burger @Cocaine_Burger 🐦
> @safiyyahn Se mata

> Rick Hujibers @HARDEBAKSTEEN 🐦
> @safiyyahn se mata sua fdp idiota

Como definiu o *Gawker*, ela passou de *idiota* a *#dumbbitch* (*#vadiaidiota*) em questão de minutos. Considerando a violência da reação, a senhora Nawaz lidou

Dias de fúria   147

com a situação muito bem para uma adolescente de 17 anos e depois resumiu perfeitamente toda a balbúrdia:

$afiyyah @safiyyahn 🐦
essa garotada de hj anda bem empolgada sobre a idade verdadeira da terra

Nawaz não tinha noção disso, mas estava em companhia de famosos no centro das atenções. Apenas 15 minutos antes dessa piada ter sido tuitada, a comediante Natasha Leggero estava na Times Square apresentando o programa de televisão com Carson Daly em uma conversa cheia de provocações sobre a campanha da SpaghettiOs para o Dia de Pearl Harbor. A marca foi atacada por estimular cidadãos a homenagear os que se foram comprando espaguete em lata. Sim, foi a este ponto que o mundo chegou. E a comediante disse: "É uma pena que os sobreviventes de Pearl Harbor estejam sendo ridicularizados pela única comida que ainda podem mastigar."

O apresentador e a convidada riram e passaram para outros assuntos, sem saber que Natasha também havia ligado, sem saber, o botão ultrassensível da máquina de ódio na Internet, que cuspiu faíscas de ação justiceira: a senhorita Leggero depois postou no Tumblr vários exemplos dos tuítes que recebeu. Coisas como:

Mike Oswald @SDPStudio 🐦
@natashaleggero Que puta desprezível você é.

Mark Trichenor @hotrod607 🐦
@natashaleggero Foda-se, sua piranha desrespeitosa

E o meu favorito, que deveria ser o epitáfio da Internet, se algum dia ela morrer:

Chris McAllister @macdawg22 🐦
@natashaleggero você é uma puta burra e iguinorante. [sic]

Prestei atenção especial a esses dois episódios porque algo similar tinha acabado de acontecer com um colega de trabalho. No dia 20 de dezembro, Justine Sacco, diretora de comunicação da IAC, empresa-mãe do OkCupid, estava no aeroporto de Heathrow esperando a conexão para Joanesburgo. Ao entrar no avião, sentou--se e digitou:

Justine Sacco @justinesacco 🐦
Indo para a África. Espero não pegar AIDS. Brincadeirinha. Sou branca!

E desligou o telefone em seguida. O tuíte dela era uma piada menos óbvia do que os outros dois exemplos e, na melhor das hipóteses, foi uma tentativa desajeitada de criticar o privilégio branco. Mas o que começou com uma justificada crítica à falta de noção da executiva rapidamente virou um carnaval de intenso ódio pessoal. Ela recebeu as ameaças e insultos de praxe, mas o ataque mirava mais do que a persona do Twitter. Imagens da família dela circularam pela Internet, com os respectivos endereços. Homens ligaram para os sobrinhos dela, ameaçando estuprá-los. As pessoas reuniram-se no aeroporto de Joanesburgo para esperar o avião dela. A incapacidade de responder enquanto estava no voo deu um gás extra à humilhação. Mais ou menos no meio do voo a hasthag #HasJustineLandedYet (#AJustineJaAterrissou?) foi criada e entrou nos Trending Topics do Twitter. As buscas no Google pelo nome de Justine começaram a devolver automaticamente o número do voo e horário de chegada, pois era o que as pessoas queriam saber. Os algoritmos de busca novamente serviram de espelho para a sociedade. Pelas 11 horas que durou o voo de Justine, a Internet esperou sedenta de sangue pelo momento em que ela voltaria a ficar on-line e descobriria o estrago feito em sua vida.

Ron Geraci @RonGeraci 🐦
É como se 2 milhões de pessoas estivessem esperando com a luz apagada para ver a cara dela quando a terra explodir.

I'm Gary @noyokono 🐦
#HasJustineLandedYet As pessoas não esperavam tão ansiosamente um avião descer desde a Amelia Earhart.

V. Hussein Savage @Kennymack1971 🐦
Ah, droga... Deixa eu acabar esse trabalho pra pegar umas cervejas e umas asinhas de frango. Está prestes a começar... #HasJustineLandedYet

A presa aqui era uma pessoa com algumas centenas de seguidores e nenhum perfil público. Eu não conhecia Justine tão bem assim, mas gostava de trabalhar com ela e me dava nojo observar a clara empolgação das pessoas com a dor e o medo que estavam prestes a causar.

Como um tolo, fui desabafar no Facebook. Meu post não ficou no ar nem dez minutos, até um conhecido (e futuro ex-amigo no Facebook), com quem eu não falava há 15 anos, comentar "o pai dela é bilionário", dando a entender que isso, de alguma forma, justificava a destruição pessoal dela.* Mas é claro que o pai de Justine não era bilionário, esse foi só mais um boato que se associou à história. Era algo semelhante a correr para a multidão durante um apedrejamento tentando afastar as pessoas, encontrar algum conhecido (ufa, finalmente um cara com quem se pode argumentar), apenas para vê-lo gritar, de olhos arregalados: "Cara, olha só quantas pedras!"

A metáfora do apedrejamento volta quando lemos os comentários em episódios como esses. Não é coincidência que essa seja a pena de morte escolhida pelas religiões antigas: não há apenas um carrasco, a comunidade executa a punição. Ninguém pode dizer quem deu o golpe fatal porque todos o fizeram.† Para uma tribo florescente lutando pela preservação do grupo e do seu deus, em um mundo hostil, não poderia haver receita melhor, certo? Há uma força na culpa coletiva, e a culpa se dilui nesse compartilhamento. Basta extirpar o Outro para voltar a ficar pleno.

No caso de Justine, pessoas de três continentes se uniram para destruí-la. Vendo as descrições de algumas de suas bios no Twitter você descobre que são pessoas de todos os tipos: lobbista, comunista, hater (quem faz comentários de ódio na Internet), Aspie (pessoa com Asperger), líder, entusiasta da natureza, blogueiro, crocodilo, pai, escritor, cristão imperfeito, detector de sombras profissional, virtuoso da

---

* Se o Facebook algum dia se cansar do ʃ minimalista e quiser um novo logo, sugiro duas pessoas brancas discutindo sobre o que outra pessoa branca falou sobre a África, em fundo azul.

† Seria interessante ver se os residentes dos países onde o apedrejamento ainda é usado como punição real se alegram tanto com sua versão digital.

cultura pop, filha do mar, irmã do vento. Essas pessoas nada tinham em comum exceto um alvo e uma hashtag à mão e acabaram recebendo o sangue que tanto queriam. Justine perdeu o emprego e o Buzzfeed colocou o rosto dela na primeira página com um grande LOL escrito.

O alcance das mídias sociais faz com que a força desses agrupamentos seja imensa. Nas 24 horas após o tuíte, Safiyyah tinha sido chamada a atenção na frente de 7,4 milhões de pessoas. E 62 milhões viram a hashtag #HasJustineLandedYet naquele primeiro dia.

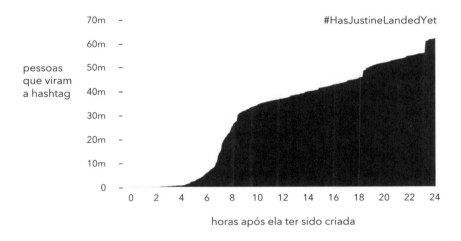

Nem todos embaixo da curva leram os tuítes ou se importaram, mas muitos o fizeram, e todos eram, de certa forma, testemunhas.

Sir Qwap Qwap @BeardedHistoria 🐦
Literalmente todos os primeiros 20 tuítes da minha TL têm #HasJustineLandedYet. Devo ter perdido algo, amigos do Twitter.

Vale destacar que esse volume fantástico deveria ser uma vergonha para as mídias sociais, por mostrar não só o seu poder como o quanto ele pode ser vazio. No caso de Justine, a AIDS, o racismo, além da teimosa e vergonhosa pobreza da África pós-colonial, são problemas enormes que definitivamente não serão resolvidos com um tuíte.

Dias de fúria   151

Podemos pensar que sacrifícios humanos estão restritos a um passado selvagem e o ato físico agora só existe em filmes sobre templos e perdições, mas o instinto continua dentro de nós, aparentemente gravado a fogo pelas profundezas do tempo nos recônditos da mente animal. Quando a comida é escassa, os leões matam seus filhotes e os peixes comem os próprios ovos. Em gravidezes múltiplas humanas, às vezes o útero absorve um feto para preservar os outros. Destruir um para o benefício de muitos provavelmente é uma prática tão antiga quanto a vida em si. Como esse ritual agora é realizado em partes (e felizmente sem sangue nas mãos de ninguém, embora lendo alguns desses tuítes seja possível perceber que as pessoas veem isso como um bug em vez de uma vantagem), virou um assunto que pode ser estudado rigorosamente pela primeira vez. Cientistas sociais dedicaram esforços consideráveis para saber por que e como as ideais negativas se espalham e a Internet lhes deu tanto material fonte sem limites quanto um poderoso mecanismo de rastreamento. Biólogos marinhos marcam tubarões na natureza para entender seus movimentos e evitar que ameacem humanos.* Aqui são as palavras que têm dentes afiados. Os três casos mostrados neste capítulo não são exatamente boatos ou fofocas, mas a fúria da multidão segue os mesmos caminhos, tanto neurológicos quanto pessoa a pessoa, e a ciência dos rumores pode ajudar a entender o que aconteceu a pessoas como Natasha, Safiyyah e Justine, bem como os motivos.

Os rumores são mencionados em nossos textos mais antigos. Todos os panteões arcaicos (nórdico, egípcio, grego) têm um deus dedicado à arte sombria da fofoca. O livro dos Provérbios aborda o assunto em detalhes. Um dos diversos versículos adverte: "O que despreza o seu próximo carece de entendimento, mas o homem entendido se mantém calado." "Não julgueis, para que não sejais julgados" é uma das frases mais famosas de toda a Bíblia. Várias fontes sustentam que os romanos veneravam uma deusa chamada "Rumor", um demônio alado com cem olhos e cem bocas que falava apenas o lado mais doloroso da verdade. Muito adequadamente, não consegui confirmar a veracidade desta informação.

Biólogos especialistas em evolução acreditam que a fofoca e os rumores surgiram da necessidade dos nossos ancestrais de entender o ambiente por meio do discurso. Segundo a teoria, quando o homem antigo precisava descobrir se x era verdade, a linguagem oferecia uma forma de investigar, por isso ele falava sobre o

---

* Na Austrália, esses marcadores são equipados com transmissores que notificam os banhistas das praias locais quando há um tubarão por perto. Os marcadores se comunicam conosco... Via Twitter.

assunto. E, verdadeiras ou falsas, as palavras se espalhavam. Os rumores, essencialmente a especulação sobre a veracidade de uma ideia na forma de fofoca, viraram uma forma de criar laços e capital social. Histórias criam status para quem as compartilha, especialmente quando elas dizem respeito a indivíduos importantes, pois a própria informação sobre gente poderosa é uma forma de poder.

Contudo, com o advento das mídias sociais, esse cálculo mudou um pouco. Primeiro, ele nos deu métricas (contagens de seguidores, retuítes e favoritos) para julgar nosso status. Seja o primeiro a espalhar a notícia e receba mais retuítes. Diga algo especialmente perspicaz e os seguidores aplaudirão a sua sagacidade. O capital social que você cria compartilhando informações agora é explícito. Na verdade, está nos pequenos números que aumentam bem diante dos seus olhos. Escrevendo no *Boston Globe*, Jesse Singal comentava as motivações para a fofoca tradicional de pessoa a pessoa, mas poderia muito bem estar falando do Twitter: "O motivo pelo qual as pessoas espalham rumores é mais uma questão de para quem o boato é repassado do que o assunto do boato em si." A Internet dá às pessoas a audiência mais ampla da história.

A segunda mudança é que a Internet transformou todos em figuras públicas. Antes, os indivíduos com status eram líderes e depois passaram a ser celebridades e presidentes, mas a foice niveladora da tecnologia mostrou seu lado reverso. Se qualquer um pode virar celebridade da noite para o dia, qualquer um pode virar um pária com a mesma rapidez. Um dos assuntos abordados pelos evangelistas da Internet de que menos gosto diz respeito à tecnologia dando poder às pessoas. Inevitavelmente, quem ganha poder é o palestrante e seus investidores. Mas aqui encontramos um pouco de verdade no clichê: as mídias sociais dão tanto poder ao usuário ao ponto de fazer com que valha a pena destruí-lo. Ao mesmo tempo, ela dá a todos as ferramentas para fazê-lo. O Demônio Rumor agora tem 1 milhão de bocas.

Boa parte do que faz a Internet ser útil para comunicação (assincronia, anonimato, escapismo, falta de autoridade central) também faz com que ela seja assustadora. As pessoas podem agir como quiserem (e dizer o que quiserem) sem consequências, um fenômeno estudado primeiramente por John Suler, professor de psicologia na Universidade Rider. Ele o chama de "efeito da distribuição on-line". A tirinha da web *Penny Arcade* tem uma definição um pouco melhor:

A Grande Teoria do Babaca da Internet
Pessoa normal + anonimato + plateia = babaca completo

Mas não é o veneno nem o anonimato que são singulares aqui. A Internet não vem sendo a revolução na trollagem que você imagina. Os velhos canais de radioamador usados pelos caminhoneiros eram famosos por serem repletos de diatribes racistas e fantasias masturbatórias.* Antes de o identificador de chamadas acabar com a vantagem do anonimato, os idiotas exerciam sua babaquice há décadas. As pessoas ainda se atacam dessa maneira, como se ser um operador de radioamador em 2014 já não fosse derrota suficiente. Não, a única novidade que a Internet traz à nossa longa história de negatividade é que enfim podemos responder a ela de modo construtivo. De alguma forma, a intervenção do Tumblr sobre o marcador thighgap, discutida no Capítulo 7, é apenas um caso especial de algo que agora é amplamente possível. Podemos identificar quem falou, as palavras, o momento, até a latitude e a longitude da comunicação humana. Como destaquei anteriormente, em 2015 os usuários do Twitter terão trocado mais palavras do que todo o conteúdo impresso do planeta. A pergunta é como canalizar essas conversas.

O governo tem o maior interesse em rastrear a negatividade. Já existem modelos matemáticos para prever o resultado de um conflito armado: quanto tempo durará, quem vencerá e quantas pessoas morrerão. Os modelos recentes até aprenderam a trabalhar com guerrilhas, pois este é o formato da guerra de hoje. Mas a insurgência armada geralmente é precedida de agitação *desarmada*, que costuma se propagar, podendo até ser organizada pelas mídias sociais.† Esses novos movimentos, por serem digitais, atraíram a atenção dos pesquisadores.

Usando movimentos ocidentais como objeto de estudo, Peter Gloor, do MIT, desenvolveu um software para rastrear o fluxo dos sentimentos em uma rede de manifestantes. Ele o chamou de Condor, porque projetos do tipo sempre parecem ter esse nome: Condor, pássaro espiritual das garantias governamentais. Em todo caso, o software primeiro estabelece as personalidades centrais de um grupo através de um grafo social. Mais ou menos como retratamos um casamento como vértices e nós anteriormente, o software traça a rede e depois determina algoritmicamente os

---

* E como acontece na Internet, os usuários tinham até "apelidos".

† A Primavera Árabe, por exemplo, foi a estreia do Twitter como ferramenta de importância global e o serviço também facilitou os protestos na Guatemala, Moldávia, Rússia e Ucrânia.

154   Dataclisma

pontos mais importantes. Depois, ele olha para o que esses pontos estão dizendo. O Condor descobriu que, embora os focos de um movimento escolham palavras positivas, o movimento é vibrante. Mas palavras negativas como "hate" (ódio, odiar), "not" (não), "lame" (idiota, fraco) e "never" (nunca) sinalizam declínio e, como disse a *The Economist*, quando "reclamações sobre idiotas no próprio movimento ou conversas sobre infelicidades como o roubo de cerveja por um colega manifestante" começam a aparecer, o movimento está praticamente acabado. Ah, Occupy!

Quanto a decifrar o *objetivo* da agitação, que é o ponto no qual esta tecnologia pode ir além da simples espionagem e fazer algo bom, tipos similares de análise textual foram usados para determinar, por exemplo, quais cidades egípcias serão mais atingidas por incidentes na fronteira com Israel e apontar problemas com a água em uma zona rural afetada por enchentes.

Qualquer software que siga a linha de um pensamento através de uma rede deve rastrear não só a ideia como a "suscetibilidade" das pessoas a ela expostas. Deve ver o que se estabelece, o que é repetido e quem passa adiante. Transmitir a opinião de outra pessoa não é algo exclusivo da Internet, muito menos a negatividade: a televisão e o rádio transformaram "tema de discussão" em frase popular muito antes de surgir a AOL, que dirá o Twitter. Os fãs mais convictos de Rush Limbaugh se autointitulam "Dittoheads" (um trocadilho com a palavra "ditto", que significa "também acho", em tradução livre), mas nada faz com que o ato de repetir uma ideia como papagaio seja mais simples ou mais detectável do que os botões Curtir, Ping, Reblog e Retweet. Lembre-se: 27,5% dos 500 milhões de tuítes diários são retuítes, pessoas apenas repassando o pensamento alheio.

A equipe de dados do Facebook investigou sua versão do fenômeno, analisando a evolução de uma atualização de status nos debates realizados sobre o sistema de saúde norte-americano em 2009 na rede social:

```
Ninguém deveria morrer por não ter condições de pagar um
seguro de saúde, e ninguém deveria ir à falência porque
ficou doente. Se você concorda, poste isso como seu status
pelo resto do dia.
```

Essa mensagem foi republicada textualmente mais de 470 mil vezes e gerou 121.605 variantes, que, por sua vez, foram postadas mais 800 mil vezes. Se uma pessoa achava que a atualização não condizia totalmente com suas opiniões, fazia uma leve alteração, espalhando as versões por vários círculos sociais. Quando comparamos cada versão com o viés político de quem a postou (– 2,0 representa o máximo do liberalismo e + 2,0 o máximo do conservadorismo), obtemos não só um olhar interessante para o espectro político norte-americano (extremos de direita e esquerda, além de um centro que decidiu não participar da discussão), como também vemos como as crenças políticas se traduzem em palavras. As pessoas no topo e no fim da lista usam o mesmo arcabouço para falar, mas com objetivos opostos:

Ninguém deveria...	viés político de quem postou
... morrer por não ter condições de pagar um seguro de saúde...	– 0,87 mais liberal
... ser congelado em carbonita por não ter condições de pagar o Jabba the Hutt...	– 0,37
... morrer por causa de zumbis se não tiver condições de comprar uma espingarda...	– 0,30
... ter que se preocupar em morrer amanhã, mas os pacientes de câncer têm...	– 0,02
... ficar sem cerveja por não ter condições de comprar...	+ 0,22
... morrer porque o governo está envolvido com os seguros de saúde...	+ 0,88
... morrer porque o Obamacare raciona os seguros de saúde...	+ 0,96
... ir à falência porque o governo cobra impostos e gasta...	+ 0,97 mais conservador

Em 1950, no despontar da era da televisão, a Associação de Ciência Política Norte-Americana chegou a exigir mais polarização na política nacional. Os partidos tinham ficado muito próximos e o eleitorado não tinha muita escolha. A Associação conseguiu o que desejava e bem à moda do gênio da lâmpada, com vários motivos para se arrepender do pedido. Agora, sessenta anos depois, estamos mais divididos do que nunca, e também é possível analisar isso por meio das palavras. A repetição do discurso militante tanto no Congresso quanto em publicações (conforme analisado pelo Google Books) está relacionada ao bloqueio político que anda em um nível altíssimo. Na verdade, o único ponto com o qual provavelmente concordaríamos é o fato de estarmos divididos.

Este paradoxo fez sentido quando fui ao Facebook procurar a repercussão do tuíte de Justine. No meu post havia um link para um artigo do breitbart.com, o site do instigador do Tea Party, Andrew Breitbart. Boa parte do artigo era lamentável, mas o autor foi uma das únicas pessoas que destacou o quanto a reação foi desproporcional. Sempre imaginei a indignação sem senso crítico como um vício da direita política. Eu ouvia falar da ridícula "Guerra ao Natal" ou que Obama estava "tirando as armas das pessoas" e pensava: "Como essa gente é idiota por acreditar nisso! Por que discutir em termos tão radicais? Por que olhar algo apenas da pior forma possível?" Mas foi preciso esse incidente no Twitter para me fazer notar que os "esquerdistas" podiam ser tão hipocritamente desinformados quanto qualquer um. Isso abriu meus olhos, e é uma vergonha que eles tenham permanecido fechados por tanto tempo.

Deixando as teorias de lado, e a ciência para isso é tão nova que sem dúvida o Condor vai parecer o joguinho Zork em alguns anos, esse é o motivo pelo qual os dados gerados a partir da indignação podem ser tão importantes no fim das contas. Eles englobam (e, portanto, tornam possível que estudemos) as contradições inerentes a todos nós. Mostram que lutamos com mais afinco contra os que podem ao menos revidar. E, acima de tudo, derrubam nosso antigo desejo de subir rebaixando outras pessoas. Os cientistas estabeleceram que esse impulso é tão velho quanto o tempo, mas isso não significa que consigam entendê-lo. Como disse Gandhi: "Sempre foi um mistério para mim como os homens podem se sentir honrados pela humilhação de seus semelhantes."

Eu o convido a imaginar quando isso não será mais um mistério. Esta será a verdadeira transformação: saber não só que as pessoas *são* cruéis, em que medida e quando, mas *por quê*. Por que procuramos "piadas de preto" quando um homem negro ganha, por que a inspiração tem olhos fundos, usa roupas íntimas e acima de tudo é #magra, por que as pessoas gritam umas com as outras sobre a verdadeira idade da Terra e por que parecemos nos definir tanto pelo que odiamos quanto pelo que amamos.

3

PARTE 3

O que nos faz ser
quem somos

10.

Muito alto para um asiático

P.163

11.

Você já se apaixonou?

P.185

12.

Saiba
qual
é o seu
lugar

P. 201

P. 221

13.

Nossa
marca
pode
ser a
sua vida

14.

Migalhas
de pão

P. 237

10.

Muito alto para um asiático

Quando estava me candidatando a uma universidade, tive que escrever sobre mim mesmo. Nem me lembro qual era a pergunta da avaliação porque, seja lá o que for, não importa agora. O texto estava lá, para me fazer falar sobre Christian Rudder, de modo que o pessoal responsável pela admissão de novos alunos pudesse decidir se havia gostado do que vira. Como declara o site Common Application: "Seu texto nos ajuda a conhecê-lo como pessoa."

Sendo fã de melodrama desde aquela época, escrevi sobre a tristeza de deixar o meu cachorro para trás quando fosse para a faculdade. Adotamos o Frosty quando eu tinha 6 anos, então nós crescemos juntos, mas como os cães não vivem muito, Frosty envelheceu rápido demais. Como a minha família se mudava muito, ele era a minha única ligação profunda com a infância: os clubes, as piscinas dos vizinhos e os amigos tinham ficado em Houston, Cleveland ou Louisville, mas o Frosty sempre vinha comigo. Na próxima mudança, porém, eu sabia que precisaria ir sozinho.

Em todo caso, à deriva entre emoções e camisetas GG do M.C. Escher, terminei o texto para a faculdade. Não escrevi muito sobre mim mesmo desde então, mas por estar envolvido no negócio de entender pessoas não consigo evitar e acabo voltando aos meus 17 anos e ao texto que decidi escrever. Por que falar sobre o Frosty e sobre envelhecer? Por que não falar de beisebol? Ou basquete? Ou tênis? Ou beisebol fantasia? Ou qualquer um dos meus vários interesses? O que me fez responder daquele jeito à pergunta "Quem é você?" e, mais importante, como outros garotos responderam?

Agora, vinte anos depois, me vejo diante de milhões de textos (bilhões de palavras), mais ou menos escritos para responder à mesma pergunta: "Quem é você?", e essa quantidade de texto realmente me permite fazer o processo inverso da inscrição na faculdade. Em vez de associar um texto por vez a um ideal pré-concebido (isto é, "se você serve para entrar nesta faculdade"), posso misturar todos os textos e ver os ideais *que eles revelam*. Há momentos em que o conjunto de dados é tão robusto que se você definir bem a análise, nem precisa fazer perguntas, pois eles vão contar tudo, de qualquer jeito. Como as pessoas se descrevem? O que é importante? O que é típico? O que é *atípico*? Quando todos têm a oportunidade de definir em palavras quem eles são, que identidade eles escolhem?

Vamos olhar para categorias amplas aqui: negros, brancos, asiáticos, mulheres, homens, e por aí vai. O problema de estudar qualquer grupo específico é que o pesquisador sempre traz para a análise os próprios preconceitos e preconcepções. O que você escolhe observar, lembrar e transcrever é tanto uma questão de como você olha quanto do que realmente está lá. Nas ciências sociais, o conhecimento é como a água: assume a forma do recipiente em que está. Então, se queremos pegar todas as afirmações pessoais que coletei e tirar delas uma noção de quem são os autores e do que faz etnias, sexos e orientações serem singulares, precisaremos desenvolver um algoritmo que tira o "nós" e deixe apenas o "eles".

Os textos de perfil enviados pelos usuários do OkCupid são o mais próximo da definição pessoal que se pode encontrar. As frases iniciam-se assim:

"Um resumo de quem eu sou..."
"Sou muito bom em..."
"As primeiras coisas que as pessoas notam em mim são..."
"Passo muito tempo pensando em..."

E na medida em que as pessoas tentam mostrar seus pontos positivos, esses textos se tornam bem parecidos com os feitos para inscrição na faculdade. Imagino que muitas pessoas sintam o mesmo tipo de temor por eles. Não há restrições de tamanho, nem diretrizes. No geral, usuários deram ao site 3,2 bilhões de palavras de autodescrição. Além disso, ao contrário de outras grandes quantidades de texto (como o que o Google Books coletou), há grupos demográficos por trás de cada palavra: a idade do autor, onde mora, a raça etc. Mas produzir uma identidade para mulheres asiáticas a partir do texto, por exemplo, não é tão fácil quanto contar quem digita mais determinadas palavras, que é como estamos olhando para boa parte dos textos neste livro até agora. Contar palavras apenas nos dá isto:

1. the (o, a, os, as)
2. of (de)
3. and (e)
4. ...

E por aí vai. Basicamente, as cem mais do Oxford English Corpus que já vimos. Mulheres asiáticas, homens brancos e todos os falantes de inglês usam os mesmos pronomes, artigos e preposições para falar de si. Para descobrir o que é realmente *específico* de um determinado grupo, e apenas dele, precisamos organizar o texto de um jeito um pouco diferente.

Tomarei como exemplo para explicar o passo a passo os homens brancos apenas porque os entendo melhor. A primeira etapa consiste em separar os textos dos homens brancos dos escritos por outras pessoas. Então, nesses dois conjuntos de descrições pessoais (brancos e não brancos), ordenamos todas as palavras e frases pela frequência com que aparecem. Depois nós as colocamos em duas listas, das mais populares e menos populares, e isso nos dá algo como o gráfico a seguir. Peguei três exemplos e os coloquei nos lugares corretos da linha. As listas completas têm 360 mil frases cada.

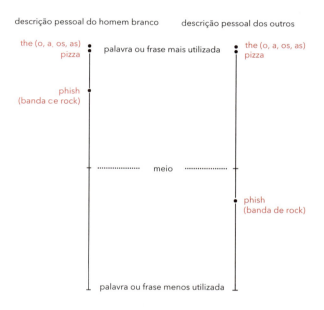

Já estamos chegando a algum lugar, mas antes de seguir em frente, há algo meio enganoso sobre esses gráficos que gostaria de mencionar enquanto a lista ainda está simples. Não, não tem nada a ver com o Phish, embora sabe lá Deus por que tanta gente pensa neles. É que "pizza" e "the" parecem ser mencionadas quase na mesma quantidade de vezes. Sem dúvida, a pizza é a rainha dos alimentos, mas "the" é a palavra mais popular da língua inglesa. E, nos nossos dados, enquanto "the" está no lugar que lhe é de direito, o topo, "pizza" parece estar logo atrás, no 98º percentil. Isso dá a impressão de que há algo errado com os dados ou com o método, mas a classificação das palavras está correta. Acontece que os humanos usam a linguagem de um jeito estranho, estamos sempre nos repetindo. Então, pouquíssimas palavras no topo da lista ocupam boa parte da nossa escrita, enquanto a frequência de uma palavra cai com rapidez quando você se afasta das "mais populares".

Esta relação inesperada entre a popularidade de uma palavra (sua *posição* em determinado vocabulário) e a quantidade de vezes em que ela aparece é descrita por algo chamado Lei de Zipf, uma propriedade estatística observada na linguagem que, como boa parte da matemática, está em algum lugar entre milagre e coincidência.[*] Segundo ela, em qualquer grande corpo de texto a popularidade de uma palavra (sua posição no léxico, com 1 sendo a mais alta), multiplicada pelo número de vezes em que ela aparece, é a mesma para cada palavra no texto. Ou, muito elegantemente:

$$posição \times número = constante$$

Esta lei vale para a Bíblia, a coleção de letras de músicas pop dos anos 1960, o *corpus* canônico da literatura inglesa (o Oxford English Corpus) e certamente vale para textos de perfil. Para ver o quanto ela funciona bem na prática, mesmo em um conjunto de escritos altamente idiossincrático, aqui está a lei aplicada ao *Ulisses*, de James Joyce:[†]

palavra	posição	quantidade de vezes em que ela aparece	posição × quantidade
's (representa relação de posse em inglês)	10	2.826	28.260
is (é, está)	20	1.435	28.700
what (o que)	30	975	29.250
has (teve)	100	289	28.900
wife (esposa)	200	140	28.000
Ireland (Irlanda)	300	90	27.000
college (faculdade)	1.000	26	26.000
morn (manhã)	5.000	5	25.000
builder (construtor)	10.000	2	20.000
Zurich (Zurique)	29.055	1	29.055

---

[*] Outro exemplo muito mais famoso é e?i + 1 = 0. Surpreendentemente, os cinco valores mais importantes da matemática formam uma única equação, chamada Identidade de Euler. Ele era um preguiçoso.

[†] Este exemplo foi adaptado de *Zipf's Law and Vocabulary*, de C. Joseph Sorell, Victoria University of Wellington. Como qualquer lei empírica, a de Zpif é um arcabouço descritivo muito bom (além de testado e confirmado), mas, como você pode ver, há alguma variância nos resultados observados. É como saber que uma moeda deu cara na metade das vezes. Ainda assim, mesmo depois de mil jogadas, é muito pouco provável que exatamente metade delas terão sido cara.

A relação constante entre posição e quantidade parece ser uma propriedade tanto da mente quanto da linguagem: como podemos ver na tabela, ela serve para nomes próprios arbitrários, como "Ireland" e "Zurich" e até para palavras transcritas de um dialeto, como "'s".

E como evidência de conexão profunda com a experiência humana, a Lei de Zipf também descreve uma vasta gama dos nossos construtos sociais, como o tamanho das cidades e a distribuição de renda em uma população. Para o nosso objetivo aqui, isso significa que, como a maioria da linguagem consiste apenas em um pequeno conjunto de padrões repetidos, o uso de uma palavra cai rapidamente. O artigo "the" aparece em quase todos os perfis, enquanto "pizza" aparece em aproximadamente um a cada 14. "Phish", mesmo para os homens brancos para quem ela fica além do 80º percentil, aparece em menos de um a cada duzentos perfis. Agora que sabemos comparar posições e frequência de uso, a próxima etapa consiste em usar essas posições a nosso favor.

A seguir, as duas listas estão em ângulo reto, formando um quadrado, e coloquei as palavras nele usando como coordenadas as posições de popularidade nas duas listas. Também acrescentei algumas setas em torno de "Phish" para deixar claro o que quis dizer:

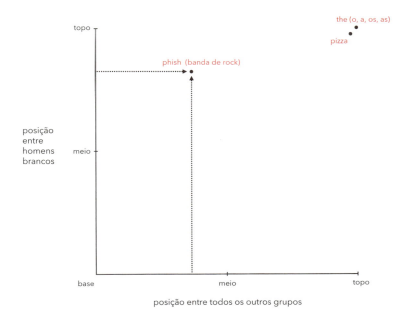

A posição de uma palavra aqui tem duplo significado. Quanto mais perto do topo ela estiver, mais popular é com homens brancos. Quanto mais longe para a direita, mais popular ela é com todos os outros grupos. Acrescentar mais algumas palavras ao gráfico dará uma noção de como a geometria se traduz aqui, antes de avançarmos para o *corpus* completo.

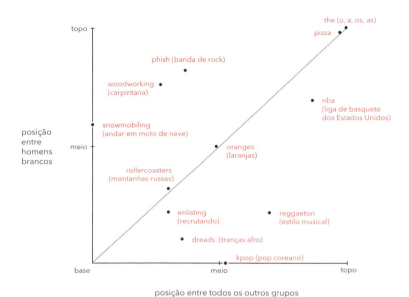

Mais uma vez, acrescentei uma diagonal para mostrar a paridade entre os dados. As palavras próximas à linha têm igual importância para todos, e quanto mais para cima e para a direita, mais universalmente importantes elas são. Mas vale lembrar: não estamos procurando algo universal e sim particularidades. Queremos saber o que é especial para o grupo que estamos analisando: homens brancos. Para isso, precisamos olhar o canto superior *esquerdo*: quanto mais longe nessa direção uma palavra está, mais frequentemente ela é usada por *homens brancos* e menos por *todos os outros grupos*. Na verdade, quanto mais perto uma palavra estiver da parte mais remota preferida pelos homens brancos (o vértice superior esquerdo do quadrado), mais ela os caracteriza — e somente a eles. Imagine um ponto bem no canto: para estar lá, esta palavra teria que aparecer em todos os perfis de homens brancos e, ao mesmo tempo, *nunca* estar em qualquer outro perfil. Pelo menos no que diz respeito às palavras usadas em um perfil, este é o ideal platônico de identidade. Esse sistema e essa métrica (distância do canto superior esquerdo) dão aos dados uma forma de se comunicar conosco e nos ajudar a entender como as pessoas estão falando de si.

Visto que cada conjunto de dados tem suas peculiaridades, os pesquisadores costumam criar ferramentas do zero, como fizemos aqui. Sempre que você fizer isso, é bom verificar, testando o método em resultados já conhecidos. Imagine um construtor que acabou de fazer um navio: quem sabe o que acontecerá quando a embarcação estiver em mar aberto? É melhor verificar se há buracos enquanto ele ainda estiver no porto. No nosso caso, se encontrássemos "Kpop" (pop coreano) ou "dreads" (tranças afro) no canto superior esquerdo, a suposta área dedicada aos homens brancos, seria um forte sinal de que os dados ou o método não prestam. Mas, como podemos ver, tudo está funcionando perfeitamente.

Por fim, vejamos como fica todo o *corpus* de palavras e frases:

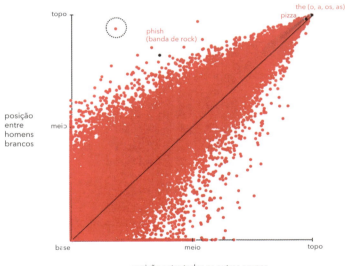

Circulei o ponto mais próximo ao canto superior esquerdo: esta é a expressão mais "homem branco" que uma pessoa pode escrever sobre si mesma: *my blue eyes* (meus olhos azuis). Para obter uma lista maior do que define especificamente os homens brancos basta sair deste vértice: por exemplo, os trinta pontos mais próximos são as trinta palavras mais típicas. A geometria encontra os clichês para nós.

Muito alto para um asiático 171

Fiz gráficos iguais a este para todos no meu conjunto de dados, não só para homens brancos e, usando a mesma matemática, também fiz listas de palavras e frases específicas de cada grupo. Mas antes de mostrar tudo isso, quero esclarecer algo importante. Analisando cada combinação de sexo × etnia × orientação temos 2 × 4 × 3 = 24 gráficos como este que acabamos de ver e, em todos eles, a massa de pontos tem o mesmo formato afunilado do canto inferior esquerdo ao superior direito. Isto é, quanto mais longe uma frase vai para o canto superior direito, mais perto da diagonal ela ficará. Isso significa que *tendemos a concordar no que é mais importante*. Já os pontos de discórdia estão listados detalhadamente a seguir. Começando pelos homens:*

palavras mais típicas usadas pelos homens...

brancos	negros	latinos	asiáticos
my blue eyes (meus olhos azuis)	dreads (tranças afro)	colombian (colombiano)	tall for an asian (muito alto para um asiático)
blonde hair (cabelo louro)	jill scott (cantor)	salsa merengue (estilos musicais)	asians (asiáticos)
ween (desejar)	haitian (haitiano)	cumbia (estilo musical)	taiwanese (taiwanês)
brown hair (cabelo castanho)	soca (estilo musical)	una (uma, em espanhol)	taiwan (Taiwan)
hunting and fishing (caçar e pescar)	neo soul (estilo musical)	merengue bachata (festa de música merengue, em espanhol)	cantonese (cantonês)
allman brothers (banda de rock)	jamie foxx (ator)	mana (banda)	infernal affairs (filme)
woodworking (carpintaria)	zane (nome próprio)	banda (banda)	seoul (Seul)
campfire (acampamento)	paid in full (totalmente quitado)	puertorican (porto-riquenho)	infernal
redneck (caipira)	nigga (amigo)	colombia (Colômbia)	shanghai (Xangai)
dropkick murphys (banda de rock)	luther vandross (cantor)	gusta (gostar, em espanhol)	boba (chá perolado)
they might be giants (banda de rock)	coldest winter (livro)	puerto rican (porto-riquenho)	kbbq (churrasco coreano)
brewing beer (fazer cerveja)	tyler perry (ator)	tejano (texano, em espanhol)	kpop (pop coreano)

---

*   O algoritmo converteu todas as palavras para minúsculas, por isso, eu as mantive assim.

brancos	negros	latinos	asiáticos
robert heinlein (escritor)	swagg (manha, ginga)	corridos (estilo musical)	badminton (esporte)
tom robbins (escritor)	jerome (nome próprio)	bachata merengue (festa de música merengue, em espanhol)	kimchi (prato nacional coreano)
townes (cantor)	dreadlocks (tranças afro)	hector (nome próprio)	chungking express (filme *Amores expressos*)
old crow medicine show (banda)	spike lee (diretor)	espa (espanhol)	chou (tipo de repolho)
mystery science theater (filme)	holla at me (olá para mim)	por (por)	viet (vietnamita)
skis (esquis)	menace to society (filme *Perigo para a sociedade*)	salsa bachata (festa de música salsa, em espanhol)	jiro (trecho de nome de filme)
sailboat (barco)	brotha (irmão)	aventura (aventura)	dash berlin (banda)
around a fire (perto de uma fogueira)	shottas (filme)	english and spanish (inglês e espanhol)	ucsd (universidade)
caddyshack (filme *Clube dos pilantras*)	boomerang (bumerangue)	musica (música)	beijing (Pequim)
blond hair (cabelo loiro)	nigerian (nigeriano)	espa ol (espanhol)	hk (Hong Kong)
bill bryson (escritor)	heartbeats (batidas do coração)	como (como)	norwegian wood (filme/livro)
wheelers (pegadores)	anthony hamilton (cantor)	fiu (universidade)	jiro dreams of sushi (filme *O sushi dos sonhos de Jiro*)
pogues (banda de rock)	gud (banda)	pero (mas, em espanhol)	lin (jogador de basquete)
barenaked ladies (banda de rock)	wayans (irmãos comediantes)	soledad (saudade, em espanhol)	philippines (Filipinas)
mst3k (seriado)	dickey (jogador de beisebol)	espanol (espanhol)	noodle soup (sopa de macarrão)
truckers (caminhoneiros)	isley (nome próprio)	amor	malaysian (malásio)
jethro tull (banda de rock)	interracial (inter-racial)	muy (muito, em espanhol)	for my next meal (para a minha próxima refeição)
canoe (canoa)	nigeria (Nigéria)	reggaeton (estilo musical)	gangnam style (música)

O Phish já pode ter entregado o jogo, mas dentro do homem branco reside um festival de música para lenhadores.

Quanto às outras três listas, nunca ouvi falar de Zane, Anthony Hamilton, *The coldest winter ever*, *Amores expressos*, Dash Berlin ou vários dos nomes citados antes de terem sido cuspidos pelos meus scripts. E não vou fingir que alguns minutos na Wikipedia podem substituir a compreensão de uma cultura. Temos dados de usuários falando com a própria voz, e deixarei que façam exatamente isso, apenas indicando algumas tendências gerais: as pessoas brancas se diferenciam basicamente pelos cabelos e olhos enquanto os asiáticos escolhem o país de origem e latinos, música. Mas, do jeito que a matemática é configurada, as três listas dos não brancos mostram culturas que eu, como homem branco, não *deveria* conhecer. Claro que todos nós conhecemos Spike Lee, Pequim e Xangai, mas essas listas dão a visão "de dentro" de uma cultura. Algo que as pessoas de fora não conseguem obter com o preenchimento automático ou qualquer outra forma de cima para baixo, porque não se pode ter curiosidade por algo cuja existência não é percebida. "Por que os asiáticos gostam de *Norwegian wood?*" Não é um estereótipo porque nem todos os não asiáticos conhecem o livro (de Haruki Murakami) e o filme. Eu achava que era apenas uma música dos Beatles e, se antes deste capítulo alguém perguntasse se eu havia assistido a *Norwegian wood* eu teria dito: "Acho que não faziam videoclipes naquela época." As listas apresentadas aqui são as nossas senhas linguísticas e, como tal, algo que ninguém poderia gerar *a piori* digitando a esmo no Google Trends ou procurando milhões de hashtags. Às vezes é preciso um algoritmo cego para que possamos realmente ver os dados.

Aqui estão as listas para as mulheres. Como você pode ver, elas são muito parecidas com a dos homens. Talvez com um pouco mais de músicas românticas.

palavras mais típicas usadas pelas mulheres...

brancas	negras	asiáticas	latinas
my blue eyes (meus olhos azuis)	soca (estilo musical)	taiwan (Taiwan)	latina
red hair and (cabelo ruivo e)	eric jerome dickey (ator)	tall for an asian (alta para uma asiática)	colombian (colombiano/a)
blonde hair and (cabelo louro e)	haitian (haitiana)	philippines (Filipinas)	una (uma, em espanhol)
love to be outside (adoro sair)	imitation of life (livro/ filme)	taiwanese (taiwanesa)	cumbia (música)

brancas	negras	asiáticas	latinas
mudding (andar na lama, geralmente em veículo com tração 4×4)	zane (nome próprio)	beijing (Pequim)	banda
campfire (acampamento)	coldest winter ever (livro)	coz (pq)	tejano (texano, em espanhol)
four wheeling (andar em veículo com tração 4×4)	nigerian (nigeriana)	boba (chá perolado)	merengue bachata (festa de música merengue, em espanhol)
phish (banda de rock)	interracial (inter-racial)	filipina (filipina)	gusta (gosta, em espanhol)
hunting fishing (caçar e pescar)	rb and gospel (rb e gospel, estilos musicais)	cantonese (cantonesa)	puertorican (porto-riquenho/a)
campfires (fogueiras)	five heartbeats (filme *Ritmo & blues – O sonho do sucesso*)	asians (asiáticos/as)	colombia (Colômbia)
green eyes and (olhos verdes e)	anita baker (cantora)	wong kar wai (cineasta)	mana (mana)
redneck (caipira)	crooklyn (filme)	shanghai (Xangai)	vida (vida)
auburn (castanho)	neosoul (estilo musical)	seoul (Seul)	bachata merengue (festa de música merengue)
ride horses (andar a cavalo)	octavia butler (escritora)	macarons (tipo de biscoito doce)	amor (amor)
old crow medicine show (banda)	housewives of atlanta (reality show)	viet (vietnamita)	musica (música)
grateful dead (banda de rock)	luther vandross (cantor)	kimchi (comida típica coreana)	english and spanish (inglês e espanhol)
mountain goats (banda de rock)	zora (nome próprio)	for my next meal (para a minha próxima refeição)	espanol (espanhol)
love country music but (amo música country, mas)	waiting to exhale (filme *Falando de amor*)	singapore (Cingapura)	salsa merengue (estilos musicais)
gillian welch (cantora)	anthony hamilton (cantor)	malaysian (malásio/a)	todo (todo)
country girl (garota do campo)	chrisette (cantora)	hk (Hong Kong)	por (por)
christmas vacation (férias de natal)	locs (marca de óculos de sol)	malaysia (Malásia)	mariachi (grupos de música mexicana)

brancas	negras	asiáticas	latinas
bill bryson (escritor)	outside my race (além da minha raça)	noodle soup (sopa de macarrão)	marc anthony (cantor)
riding horses (andar a cavalo)	kem (cantor)	cambodian (cambojano/a)	espa ol (espanhol)
eric church (cantor)	octavia (nome próprio)	norwegian wood (filme/livro)	novelas (novelas)
barn (celeiro)	real housewives of atlanta (reality show)	hong kong (Hong Kong)	como (como)
allman (banda)	calypso (estilo musical)	chungking express (filme *Amores expressos*)	pero (mas, em espanhol)
willie nelson (cantor)	know why the caged (trecho do nome de um poema de Maya Angelou)	rachmaninoff (músico)	venezuela (Venezuela)
harley (Harley-Davidson, marca de moto)	did i get married (filme *Por que eu me casei?*)	southeast asia (sudeste da Ásia)	soledad (saudade, em espanhol)
brunette (morena)	spike lee (diretor)	vienna (Viena)	mas (mas)
flogging molly (banda de rock)	braxton (cantora)	mandarin (mandarim)	tacuba (cidade)

Enquanto trabalhava com os dados, percebi que o algoritmo utilizado para fazer essas listas é flexível. É possível reverter a matemática com facilidade, obtendo a *antítese* de um grupo, assuntos dos quais eles particularmente não falam, algo tão esclarecedor quanto o que eles falam. Estas são as listas para os homens: escolhi mostrá-las com um fundo mais escuro para enfatizar visualmente o fato de elas serem o oposto das anteriores. Estas são as palavras menos usadas por esses grupos e as mais usadas por todos os outros, o espaço negativo no nosso teste de Rorschach verbal. Vale a pena ler as listas até o fim:

palavras mais antitéticas para os homens...

brancos	negros	asiáticos	latinos
slow jams (músicas lentas)	borges (escritor)	sence (corruptela de sense, senso)	southern accent (sotaque sulista)
trey songz (cantor)	social distortion (banda de rock)	layed (relaxar)	from the midwest (do meio-oeste)
robin thicke (cantor)	tallest man on earth (cantor)	layed back (relaxar)	ann arbor (cidade)

brancos	negros	asiáticos	latinos
smh (sigla para "desapontado")	gaslight anthem (banda de rock)	sence of humor (censo de humor, sic)	midwestern (do meio-oeste)
musiq (cantor)	snorkeling (mergulho com snorkel)	truck driver (caminhoneiro)	gumbo (prato típico da culinária cajun)
merengue (estilo musical)	belle and sebastian (banda de rock)	6'4 (1,93m)	freakanomics (livro)
laker (time de basquete)	xkcd (site)	realy (corruptela de really, mesmo em inglês)	equity (igualdade)
ig (instagram, site de fotos)	diet coke (Coca-Cola Diet)	anything else you wanna (quer mais alguma coisa)	discworld (série de livros do escritor Terry Pratchett)
kevin hart (comediante)	surfboard (prancha de surfe)	like what u see (cê gostou do que viu, sic)	shanghai (Xangai)
raised in nyc (criado em Nova York)	totoro (filme *Meu amigo totoro*)	and my son (e meu filho)	scallops (vieiras)
hip hop rap rb (estilos musicais)	magnetic fields (banda de rock)	u like what u (vc gosta do q vc)	slopes (ladeiras)
kpop (pop coreano)	gogol bordello (banda de rock)	care of my kids (cuidar dos meus filhos)	university of michigan (Universidade de Michigan)
george lopez (comediante)	dropkick murphys (banda de rock)	makeing (corruptela de making, fazendo em inglês)	assessment (avaliação)
neo soul (estilo musical)	rebelution (banda de rock)	welder (soldador)	parentheses (parêntesis)
rb and hip hop (rb e hip hop, estilos musicais)	peru (Peru)	hunting fishing (caçar e pescar)	snowboarder (praticante de snowboard)
neyo (cantor)	horrible's sing along blog (websérie)	care of my son (cuidar do meu filho)	nyt (*New York Times*)
knw (corruptela de know, saber)	wakeboarding (fazer wakeboard)	wanna know anything else (quer saber mais alguma coisa)	dominion (domínio)
gud (banda)	herzog (cineasta)	else you wanna know (mais que você quer saber)	msu (sigla de nome de universidade)
follow me (siga-me)	my blue eyes (meus olhos azuis)	raising my son (criando meu filho)	ellipses (elipses)
jordans (nome próprio)	guitar and sing (violão/guitarra e canto)	ask and ill (pergunta que eu)	maple (bordo)

brancos	negros	asiáticos	latinos
handball (handebol)	dr horrible's sing along (websérie)	comedys (comédias)	nigerian (nigeriano)
soulchild (cantor)	coachella (festival de rock)	dnt (corruptela de don't, não)	kenya (Quênia)
ne yo (cantor)	dr horrible's sing (websérie)	woman who wants (mulher que quer)	john irving (escritor)
bachata (festa, em espanhol)	yo la tengo (banda de rock)	i'm a single father (sou pai solteiro)	over a decade (mais de uma década)
basketball (basquete)	airborne toxic event (banda de rock)	somthing (corruptela de something, algo)	cheesesteaks (sanduíche de carne e queijo)
paid in full (totalmente quitado)	yosemite (parque nos Estados Unidos)	careing (corruptela de caring, cuidando)	wall street journal (jornal)
mos def talib (cantores)	feynman (físico)	writting (corruptela de writing, escrever)	alternatively (por outro lado)
mangas (mangás)	coppola (cineasta)	and my daughter (e minha filha)	mistborn (livro)
abt (corruputela de about, sobre)	wind up bird (livro)	haveing (corruptela de having, tendo em inglês)	weber (escritor)
utada (cantora)	kar	brown hair (cabelo castanho)	gravitate toward (girar em torno de)

A lista de opostos dos latinos foi a que achei mais surpreendente. As identidades hispânica e branca geralmente são confundidas pelos demógrafos. O Censo dos Estados Unidos vem lutando há anos para separar uma do outra, por exemplo. Mas eles só podem responder marcando um × no papel. A lista de palavras "mais típicas" e "menos típicas" dos latinos definem os extremos. A primeira dá o alcance mais profundo da cultura latina (música e idioma) e a segunda, o estereótipo de branco "alimentado com milho" do Meio-Oeste norte-americano, uma das poucas subculturas brancas sem influência latina. Além disso, veja que as palavras "menos asiáticas" são escritas incorretamente, ocupações de classe social mais baixa e outras características consideradas "fracassos", como ser pai solteiro. E é claro que tem "1,93m".

A lista das mulheres é igualmente rica, e mais uma vez eu sugiro que você observe todas as palavras. Há o excelente *meu nome é Ashley* nas antíteses asiáticas. E preciso dizer com orgulho profissional: quando você pergunta a um algoritmo "do que as mulheres negras *não* estão falando?" e ele responde "bronzeado", você tem certeza de estar fazendo algo certo.

palavras mais antitéticas para as mulheres...

brancas	negras	asiáticas	latinas
filipino (filipino/a)	belle and sebastian (banda de rock)	bbw (sigla para mulheres gordas e bonitas, em inglês)	midwestern (do Meio-Oeste)
neo soul (estilo musical)	tanning (bronzeado)	god my children (deus, meus filhos)	cincinnati (cidade)
musiq (cantor)	bruins (time de hóquei)	single mother of two (mãe solteira com dois filhos)	classically (clássico)
slow jams (músicas lentas)	tahoe (lago nos Estados Unidos)	grandson (neto)	kenya (Quênia)
rich dad poor dad (livro *Pai rico pai pobre*)	simon and garfunkel (cantores)	god my daughter (deus, minha filha)	neal (nome próprio)
corinne bailey rae (cantora)	magnetic fields (banda de rock)	mother of three (mãe de três filhos)	shanghai (Xangai)
bailey rae (cantora)	sf giants (time de beisebol)	human services (assistência social)	financial services (serviços financeiros)
salsa bachata (festa de música salsa, em espanhol)	flogging molly (banda de rock)	degree in criminal justice (graduação em justiça criminal)	classically trained (treinamento clássico)
aaliyah (cantora)	head and the heart (banda de rock)	single mom of two (mãe solteira com dois filhos)	southern belle (dama sulista)
jpop (pop japonês)	dodgers (time de beisebol)	notice my eyes and (observe meus olhos e)	cutting for stone (livro)
smh (sigla para "desapontado")	wavy (ondulado)	wanna know just ask (quer saber, é só perguntar)	in new england (na Nova Inglaterra)
salsa merengue (estilos musicais)	naked and famous (banda de rock)	mexican and chinese (mexicano e chinês)	antarctica (Antártica)
nujabes (DJ)	social distortion (banda de rock)	they are my world (eles são o meu mundo)	kavalier (*As incríveis aventuras de Kavalier & Clay*, livro)
48 laws of power (livro *As 48 leis do poder*)	mountain biking (andar de mountain bike)	being the best mom (ser a melhor mãe)	full disclosure (revelação completa)
musiq soulchild (cantor)	portugal. the man (banda de rock)	raising my children (criar meus filhos)	gravitate toward (gira em torno de)
neyo (cantor)	camera obscura (banda de rock)	a better life for (uma vida melhor para)	brussels (Bruxelas)

brancas	negras	asiáticas	latinas
2ne1 (grupo de pop coreano)	rancid (banda de rock)	associates degree in (diploma em)	toronto (Toronto)
esperanza (esperança em espanhol)	yo la tengo (banda de rock)	curly hair and (cabelo cacheado e)	march madness (torneio de basquete)
mangas (mangás)	paddle boarding (stand-up paddle, esporte)	madea (personagem literário)	cambridge (Cambridge)
zane (nome próprio)	armin (produtor musical)	im a single mom (sou mãe solteira)	adventures of kavalier (As incríveis aventuras de Kavalier & Clay, livro)
n.e.r.d (banda)	santa cruz (Santa Cruz)	mexican and italian food (comida mexicana e italiana)	creole (descendentes de colonizadores europeus)
coldest winter ever (livro)	ecuador (Equador)	i'm a country girl (sou garota do campo)	meetup (encontro)
mines (banda)	ccr (banda de rock)	ellen hopkins (escritora)	parentheses (parênteses)
ratchet (periguete)	the dog park (livro)	people notice my eyes (as pessoas notam os meus olhos)	arbor (cidade)
aventura (aventura)	bbqing (churrasco)	my name is ashley (meu nome é Ashley)	curl up with (dormir abraçadinha com)
malcolm x (líder negro)	origami (origami)	brittany (nome próprio)	for my next meal (para a minha próxima refeição)
asians (asiáticos)	handshake (aperto de mão)	at a daycare (na creche)	singer songwriter (cantor/a e compositor/a)
carne (carne)	gabriela	my family my cell (minha família meu celular)	ann arbor (cidade)
hw (corrupela de how, como em inglês)	line is it anyway (programa humorístico de televisão)	want a man that (quero um homem que)	raleigh (cidade)
earphones (fones de ouvido)	sunblock (protetor solar)	me and my son (meu filho e eu)	interpreter of maladies (Intéprete de males, livro)

Já falei muito sobre raça e o fiz porque é algo raramente abordado analiticamente, como comentei antes. E os dados que tenho são ideais para lidar com tabus, mas o sexo é o agrupamento mais importante da humanidade. Sempre existiu, mesmo quando éramos apenas uma pessoa, e talvez devido a essas raízes profundas no tempo, os papéis de gênero sejam mais universais e mais teimosos que qualquer outro. É fácil esquecer, dado o quanto a divisória da cor pode parecer inextirpável, que as ideias de raça são um produto da época e do local. Os irlandeses e europeus orientais não eram considerados "brancos" até o século XX. No México, os nativos maias e mestiços com sangue espanhol são grupos étnicos distintos (e adversários políticos) há séculos. Já a divisão sexual é certa na cultura humana, em todas as culturas e épocas.

Paradoxalmente, o OkCupid não é o melhor lugar para explorar as diferenças entre homens e mulheres, pelo menos não com o método desenvolvido aqui. O sexo é inerente ao modo como você usa um site de namoros, então, por exemplo, o que mais se destaca nos perfis de mulheres (heterossexuais) é o fato de estarem procurando homens e vice-versa. O sexo e o texto do perfil são inseparáveis, e a análise gera pouco mais que tautologias. A fonte ideal para analisar a diferença de gêneros é aquela em que o gênero do usuário é nominalmente irrelevante, onde não importa se a pessoa é homem ou mulher. Escolhi o Twitter como este território neutro. As tabelas a seguir foram feitas com a mesma matemática das listas do OkCupid mostradas anteriormente, mas elas usam os textos dos tuítes dos usuários:

palavras mais típicas usadas por...

Homens	Mulheres
good bro (bom camarada)	my nails done (fazer as unhas)
ps4 (videogame)	my sissy (minha pepeca)
james harden (jogador de basquete)	mani pedi (manicure e pedicure)
mark sanchez (jogador de futebol americano)	my makeup (minha maquiagem)
my beard (minha barba)	my purse (minha bolsa)
cp3 (apelido de um jogador de basquete)	girls night (noite com as amigas)
in 2k (em 2 mil)	my hair for (meu cabelo para)
bynum (jogador de basquete)	prom dress (vestido de formatura)
the squad (a galera)	girls day (dia das garotas)
bro we (cara, nós)	retail therapy (terapia de compras)
manziel (jogador de futebol americano)	thanks girl (obrigada, amiga)

Homens	Mulheres
in nba (na NBA)	my future husband (meu futuro marido)
year deal (contrato de um ano)	to dye (pintar o cabelo)
iverson (jogador de basquete)	dress shopping (comprar roupas)
yeah bro (é, cara)	too girl (também acho, garota)
kyrie (jogador de basquete)	happy girl (garota feliz)
hoopin (jogando basquete)	bobby pins (grampos de cabelo)
free agent (jogador sem contrato)	wanelo (site de compras)
tim duncan (jogador de basquete)	my boyfriend and (meu namorado e)
scorer (artilheiro)	my belly button (meu umbigo)
offseason (fora da temporada)	my roomie (meu/minha colega de apartamento)
hof (está no hall da fama)	girlies (menininhas)
xbox one (videogame)	dying my (pintar meu)
david stern (jogador de basquete)	cute texts (mensagens de texto bonitinhas)
yds (jardas, medida do futebol americano)	girl crush (garota pela qual tenho uma queda)
fantasy team (time fantasia)	my boyfriends (meus namorados)
gameplay (passo a passo de um jogo, geralmente de videogame)	eyebrows done (fazer as sobrancelhas)
gasol (jogador de basquete)	curl my (ondular meu)
lbj (apelido de jogador de basquete)	my hubby (meu maridão)
bro u (cara, vc)	us girls (nós garotas)

Isso nos dá a essência pura de homens e mulheres: leia e fique mais burro. Antes de cair em depressão, lembre-se de que o método é *feito* para descobrir as singularidades de cada grupo, encontrar o que eles não têm em comum e trazer à tona. É a versão matemática do camelô: é a caricatura feita por algoritmo em vez do aerógrafo.

Essas são as palavras em seus extremos, mas tanto para homens e mulheres quanto para os grupos étnicos anteriores, o vocabulário essencial ("the", "pizza" etc.) é compartilhado. Na verdade, há cada vez mais consenso entre psicólogos de que homens e mulheres são fundamentalmente muito parecidos, apesar da cosmologia popular que os coloca em planetas diferentes. Pesquisadores da Universidade de Rochester batizaram recentemente um artigo de "Men Are from Mars Earth, Women are from Venus Earth" (Homens são de Marte da Terra, Mulheres são de Vênus da Terra), concluindo:

Desde empatia e sexualidade até a inclinação para ciências e extroversão, a análise estatística de 122 características diferentes envolvendo 13.301 indivíduos mostra que homens e mulheres, de modo geral, não caem em grupos diferentes.

E, ainda assim, embora o meu método seja feito para destacar as diferenças, é difícil imaginar dois conjuntos de interesse mais opostos que os listados anteriormente. Não consigo definir para qual lado torcer: por um lado, certamente um mundo onde as mulheres se preocupam apenas com a aparência e os homens vivem no estilo coxinha é horrível. Por outro lado, se homens e mulheres fossem exatamente iguais, a vida não seria tão divertida. O mesmo vale para as listas por raça mostradas anteriormente. As diferenças culturais deixam o mundo mais rico, mesmo se causarem algumas risadas ocasionais.

Esse negócio de Marte e Vênus, por mais metáfora que seja, lembra que o céu é um antigo referencial para a ciência. Aristóteles olhou para cima a fim de verificar a existência do seu *éter*. Newton confirmou sua Lei do Inverso do Quadrado através do movimento de Marte. Nem Einstein foi verdadeiramente Einstein até que o Sol e a Lua confirmassem isso, no eclipse de 1919, que provou a Teoria da Relatividade. Mesmo que não estejamos trabalhando em nada tão grandioso, preciso dizer que espero que os riscos engraçadinhos no nome do artigo sejam prematuros, pelo menos para as coisas de que gostamos e conversamos e nas formas como passamos o tempo. Veja desta maneira: se não houvesse outro planeta além da Terra, o universo seria muito chato.

11.

Você já se apaixonou?

Há alguns anos um grupo de alunos do MIT fez um trabalho usando dados do Facebook para criar um "gaydar" que funcionasse. Era um pequeno trecho de software que se comportava de modo bem parecido com um ser humano tentando dar um palpite razoável com base em seu conhecimento e experiência em relação a alguém: olhando para os amigos daquela pessoa. O programa rapidamente aprendeu a reconhecer que certo equilíbrio entre gays e heterossexuais no círculo social de um cara indicava, de modo confiável, a sexualidade dele. Não era preciso saber nada diretamente sobre esse indivíduo. Como o *Boston Globe* definiu na época: "As pessoas podem estar efetivamente 'saindo do armário' apenas por suas conexões on-line." Depois de os alunos terem treinado o algoritmo em perfis conhecidos, o software foi capaz de prever corretamente se um homem era gay 78% das vezes, apenas pela natureza do grafo social dele. É um resultado altamente robusto quando levamos em conta que a taxa esperada de sucesso, se o programa estivesse apenas adivinhando às cegas, seria apenas... eh, uns... 10%? 2%? 8? $\pi/2$?

A questão é justamente esta (e parte do motivo pelo qual os garotos fizeram um programa para adivinhar isso): ninguém realmente sabe quantas pessoas gays existem. As estimativas mais antigas variam imensamente, como costuma acontecer.* O Relatório Kinsey, em 1948, foi uma das primeiras tentativas científicas de obter um número real e franziu muitas sobrancelhas por trás de óculos de aro de tartaruga ao sugerir que 10% dos homens e 6% das mulheres eram gays. Estudos posteriores, muitos com motivações políticas e todos usando dados de pesquisas ou configurações forçadas em laboratório, colocaram o valor em quantidades que começavam em 1% e chegavam a até 15%.† Agora podemos obter um palpite melhor, por um caminho diferente, e aumentar a precisão é importante, porque, como um estudo delicadamente definiu: "Este trabalho pode ajudar a definir políticas públicas." Todas as eleições presidenciais desde 1952 (exceto quatro) teriam resultados diferentes se 5% do eleitorado tivesse mudado de ideia. Assim, saber se um determinado grupo constitui 1%, 5% ou 10% do país é fundamental para a matemática política. Embora o número de pessoas gays

---

* Veja um mapa-múndi de 1491 para obter mais informações.

† Dados de pesquisa estatística são frequentemente poluídos por fatores externos, como a forma escolhida pelo pesquisador para formular a pergunta ou a decisão de pesar a experiência sexual em vez da identificação sexual.

não tenha um peso moral — mesmo se houvesse apenas uma em todos os Estados Unidos, ele, ou ela, mereceria os mesmos direitos que todos —, o fato de as decisões políticas dependerem do tamanho real da população é uma realidade prática e simples.

Além disso, para um grupo historicamente tão estigmatizado, um número bem-definido pode falar mais do que um indivíduo. Ele diz: estou aqui. Gays são uma minoria bastante incomum, pois podem parecer heterossexuais, ao menos superficialmente, se quiserem. Isso certamente envolve uma escolha dolorosa entre a autopreservação e a expressão pessoal que algumas pessoas precisam enfrentar. Mas além desse preço claramente pago pelo indivíduo, "o armário" também tem um preço para a sociedade, pois o segredo faz com que velhas atitudes continuem as mesmas, e o preconceito que não muda, acaba se perpetuando. Ao obrigar as pessoas a se esconderem, a intolerância cria a própria lógica cínica: ao não se reconhecer uma grande parte de um grupo, facilita-se a marginalização do todo. Por outro lado, a visibilidade cria aceitação. Mesmo nas estimativas mais baixas, a homossexualidade não é mais incomum do que o cabelo loiro natural, que existe em aproximadamente 2% da humanidade. Na verdade, ser gay parece ser muito mais comum do que isso. É apenas menos aceito e, portanto, costuma ser mais obrigado a se esconder. Pense nisso da próxima vez que você pegar uma revista de celebridades.

Voltando aos dados, o Google Trends mais uma vez mostra seu poder de revelar o que as pessoas sentem que não podem dizer. De acordo com o pesquisador do Google Stephens-Davidowitz, 5% das buscas por pornografia nos Estados Unidos procuram pelo que ele chama de "descrições de homens gays", uma expressão genérica que inclui buscas diretas como "gay porn" ("pornografia gay") e relacionadas, como "rocket tube", um popular portal gay. Além disso, a proporção de um para vinte é consistente de um estado para outro, sugerindo que o desejo pelo mesmo sexo não é afetado pelo ambiente político e religioso em que a pessoa está inserida. Essa igualdade tem algumas implicações profundas. Primeiro, frustra o argumento de que a homossexualidade é tudo, menos genética. Se homens de ambientes tão diferentes quanto Mississipi e Massachusetts estão procurando pornografia gay na mesma proporção, trata-se de forte evidência de que supostas forças externas têm pouco efeito na atração pelo mesmo sexo.

A segunda implicação da igualdade dos dados nos estados, isto é, o que ela revela não só sobre os gays como sobre a intolerância, precisa de um tempinho para se desenrolar. No início de 2013, quando ainda escrevia sobre política para o *Times*,

Nate Silver aplicou sua famosa técnica de modelagem de pesquisas às iniciativas de votação sobre o casamento entre pessoas do mesmo sexo em todo o país. Como fez nas eleições presidenciais, ele agregou os dados a fim de obter uma fotografia instantânea da opinião pública em cada estado e depois fez algumas análises prospectivas para adivinhar como essas atitudes poderiam evoluir. Silver estimou que o casamento gay estará legalizado em 44 estados norte-americanos até 2020.

O interessante no trabalho com base em pesquisas políticas que Silver desenvolveu sobre o assunto é como ele se relaciona à outra fonte de dados: o que as pessoas em cada estado disseram ao Gallup sobre a própria sexualidade. Alguns números dessas respostas voluntárias estão neste grafo, comparados às projeções mais atuais de Silver para a aceitação do casamento gay, estado por estado. Codifiquei cada estado pelo tratamento legal que dá ao casamento gay e também rotulei alguns dos valores atípicos.

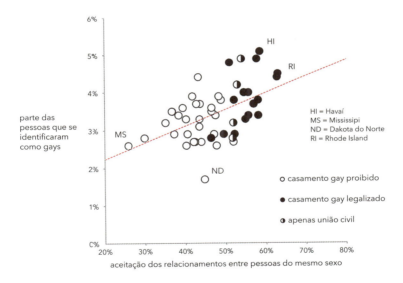

No eixo horizontal vemos que, de acordo com Silver, o Mississipi é o estado menos tolerante e Rhode Island, o mais. No eixo vertical, os números do Gallup variam de 1,7% em Dakota do Norte a 5,1% no Havaí. E, como vemos pela inclinação na linha de tendência, quanto mais tolerante o estado é em relação à homossexualidade, mais alta é a taxa da população que se declara gay. O interessante é que, se você andar pela linha pontilhada até os 100% de apoio ao casamento gay (imaginando estatisticamente um mundo futuro de tolerância perfeita), acabará descobrindo que isso implicaria em aproximadamente 5% da população se declarando gay se não houvesse pressões sociais. É o mesmo número indicado pela busca do Google, na qual a falta de pressão social não é apenas teórica.

Além disso, a linha de tendência não é uma função de pessoas apenas vivendo onde são mais bem-recebidas. A estabilidade de estado para estado nas buscas por pornografia gay evidencia isso, bem como os dados de mobilidade do Facebook. Comparando a cidade natal dos usuários gays com o local de residência atual deles, você descobre que a mudança de endereço explica apenas uma pequena fração da variância nas taxas de homossexualidade do Gallup mostradas anteriormente. As pessoas gays não se mudam desproporcionalmente para lugares mais tolerantes. Por um lado, esta é uma prova da força dos laços domésticos, da criação e da simples inércia. Por outro, indica que, para cada pessoa que escolheu se mudar para São Francisco ou Nova York para viver abertamente, de acordo com suas preferências, há provavelmente dúzias ainda vivendo em negação.

Ao aceitar essas duas estimativas independentes de 5%, obtidas usando três das maiores forças dos dados modernos (Nate Silver, Google e Facebook, com ajuda daquele recurso da pesquisa à moda antiga do Gallup), você começa a ver esses números de quem se declara gay sob uma nova perspectiva. Quando o Gallup diz que, por exemplo, 1,7% dos moradores da Dakota do Norte é gay, então talvez aproximadamente 3,3% do estado sejam gays e não queiram admitir. Em Nova York, cerca de 4% da população são abertamente gays, tendo talvez 1% de gays calados. E o mesmo vale para todos os estados. Contra a estabilidade dos dados, os altos e baixos nas populações declaradamente gays assumem um novo significado: mostram uma nação de norte-americanos levando uma vida secreta. Isso faz com que a poesia que geralmente é atribuída a Thoreau tenha ainda mais significado: "A maioria dos homens vive em silencioso desespero e vai para o túmulo ainda com a música dentro de si." Esses são os refugiados da alma, e nós os vemos nos dados.

Os dados nos dão até uma imagem dos danos colaterais. Citando novamente Stephens-Davidowitz:

> Nos Estados Unidos, de todas as buscas no Google que começam com "Is my husband..." (O meu marido é/está...), a sequência mais comum é "gay". "Gay"

é 10% mais comum nessas buscas do que a segunda expressão, "cheating" (me traindo), além de oito vezes mais comum do que "an alcoholic" (um alcoólatra) e dez vezes mais comum do que "depressed" (deprimido).

Essas buscas questionadoras são mais comuns nos locais em que a repressão é maior: Carolina do Sul e Louisiana, por exemplo, têm as maiores taxas para elas e a aceitação do casamento gay está abaixo da média nacional em 21 dos 25 estados onde essa busca é mais frequente. Eu me pergunto o que pessoas tão dedicadas a colocar a homossexualidade no submundo (ou "curá-la") concluem a partir desses dados e também de todos os casamentos sem sexo e crianças com pais infelizes que seus esforços criam de modo tão claro. Insisto, não se trata de retórica, estamos falando de números. O velho "índice de miséria" da economia é inflação + desemprego. Sugiro que a versão social seja a fração da população morando em lugares onde não podem ser elas mesmas. É uma situação que serve apenas para o sofrimento.*

Infelizmente, a busca do Google é ineficaz para estimar a quantidade de lésbicas nos Estados Unidos, pois os vários homens gays procurando pornografia entre mulheres confundem os dados. No entanto, podemos ver sinais da aceitação de Silver estimada nos dados do OkCupid, com algumas reviravoltas interessantes. Pelas minhas estimativas, mais de 1/4 da população gay norte-americana procurou por parceiros usando o OkCupid em 2013.† Gays que procuram namoro na Internet devem ser mais abertos sobre a sexualidade que a média. Afinal, eles estão colocando perfis num site. Contudo, reconhecendo que muitas pessoas preferem não divulgar a identidade sexual para toda a Internet, o OkCupid dá aos usuários gays a opção de "esconder" o perfil, exceto de outros usuários gays. Cinquenta e nove por cento dos homens gays e 53% das mulheres gays utilizam essa opção. Nesses dados também é

---

* E para as carreiras políticas, religiosas e artísticas das pessoas que o perpetuam.

† Isso se baseia em duas suposições: (1) que aproximadamente 5% do país é gay e (2) que dos 93 milhões de solteiros relatados pelo Censo dos Estados Unidos, metade está namorando.

O governo contabiliza todos que não estão casados como "solteiros", algo obviamente problemático para estimar a verdadeira população de solteiros, especialmente entre gays. Em 2013, o OkCupid registrou atividade de 650 mil perfis gays que, por esta aritmética, representa 26,8% da população gay norte-americana que está procurando namoro. Uma pequena fração das contas são duplicatas ou "fantasmas" (raramente usadas), mas mesmo assim a fatia do site que faz parte do mercado gay que está namorando é substancial. Nesta observação, como em todas neste capítulo, as denominações "gay" e "bissexual" dos usuários são contabilizadas separadamente, e esse cálculo não inclui os bissexuais.

visível uma correlação entre a tolerância e abertura de um estado, embora mais para mulheres, conforme mostrado a seguir.

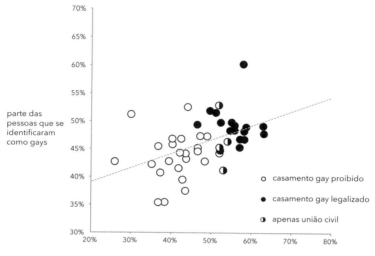

Tirando as questões de "saída do armário", os usuários gays se parecem muito com todos os outros do OkCupid. Nas perguntas de compatibilidade, os gays do site apresentam as mesmas taxas de uso de drogas, preconceito racial e excitação sexual que os heterossexuais, além de quererem o mesmo tipo de relacionamento. Na verdade, em termos de atitudes sexuais, se algum grupo fosse considerado atípico, seria o das mulheres heterossexuais. Elas são mais puritanas: 6,1% dos homens heterossexuais, 6,9% dos homens gays e 7,0% das lésbicas estão no OkCupid explicitamente em busca de sexo casual. Apenas 0,8% das mulheres heterossexuais quer o mesmo, o que provavelmente diz mais sobre o tabu em relação à mulher tomar a iniciativa no sexo (heterossexual) do que qualquer outra coisa.*

O número declarado de parceiros sexuais ao longo da vida entre os quatro grupos é basicamente o mesmo. A média para homens gays e mulheres heterossexuais é quatro,

---

* Há aplicativos especificamente voltados para o sexo casual gay. Grindr e Scruff são os mais conhecidos para homens. O equivalente heterossexual para esses aplicativos é o Tinder, que é tão popular quanto eles, talvez até mais. Portanto, não acho que a tendenciosidade da escolha (para relacionamentos de longo prazo) na população gay do OkCupid seja pior do que na população heterossexual, embora admita que é impossível ter certeza disso.

e para lésbicas e homens héteros, cinco, mas a margem é muito pequena.* Se há significativa diferença no comportamento sexual, ela está na ponta mais extrema, onde encontramos um estereótipo parcialmente confirmado. Homens gays altamente promíscuos (os que informaram ter 25 parceiros ou mais) superam os equivalentes heterossexuais em dois para um. Engraçado é que no sexo, assim como na renda e no idioma, temos um problema de desigualdade. De acordo com esses dados, os 2% de homens gays no topo da lista estão fazendo aproximadamente 28% do total de sexo gay.

Para ver como as identidades são formadas ao redor dos rótulos "gay" e "heterossexual", podemos aplicar o método de "tabela de classificação de palavras" do capítulo anterior para investigar as descrições pessoais. Como antes, os textos do perfil dão uma noção da singularidade de cada grupo em relação aos outros: o que há de especial nas lésbicas, o que diferencia os homens gays dos heterossexuais e por aí vai. E o método coloca tudo nas palavras dos próprios usuários. Os dados comportamentais a seguir mostram que não há tanta diferença assim em *como* nós amamos, mas é possível ver que obviamente existe em relação a *quem* nós amamos. A matemática força o vocabulário mais típico de cada grupo a aparecer:

palavras mais típicas usadas por...

homens gays	mulheres gays	homens heterossexuais	mulheres heterossexuais
first wives (filme *Clube das desquitadas*)	i am gay (eu sou gay)	knows what she wants (sabe o que ela quer)	honest man (homem honesto)
velvet rage (livro)	old lesbian (velha lésbica)	i have no kids (não tenho filhos)	man to share (homem para dividir)
tales of the city (livro)	i'm a lesbian (sou lésbica)	treat a woman (tratar uma mulher)	to meet a man (encontrar um homem)
you're a nice guy (você é um cara legal)	i am a lesbian (eu sou lésbica)	care of herself (cuidar de si mesma)	a man who knows (um homem que sabe)
anything on bravo (qualquer coisa no canal de televisão Bravo)	femme side (lado mais "feminino")	never been married (nunca me casei)	care of himself (cuidar de si mesmo)
music madonna (música da Madonna)	attracted to women who (atraída por mulheres que)	daughter family (família com uma filha)	meet a man who (encontrar um homem que)

---

* Dos homens heterossexuais e mulheres gays, 49% relataram ter tido quatro parceiros ou menos.

homens gays	mulheres gays	homens heterossexuais	mulheres heterossexuais
music britney (música da Britney Spears)	lesbian friends (amigas lésbicas)	for a good woman (para uma boa mulher)	find a man who (achar um homem que)
ltr oriented (voltado para relacionamento de longo prazo)	are femme (sejam "femininas")	treat a lady (tratar uma dama)	who knows what he (que sabe o que ele)
romy and michelle's (filme *Romy e Michelle*)	butch femme (lésbicas mais "masculinas" e "femininas")	good women (boas mulheres)	meet a man (encontrar um homem)
new guys (caras novos)	lesbian movies (filmes lésbicos)	my kids my family (meus filhos, minha família)	man who knows how (homem que sabe como)
barefoot contessa (programa culinário de televisão)	single lesbian (lésbica solteira)	hello ladies (programa de humor)	a nice guy who (um cara legal que)
kathy griffin (comediante)	u haul (loja de aluguel de trailers)	type of girl (tipos de garota)	honest guy (cara sincero)
single gay (gay solteiro)	butch but ("masculina", mas)	woman that can (mulheres que podem)	a man who has (um homem que tem)
the comeback (seriado)	are feminine (são femininas)	real woman (mulher de verdade)	are a nice guy (é um cara legal)
hiv positive (HIV positivo)	femme who ("feminina" que)	my son family (família com um filho)	christian man (homem cristão)
density of souls (livro)	elena undone (filme)	woman to share (mulher para dividir)	like a man who (como um homem que)
modern family glee (seriados *Modern Family* e *Glee*)	the butch (a "masculina")	my daughter family (família com uma filha)	a guy who has (um cara que tem)
ab fab (seriado *Absolutely Fabulous*)	not butch (não "masculina")	intelligent woman (mulher inteligente)	man that knows (homem que sabe)
most gay (mais gay)	movies imagine (filmes *Imagine*)	god my kids (deus, meus filhos)	love jesus (amo/ame Jesus)
muriel's (filme *O casamento de Muriel*)	music brandi (música Brandy)	girl that i can (garota que eu possa)	a man who will (um homem que irá)
christopher rice (escritor)	walls could (filme *O preço de uma escolha*)	meet a woman who (encontrar uma mulher que)	man that has (homem que tenha)

194   Dataclisma

homens gays	mulheres gays	homens heterossexuais	mulheres heterossexuais
muriel's wedding (filme *O casamento de Muriel)*	lesbian romance (romance lésbico)	have no children (não tenho/tenha filhos)	true gentleman (verdadeiro cavalheiro)
other gay (outro gay)	femme women (mulheres "femininas")	son family (família com um filho)	you are a gentleman (você é um cavalheiro)
flipping out (seriado)	debs (filme *As superespiãs)*	with the right woman (com a mulher certa)	guy to share (cara para dividir)
find mr (encontre o Sr.)	feminine women (mulheres femininas)	treat her (tratá-la)	nice guy who (cara legal que)
guy to date (cara para namorar)	you're femme (você é "feminina")	right lady (a dama certa)	like a guy who (como um cara que)
sordid lives (filme *Uma família e tanto)*	soft butch ("masculina" leve)	great woman (grande mulher)	a guy that can (um cara que pode)
stereotypical gay (gay estereotipado)	my future wife (minha futura esposa)	a woman who can (uma mulher que pode)	christian woman (mulher cristã)
flight attendant (comissário de bordo)	hunter valentine (banda de rock)	nice woman (mulher legal)	for a good guy (para um cara legal)
are you there vodka (livro *Você está aí, vodca? Sou eu, Chelsea)*	lesbian looking (aparência lésbica)	i like a woman (eu gosto de uma mulher)	you're a gentleman (você é um cavalheiro)

Como fizemos anteriormente, deixarei você interpretar as palavras dos usuários em detalhes e indicarei apenas algumas tendências gerais. As duas listas dos heterossexuais são obstinadamente preocupadas com o(a) parceiro(a) (potencial). Todo item para as mulheres heterossexuais é voltado para o cara que ela está buscando (e estou contando Jesus aqui: afinal, ele é solteiro), e o único momento em que os caras não falam sobre mulheres é quando observam a presença ou a ausência de crianças. Juntas, essas listas parecem um grande "Mim, Tarzan. Você, Jane" em formato estendido. Ou talvez adaptado pelo Nicholas Sparks.

A lista das lésbicas é mais introspectiva, tem maior número de descrições pessoais, mas ainda é bem parecida com a dos heterossexuais. Como as mulheres héteros, as lésbicas são bastante caracterizadas pela relação que procuram (*você é feminina, minha futura esposa*), apenas usando palavras diferentes.

A lista dos homens gays é bem diferente das outras três: cheia de cultura pop e tem comparativamente menos referências às pessoas mais próximas e familiares do usuário. *Qualquer coisa no canal de televisão Bravo* deve ser a generalização mais certeira de todos os tempos. Dito isso, é interessante que o grupo dos homens gays seja o menos voltado para sexo e identidade sexual dos três. Ou melhor, eles encontram a identidade em algo além do sexo.

Mais uma vez, esse método foi concebido para enfatizar diferenças entre os grupos, mas outros dados mostram que as fronteiras são tênues. Uma das descobertas mais intrigantes feitas pelo OkCupid é a reposta para esta pergunta de compatibilidade, feita apenas pelos usuários do site que se identificam como heterossexuais.

P: Você já teve um encontro sexual com alguém do mesmo sexo?

	mulheres		homens	
Sim, e gostei.	22.308	26%	12.070	7%
Sim, e não gostei.	6.153	7%	10.100	6%
Não, mas gostaria.	14.896	17%	7.632	5%
Não, e nem quero.	42.286	49%	137.455	82%
	85.643		167.257	

É isto: 51% das mulheres e 18% dos homens já tiveram ou gostariam de ter uma experiência com alguém do mesmo sexo. Esses números são muito mais altos do que qualquer estimativa plausível da população realmente gay, então, não só descobrimos que a sexualidade é mais fluida do que podem indicar as categorias de um site, como vimos que o sexo com alguém do mesmo gênero é relativamente comum, independentemente de as pessoas considerarem isso como parte da identidade delas ou não.

Os dados são de usuários que escolhem "heterossexual" quando se inscrevem no site, mas no mesmo menu o OkCupid oferece "bissexual" como opção. Cerca de 8% das mulheres e 5% dos homens a escolhem. Vi muita frustração entre os bissexuais, no OkCupid e em todos os lugares, com a ideia de que a bissexualidade não seria uma orientação "real", e homens bissexuais seriam apenas gays que ainda não se aceitaram. Muitas pessoas gays veem a bissexualidade como uma barreira. Um estudo recente feito pela Escola de Graduação em Saúde Pública da Universidade de Pittsburgh define bem isso, embora de modo um pouco seco: "Pessoas que participaram da pesquisa e se declararam gays ou lésbicas responderam de modo significantemente menos positivo à bissexualidade... indicando que até dentro das minorias em termos de orientação sexual os bissexuais enfrentam um profundo estigma."

Gerulf Rieger, da Universidade de Essex, trabalhando com psicólogos de Northwestern e Cornell, concluiu em um artigo de 2005 que, em termos de reação geral a estímulos, quase todos os homens declaradamente bissexuais eram gays, alguns eram heterossexuais e muito poucos se excitavam fisicamente com ambos os sexos. Ele, portanto, descreveu a bissexualidade masculina como um "estilo" de interpretar a excitação em vez da excitação em si. Como era de se esperar, isso enfureceu a comunidade bissexual. Rieger depois revisitou o tema para concluir que a bissexualidade masculina pode ser "uma questão de curiosidade", que "o interesse em ver outros homens nus, observar outra pessoa fazendo sexo, ver filmes pornográficos ou participar de orgias" explica a aparente desconexão entre a relatada atração dos bissexuais por ambos os sexos e a atração física observada por apenas um deles. A mente deles apreciava todos os tipos de sexo, mas o corpo era mais seletivo.

No OkCupid encontramos base para essa conclusão de Rieger, apesar de sua terminologia vaga. A maioria dos homens e mulheres bissexuais procura exclusivamente um sexo ou outro no site. A seguir, mostro para quem as pessoas que se identificam como bissexuais realmente mandam suas mensagens.

Para ficar em uma das categorias de "mandam mensagens apenas para", o usuário precisava mandar 95% ou mais de mensagens àquele sexo para que o limiar fosse bem alto, e isso não é um truque de contabilidade. Apenas uma fração da base de bissexuais fez contato significativo com ambos os sexos. Seja qual for o mecanismo, a alegação feita por Rieger de que a bissexualidade declarada não reflete o comportamento observado parece correta nesse caso. O interessante é que, para homens gays, as mensagens mudam ao longo do tempo. Nessa mudança encontramos evidências plausíveis para a narrativa de barreira: mais da metade dos homens bissexuais jovens manda mensagens apenas para outros homens, e essa porcentagem diminui de modo constante até os 30 e poucos anos, altura a partir do qual a maioria dos usuários bissexuais do sexo masculino manda mensagens apenas para mulheres. Isso é o que se esperaria ver se os homens interessados em homens parassem de se identificar como bissexuais à medida que envelhecessem e ficassem mais confortáveis para serem chamados de "gay". Contudo, essa pergunta exige dados longitudinais para ser completamente respondida, algo que ainda não temos.

Com isso bem claro, quem dizemos que somos e como nos comportamos são atitudes diferentes, e a segunda não deveria automaticamente desqualificar a primeira. No fim das contas, as pessoas são livres para se descrever como quiserem e exigir que os rótulos preencham a definição de um pesquisador (ou site) é inútil. Qualquer discrepância, no fim das contas, é culpa do rótulo. De qualquer modo, indivíduos amam do jeito que lhes parece certo, e, às vezes, as palavras para descrever isso precisam se atualizar. No Dia dos Namorados de 2014, por exemplo, o Facebook lançou mais de cinquenta opções diferentes de gênero (permitindo que usuários escolham termos como *transgênero* ou *andrógino* em vez de masculino ou feminino). A presidente do Centro de Pesquisa Bissexual em Boston, Ellyn Ruthstrom, falava sobre orientação e o trabalho de Rieger, mas poderia muito bem estar falando dos meus dados, quando disse ao *Times*: "Infelizmente, isso reduz a sexualidade e os relacionamentos apenas à estimulação sexual. Os pesquisadores querem encaixar a atração bi em uma caixinha: você tem que ser atraído(a) exatamente da mesma forma por homens e mulheres para ser bissexual. Isso é besteira. O que adoro é o fato de as pessoas expressarem a bissexualidade de formas diferentes."

Nós certamente encontramos essa variedade quando procuramos as palavras "típicas" no texto de perfil dos homens bissexuais no OkCupid. Entre as trinta mais utilizadas estão *bissexual*, *pansexual*, *cross-dressing* (usar roupas do sexo oposto) e *heteroflexible* (heteroflexível). Na lista antitética deles, vemos os marcadores *close with my family* (ligado à minha família) e *really enjoy my job* (gosto muito do meu trabalho), talvez devido à solidão e à falta de afeto por ser parte de uma minoria, mesmo dentro de outra minoria.

A bissexualidade para as mulheres é um pouco diferente. É mais popular, ou pelo menos a versão difundida por Miley Cyrus e similares, talvez porque os marqueteiros sabem que "sexo vende" e as estrelas precisam forçar os limites, uma espécie de ser-gay-pelo-dinheiro que é comum na cultura pop atual. No caso da Miley, embora obviamente eu não tenha certeza, parece mais uma fantasia para vender discos, em nada diferente da pintura facial do Gene Simmons. Em um artifício semelhante, os fraudadores que têm como alvo os homens na Internet geralmente escolhem bissexual como identidade para suas contas falsas. No Facebook, 58% dos perfis falsos são "mulheres bissexuais", contra apenas 6% de perfis verdadeiros. No OkCupid o problema não é tão evidente, mas escolher a bissexualidade junto com outros indicadores principais garante que você será avaliado com mais atenção pelos administradores do site.

Mas, mesmo nos perfis verdadeiros, que são a maioria, a bissexualidade feminina e a fantasia do homem heterossexual estão ligadas. É realmente possível deduzir isso a partir dos dados quando olhamos o texto do perfil: são basicamente mulheres convidando o mundo para fazer sexo a três com seus namorados ou maridos.

palavras mais tipicamente usadas por...

mulheres bissexuais

bi female (mulher bi)
bisexual female (mulher bissexual)
me and my husband (meu marido e eu)
me and my man (meu homem e eu)
my boyfriend is (meu namorado é)
hubby and (maridão e)
we are a couple (somos um casal)
i am bisexual and (eu sou bissexual e)
me and my boyfriend (meu namorado e eu)
fun couple (casal divertido)

couple we (casal nós)
married couple (casal casado)
we are not looking (não estamos procurando)
fun with me and (diversão comigo e)
do have a boyfriend (tenho mesmo um namorado)
my bf and (meu namô e eu)
female to join (mulher para se juntar)
girl to join (garota para se juntar)
another couple (outro casal)
bi woman (mulher bi)

my boyfriend my (meu namorado meu)
i am bi sexual (eu sou "bi sexual")
my hubby and (meu maridão e)
join me and my (junte-se a mim e meu)
female for (mulher para)

> my boyfriend and i (meu namorado e eu)
> we are looking to (estamos procurando)
> a triad (um trio)
> no single (nada de solteiros)
> send us (mande-nos)

Se eu pudesse colocar uma batida nessas frases e pedisse para o Pitbull fazer um rap no meio, iria direto para o topo das paradas. Apesar de toda a grosseria de usar identidade sexual como plano de negócios, não deixa de ser um sinal de esperança quando uma identidade minoritária é algo que o senso comum pensa que vale a pena cooptar em vez de suprimir. E nós realmente vemos que a situação está mudando, e bem rápido, para a sexualidade. Desenvolvendo as projeções que mostramos anteriormente, Nate Silver cravou uma mudança visível na atitude norte--americana na última década. A aceitação do casamento gay acelerou visivelmente em 2004 e ele determinou: "Não é mais necessário fazer suposições otimistas para concluir que quem apoia o casamento entre pessoas do mesmo sexo provavelmente será a maioria do país."

Assim, tudo volta aos números, e a fração está indo para o nosso lado. Embora as pessoas sejam gays desde sempre, no fim do século XIX elas começaram a "sair do armário" e declarar a homossexualidade como ato político. A expressão "sair do armário" foi cunhada alguns anos depois. Agora, o objetivo de viver e amar abertamente, que homens e mulheres gays vêm buscando há tanto tempo, está quase atingido. A epítome dessa mudança está nas celebridades que saíram do armário, claro, mas ainda mais nas milhões de outras pessoas cujos nomes eu nunca saberei, embora tenham ajudado a jogar as métricas de aceitação levemente para cima. Está chegando o dia em que os pesquisadores de opinião poderão abaixar a caneta, em que os cientistas voltarão sua atenção para outro lado e estudantes audazes poderão usar seus algoritmos para calcular outras coisas. Está chegando o dia em que o mundo será tão aberto que ninguém precisará adivinhar a orientação sexual de ninguém.

12.

Saiba qual é o seu lugar

Quando eu estava no segundo segmento do ensino fundamental, tínhamos um longo período de intervalo e, como àquela altura estavam todos crescidos demais para brincar ou se divertir, depois do lanche ficávamos do lado de fora da escola esperando o sinal tocar para voltar à aula. Nos primeiros dias do oitavo ano, nos organizamos no asfalto, e esse arranjo, uma vez definido, pouco mudou em três anos. Indo do mais perto para o mais distante da porta da cantina, a ordem da qual eu me lembro é:

- Garotos ultradescolados (a maioria dos Heights, a parte mais rica da cidade)
- Riquinhos genéricos
- O pessoal que ouvia rádios universitárias, REM e The Cure (era a época pré-indie)
- Skatistas
- *Heshers* (como chamávamos os metaleiros chapados e qualquer outra pessoa para quem cola era mais do que um simples adesivo)
- Meus amigos e eu
- UMA GRANDE LIXEIRA MARROM
- Alunos de intercâmbio e garotos com dificuldades de aprendizado

Obviamente, este alinhamento não era aleatório. A lixeira, que Deus a abençoe, criava um ponto de encontro natural para os intocáveis, e a partir dali a polaridade +/− da molécula estudantil tomou conta de tudo. Como em um lado da linha o meu pessoal estava brincando de quebrar lápis e discutindo os méritos das Tartarugas Ninja (o RPG, não o desenho animado, porque desenho era coisa de criança), todos os outros acharam seus lugares guiados por uma força natural.

Uma das belezas dos dados digitais, além do seu volume, é que, assim como os fundos do Pulaski Heights Junior High, eles têm dimensões tanto físicas quanto sociais. Um pedaço de papel tem dois eixos e quatro dimensões espaço-tempo. A teoria das cordas prevê que a nossa existência física exige algo entre dez e

Saiba qual é o seu lugar   203

26 dimensões. Nosso universo emocional certamente tem isso e muito mais. E, ao combinar esses espaços, a nossa paisagem interior com o mundo externo, podemos retratar a existência com uma nova profundidade.

O modo de olhar para pessoas e a interação entre elas até agora (conexões, textos de perfil, avaliações e por aí vai) praticamente ignorou o lugar físico, mas sites e smartphones estão, obviamente, coletando dados amplos sobre localização. Os tuítes são marcados geograficamente com latitude e longitude; o Facebook pergunta a cidade onde você nasceu, onde fez faculdade e onde você mora atualmente, e muitos aplicativos sabem até o prédio em que você mora. Agora, vamos sobrepor identidade, emoção, comportamento e as crenças em relação aos espaços físicos para ver os novos entendimentos que surgirão. Analisaremos como o local molda uma pessoa e como as pessoas criaram novas fronteiras em nossa antiga Terra.

As fronteiras de várias comunidades foram criadas por decreto, acidente ou ambos. Os Estados Unidos e a União Soviética dividiram a Coreia no paralelo 38 porque aquela linha se destacava em um mapa da revista *National Geographic* consultada por um oficial. Naquele mesmo mês, a Alemanha foi dividida em zonas de ocupação que refletiam, acima de qualquer coisa, onde estavam as tropas de quem naquela época. Muitos dos estados norte-americanos foram criados por um alvará real ou lei do Congresso, com fronteiras desenhadas por pessoas que nunca pisaram lá. Fazer mapas sem ir ao local era e ainda é um problema muito mais pernicioso na África, no subcontinente indiano, no Oriente Médio e em todos os outros lugares onde as pegadas do império marcaram o solo. Apenas muito ocasionalmente os mapas foram desenhados para refletir "o desejo do povo" e, mesmo nesses casos, como vimos em Israel, que começou sua história moderna oficialmente como Mandato Britânico da Palestina, a pergunta naturalmente virá: qual vontade? De que povo?

Para os sites, as fronteiras políticas e naturais são apenas outro conjunto de dados a se considerar. Quando informações fluidas, sem fronteiras e abstratas são a sua moeda, o mundo físico, com seus vários limites arbitrários, geralmente é um incômodo. No OkCupid, os rios são um eterno problema para os algoritmos de compatibilidade por distância. O Queens fica tanto a 2,5 quilômetros quanto a um mundo de distância de Manhattan. Tente explicar isso a um computador. O negócio é que, quando uma pessoa está conectada, está no mundo e, ao mesmo tempo, separada dele. Mas essa dualidade também significa que podemos remixar nossos espaços físicos em novas linhas, talvez mais significativas do que as desenhadas por placas tectônicas ou ditames de algum pergaminho.

Aqui nós vemos como o site Craigslist divide os Estados Unidos: cada região no mapa é um território atendido por uma lista de classificados. Uma pessoa que fez o mapa o chamou de "Estados Unidos do Craigslist", mas "unidos" não parece ser a palavra mais adequada: isso é uma partição e, dentro do todo, cada pequena zona é um reino insignificante. Trata-se do Sacro Império Romano dos móveis velhos.

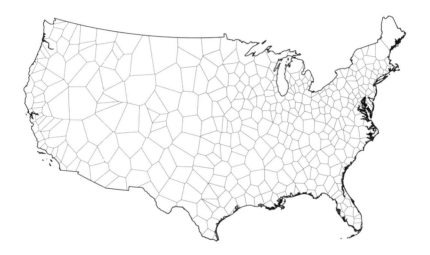

Quando ligamos o conteúdo ao espaço físico, o mapa fica mais interessante. A seguir, mostramos novamente o império do Craigslist, agora sobreposto aos locais mais populares listados nas várias postagens do fórum "Missing Connections" (Conexões Perdidas) do site, no qual um coração solitário pode postar algo como:

Nós dois embarcamos no metrô Q sentido uptown na Rua 34. Você usava uma jaqueta estilo militar e os seus olhos tinham aquele brilho da Audrey Hepburn. Nós trocamos olhares algumas vezes. Se você ler isto, mande um e-mail.

Saiba qual é o seu lugar 205

Esta é a versão de Manhattan, claro. O pessoal de Portland geralmente faz contato visual no ônibus. A Califórnia prefere flertar nos aparelhos de academia. Mas, para o resto do país, o local do desejo mesmo é o Walmart.

Agora estamos chegando a um lugar ao qual um cartógrafo tradicional não poderia nos levar e nenhum satélite conseguiria encontrar. O mapa é a página simples e idiota de um novo tipo de atlas: os terrenos físico e comportamental como um só.

Nos exemplos anteriores, a Craigslist definiu suas fronteiras *a priori*, escolhendo os mercados que desejava atender. A maioria dos sites *coleta* dados de localização em vez de projetá-los e, a partir daí, é possível criar um mapa verdadeiramente diferente do mundo, mudando as fronteiras e os contornos para se encaixarem na paisagem humana. Há alguns anos, um hacker esperto coletou dados do Facebook e traçou as conexões compartilhadas dos 210 milhões de perfis aos quais teve acesso. Com os dados obtidos, ele dividiu os Estados Unidos em estados irônicos definidos por afinidade em vez de política. Eram sete: Pacífica (o nordeste do Pacífico), o Socialistão (Califórnia), a Mormônia, o Oeste Nômade, o Grande Texas (que inclui Arkansas, Oklahoma e Louisiana), Dixie no Sudoeste e depois, em um grande caminho verde que vai de Minnesota até Ohio e passa o Atlântico, cobrindo toda a Nova Inglaterra, a FicarEmCasônia. Meu tipo de país.

Desde então, os smartphones, todos equipados com um pequeno GPS, revolucionaram a cartografia. O geógrafo Matthew Zook, da Universidade do Kentucky, fez uma parceria com cientistas de dados de lá para criar o que chamaram de Projeto DOLLY (Digital Online Life and You — A Vida Digital Online e Você), um repositório em que é possível buscar todos os tuítes marcados por localização geográfica desde dezembro de 2011, de maneira que Zook e sua equipe compilaram bilhões de sentimentos inter-relacionados, com as respectivas latitudes e longitudes. O DOLLY é uma fonte de pesquisas incrivelmente versátil, cujo resultado está sendo explorado apenas agora. Zook já encontrou algumas aplicações altamente pessoais para o projeto. Em fevereiro de 2012, seu escritório em Lexington foi abalado por um terremoto e ele recorreu ao banco de dados para ver as consequências psicológicas disso. O mapa a seguir mostra a densidade da reação no Twitter, desenhada ao longo do epicentro físico da falha. Aqui vemos os contornos de surpresa desenhados na terra que se moveu:

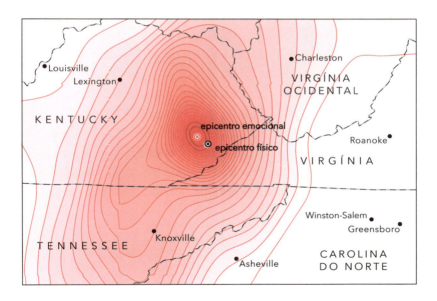

Zook descobriu que o epicentro emocional do terremoto estava a nordeste do epicentro sísmico, em Hazard, Kentucky, e, por mais simples que pareça esse tipo de descoberta, é realmente nova. Os mapas do Craigslist, por exemplo, poderiam ter sido feitos na década de 1970. Afinal, a ideia para a seção "Conexões Perdidas" do site foi tirada dos jornais. Antes da Internet, se você realmente quisesse, poderia ter reunido um mês de listagens do principal jornal cada uma das cem maiores cidades dos Estados Unidos, registrado os dados e chegado bem perto do que vimos há algumas páginas. Mesmo a redefinição do Facebook/FicarEmCasônia, teoricamente, era possível há décadas, se houvesse uma equipe de pesquisa com recursos para entrevistar milhões de pessoas em casa e analisar as conexões declaradas por elas.

Mas o mapa de Zook mostra a reação instantânea das pessoas a um evento que durou uma fração de segundo. Uma pesquisa feita com os moradores de Kentucky, depois, poderia não ter gerado um relato verdadeiro, mesmo com esforço infinito, pois não só as emoções mudam quando alguém se lembra de algo, como a cobertura dos meios de comunicação, como as conversas sobre o terremoto teriam distorcido os dados de maneira irremediável. Pessoas com smartphones não deixam os sismógrafos obsoletos, mas o desenho de Zook reflete o "impacto" do terremoto de um jeito muito mais direto que a velha escala Richter. Sem saber mais nada sobre o terremoto, se o seu trabalho fosse distribuir ajuda para as vítimas, os contornos da reação do Twitter seriam um guia muito melhor do que o tradicional modelo das ondas de choque em torno de um epicentro.*

Mesmo sendo transitórios individualmente, juntos os tuítes coletados podem capturar mais do que o efêmero. Uma demonstração no YouTube da força do DOLLY está na análise feita sobre o feriado holandês de Sint Maarten, espécie de Halloween germânico no qual as crianças cantam de porta em porta em troca de doces. Nos dados você vê pessoas celebrando não só nos principais centros populacionais do norte da Holanda, conforme esperado, como também na Bélgica

---

* Dois meses depois, Zook mediu outro tipo de convulsão: os Kentucky Wildcats venceram o campeonato universitário NCAA, levando os estudantes a beber e queimar tudo como os futuros líderes do mundo que certamente serão. Consequentemente, a hashtag #LexingtonPoliceScanner entrou nos assuntos do momento, surgindo, basicamente, neste tuíte do usuário @TKNoppe22: "É, temos um homem parcialmente nu no carregando um botijão de gás. #LexingtonPoliceScanner." Zook rastreou a hashtag para mostrar como besteiras aparentemente locais agora podem reverberar pelo mundo inteiro. A esquizofrenia entre o que é erudito e popular do Twitter não para de me surpreender. É o Chris Farley das tecnologias.

208   Dataclisma

Ocidental. Os tuítes reconectam a velha Holanda a Flandres, sua prima cultural. Assim, em uma visualização animada dos dados promovida pelo GPS, nós vemos a sombra dos Habsburgo.

Considerando a força do que já podemos ver por meio de softwares como o DOLLY, a falta de dados longitudinais é especialmente dolorosa. No *corpus* de pesquisa atual, o tempo geralmente parece um membro fantasma. O Twitter atualmente nos dá muito dessa promessa multidimensional: temos cada emoção, cada ponto no planeta, mas ainda temos apenas alguns anos de dados para trabalhar. Na Europa, onde a combinação entre geografia, cultura e linguagem é muito volátil ao longo dos séculos, imagine ser capaz de analisar a Alsácia-Lorena à medida que trocava de mãos (Alemanha, França, Alemanha, França) e cada governo impunha sua cultura ao povo como se a região fosse uma casa recebendo demãos de tinta. Ou imagine a bacia do Caribe no fim do século XV, sendo possível assistir primeiro aos soldados, depois, à religião e, por fim, ao idioma subjugando a terra, dos Aruaques aos astecas. O DOLLY foi feito para isto: ver a queda e o fim de uma cultura ao longo de décadas. Ele só precisa agora é das décadas propriamente ditas.*

O discernimento geocultural também pode ser encontrado em outras fontes e, embora na maioria delas você perca o imediatismo do Twitter, obtém um tipo diferente de profundidade. Quando os sites fazem perguntas diretamente aos usuários, temos uma oportunidade não só de refinar as fronteiras como de mostrar que elas não existem da maneira como foram concebidas.

A seguir estão milhões de respostas para a pergunta "Queimar a bandeira [dos Estados Unidos] deveria ser ilegal?" coletadas pelo OkCupid. Aqui o meu software de mapeamento não desenhou fronteiras políticas ou naturais, apenas organizou as crenças de acordo com latitude e longitude. Esta é verdadeiramente uma nação definida por seus princípios. Ou, como se pode ver, *duas* nações: Urbana e Rural. Dá até para ver onde uma invade a outra: as comunidades rurais no rio Hudson e na região vinícola do norte da Califórnia, construídas com o dinheiro da cidade grande, também têm opiniões de cidade grande.

---

* Percebo que outra conclusão é que as pessoas afetadas pelos eventos usam o Twitter, e isso no contexto da América pré-colombiana seria uma expectativa absurda. No entanto, como disse antes, o serviço é muito mais difundido e democrático do que a maioria das pessoas pensa, e se algo similar à conquista espanhola acontecesse hoje, você certamente veria a reverberação no Twitter.

mapa de respostas para "Queimar a bandeira deveria ser ilegal?"

• legal
• ilegal

Da mesma maneira, e confirmando a descoberta anterior feita pelo Google Trends sobre a homossexualidade ser universal, vemos que as buscas pelo mesmo sexo não têm fronteiras, estado ou país. A seguir está um gráfico mostrando os downloads de pornografia gay por endereço IP tirado da maior rede de torrents do mundo, o Pirate Bay. Este mapa também foi feito sem qualquer guia pré-desenhado e, comparado ao mapa do OkCupid anterior, seu tema é a solidariedade: de Edmonton e Calgary até Monterrey e Chihuahua, que são os locais onde as pessoas vivem.

Há tantas formas de se fazer mapas quanto fontes de dados. Aos poucos estamos saindo do papel e dando uma dimensão psicológica (como nos sentimos sobre a destruição da bandeira) aos nossos mapas, mas é possível fazer o caminho inverso: os dados podem ser as abstrações que nos trazem de volta à Terra. Vejamos a higiene, mais uma vez através do OkCupid. Esta é a frequência com a qual as pessoas dizem tomar banho:

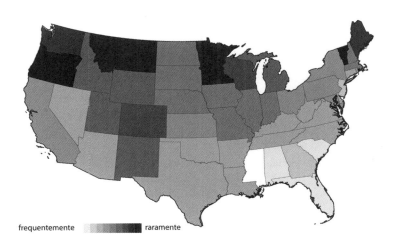

mapa de respostas à "Com que frequência você toma banho?"

Por outro lado, a tendência mais ampla apenas reflete o clima: as pessoas tomam mais banhos onde é quente. Além dos detalhes, contudo, há algumas boas histórias. Na limpeza de Jersey podemos ver a obsessão com ginástica/bronzeado/roupas limpas dos participantes do reality show Pauly D e The Situation: Jersey é muito mais meticuloso do que os estados ao redor. Em Vermont, encontramos a filosofia oposta: a falta de asseio é mais do que um estereótipo. Vermont é o estado que menos toma banho, no geral, e um número verdadeiramente discrepante, quando comparado aos vizinhos. De acordo com o Google, o animal símbolo do estado é o cavalo da raça Morgan. Deveria ser um cara branco com tranças afro.

A política, o clima, o Walmart e certamente os terremotos têm uma forte relação com o mundo físico, mas em alguns dos nossos dados é possível ver uma geografia exclusivamente interna. Vejamos a luxúria, que em tese não deveria ter estado. Mas aqui nós vemos que tem, e o resultado surpreende:

Saiba qual é o seu lugar 211

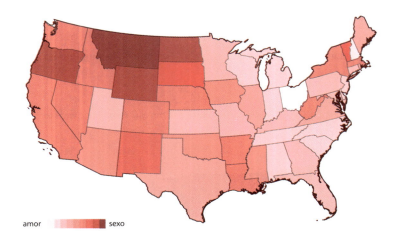

mapa de respostas para "O que é mais importante para você agora, sexo ou amor?"

Este padrão repete-se no OkCupid: o centro-norte e o oeste dos Estados Unidos são mais abertos sexualmente, aventureiros e agressivos. Subindo a costa do Pacífico você talvez esperasse essas atitudes pouco convencionais, mas muitos desses estados conservadores vão contra o clichê. Politicamente, os usuários do OkCupid nas Dakotas do Norte e do Sul, por exemplo, são tão conservadores quanto sua reputação. O texto do perfil deles não difere muito das outras pessoas. Segundo todos os outros indicadores, esses estados não deveriam estar escuros, mas os dados mostram uma misteriosa intensificação sexual. Esse padrão inesperado revela um poder maior nos dados da Internet: agora podemos descobrir comunidades que *transcendem* a geografia em vez de refleti-la.

Os dados anteriores *não* provam que a área do Fuso Horário das Montanhas Rochosas, a oeste de Greenwich, seja uma grande festa da pegação no altiplano. Na verdade, a explicação é bem simples: se você estiver procurando alguém para fazer sexo em um lugar como Pierre, Dakota do Sul, as opções locais serão limitadas. Então você recorre a um site de namoro para encontrar o que deseja. É a simples tendenciosidade da escolha dos nossos dados, mas, neste caso, há um significado: quando as pessoas não conseguem se satisfazer ao vivo, criam comunidades digitais alternativas. Em um site de namoro, isso significa comunidades com interesses sexuais semelhantes. Em outros sites com objetivos mais diversos, em que os usuários não vão apenas para flertar em grupos de dois (e ocasionalmente três), você obtém algo mais rico.

O Reddit consegue concretizar a ambição mais antiga da Internet: reunir pessoas distantes para conversar, debater, compartilhar, espalhar notícias e rir. Acabar com as fronteiras físicas e criar proximidade pessoal. É um dos sites mais populares da web,* e se intitula, com razão, "The Front Page of the Internet" (A Primeira Página da Internet): boa parte dos virais ridículos encontrados nos grandes sites agregadores surgiu lá. Há um vídeo entre os mais vistos no *Huffington Post* enquanto escrevo este texto intitulado (não é piada) "Este cervo pensa que ninguém o viu peidar, agora o mundo todo sabe". Posso garantir que o Reddit o viu peidar *primeiro*.

O estranho é que, apesar de toda essa influência, o Reddit na verdade não *faz* nada. Não tem aplicativos, jogos, nem perfis e o escritório deles em Nova York fica em um espaço compartilhado menor do que o meu quarto. O site em si é apenas uma lista crua de links enviados pelos usuários, que votam, comentam, comentam nos comentários, modificam e postam de novo, o dia inteiro, no que parece ser o maior grupo de amigos sentado no maior sofá do mundo. Poucos usuários do Reddit sabem os nomes uns dos outros, que dirá se conhecer ao vivo, mas a ligação entre eles não é menos forte por serem anônimos: uma mulher de 40 anos na região da Bay Area estava sozinha na véspera do Dia de Ação de Graças de 2011 e publicou isso. A postagem recebeu mais de quinhentos comentários em poucas horas (incluindo, claro, vários convites para o jantar no dia seguinte) e o post se espalhou de modo totalmente inesperado, conectando usuários em várias outras cidades.

O site organiza-se em milhares de subreddits temáticos, cada um deles criado e moderado pelos usuários e com seu dedicado conjunto de integrantes que postam e comentam. Ali as pessoas criam verdadeiras comunidades virtuais do nada, como *gaming* (jogos), *technology* (tecnologia), *music* (música), *nfl* (liga de futebol americano), além de uma série de assuntos que só se encontra no Reddit:

explainlikeimfive (explique como se eu tivesse 5 anos) — um post de exemplo: "No hinduísmo e no budismo, onde os mortos reencarnam, como eles explicam o crescimento populacional?"

iama — "repórter da IamA cobrindo o governador de Nova Jersey Chris Christie! AMA! [ask me anything]" (pergunte-me qualquer coisa)

---

* Em dezembro de 2011, ele tinha 101 milhões de visitantes únicos e 5 bilhões de páginas em seus servidores.

todayilearned (hoje eu aprendi) — "Hoje aprendi que a cidade de Boring (que também significa chato, em inglês), Oregon, se uniu à cidade de Dull (que também significa maçante, em inglês), Escócia, para promover o turismo nos dois lugares."

askreddit (pergunte ao Reddit) — "Ex-fumantes do Reddit, o que REALMENTE FUNCIONOU para que vocês conseguissem parar de fumar?"

whowouldwin (quem venceria) — "Super-Homem Prime contra o Super-Homem com a Manopla do Infinito."

Na página a seguir, mapeei os duzentos assuntos mais populares, algo que poderia ser adequadamente chamado de "Estados Unidos do Reddit". É uma geografia parecida com a divisão feita pelo Craigslist e composta por um algoritmo semelhante, mas, em vez da geografia física, ele desenha uma geografia de interesses, da psique coletiva do Reddit, e mostra comunidades distintas, porém conectadas. O tamanho de cada estado corresponde à popularidade do assunto, e o software colocou "similares com similares" por meio do cruzamento entre comentários dos subreddits.

Como fizemos anteriormente ao encontrar uma forma incomum de apresentar dados verbais, é preciso buscar alguns termos conhecidos para se ter uma ideia de como tudo se encaixa. Para mim, isso foi fácil. Meu jogo favorito, *Magic: the Gathering* (*magicTCG*) está corretamente cercado pelos seus amigos naturais e infelizes *MensRights* (Direitos do Homem), *whowouldwin* (quem venceria) e *mylittlepony* (meu pequeno pônei). Da mesma forma, muitos esportes (*nfl*, *nba*, *formula1* e por aí vai) são agrupados no fim. Tudo relacionado a *pokémon* está agrupado à esquerda. Já *Britishproblems* (problemas britânicos), no canto direito, fica perto de *australia* (Austrália) e *soccer* (futebol). Também faz sentido que os subreddits mais populares fiquem no centro, isto é, não muito longe de tudo. A cor vermelha corresponde ao nível de coesão de cada subreddit, mostrando o quanto as pessoas postam apenas lá. Quanto mais escuro é o vermelho, mais isolado o subreddit . Tudo isso é uma abstração, mas mostra como as pessoas podem se localizar pelo que acham interessante, engraçado ou importante, em vez de onde por acaso eles dormem. É um mapa bem particular de uma consciência coletiva.

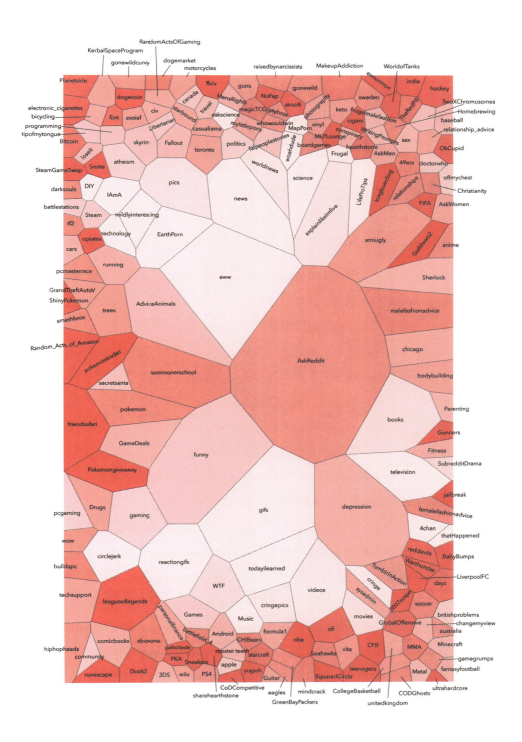

Saiba qual é o seu lugar

Legendas

2007scape (jogo)	LiverpoolFC (time de futebol britânico)
3DS (videogame Nintendo 3DS)	longboarding (surfe com pranchas longboard)
49ers (time de futebol americano)	loseit (perca peso)
4chan (site)	magicTCG (jogo)
AdviceAnimals (Conselhos Animais)	MakeupAddiction (Vício em Maquiagem)
Airsoft (jogo)	malefashionadvice (conselhos de moda masculina)
amiugly (Sou feio?)	MapPorn (Pornografia de Mapas)
Android (sistema operacional)	MensRights (Direitos dos Homens)
anime (animação japonesa)	Metal (estilo musical)
apple (Apple)	mildlyinteresting (levemente interessante)
AskMen (Pergunte aos Homens)	mindcrack (jogo)
AskReddit (Pergunte ao Reddit)	Minecraft (jogo)
askscience (pergunte à ciência)	MLPLounge (espaço para fãs do Meu Pequeno Pônei)
AskWomen (Pergunte às Mulheres)	MMA (esporte)
asoiaf (série de livros de George R. R. Martin, As crônicas de gelo e fogo)	motorcycles (motocicletas)
atheism (ateísmo)	movies (filmes)
australia (Austrália)	Music (música)
aww (exclamação que representa algo fofo)	mylittlepony (Meu Pequeno Pônei)
BabyBumps (Barrigas de Grávidas)	nba (liga de basquete americana)
baseball (beisebol)	news (notícias)
battlefield_4 (jogo)	nfl (liga de futebol americano)
battlestations (estações de batalha)	NoFap (sem masturbação)
bicycling (andar de bicicleta)	offmychest (desabafar)
Bitcoin (moeda virtual)	OkCupid (site de relacionamentos)
boardgames (jogos de tabuleiro)	opiates (opiáceos)
bodybuilding (fisiculturismo)	parenting (como criar filhos)
books (livros)	pathofexile (jogo)
britishproblems (problemas britânicos)	pcgaming (jogos para computador)
buildapc (monte um computador)	pcmasterrace (PCs são melhores para jogos)
canada (Canadá)	personalfinance (finanças pessoais)
cars (carros)	photography (fotografia)
casualiama (AMA [pergunte-me algo] casual)	pics (fotos)
CFB (futebol americano universitário)	PKA (podcast)
changemyview (mude a minha visão)	Planetside (jogo)
CHIBears (time de futebol americano Chicago Bears)	pokemon (Pokémon)
chicago (Chicago)	Pokemongiveaway (distribuição de Pokémons)
Christianity (cristianismo)	pokemontrades (troca de Pokémons)
cigars (charutos)	politics (política)
circlejerk (comunidade de humor)	programming (programação)
civ (civilização)	PS4 (videogame Playstation 4)
CODCompetitive (jogo)	raisedbynarcissists (criado por narcisistas)
CODGhosts (jogo)	Random_Acts_of_Amazon (Atos Aleatórios da Amazon)
CollegeBasketball (basquete universitário)	RandomActsofGaming (atos aleatórios no jogo)
comicbooks (quadrinhos)	reaction gifs (gifs de reação)
community (seriado)	Reddevils (torcedores de time de futebol inglês Manchester)
conspiracy (conspiração)	relationship_advice (conselhos de relacionamento)
cringe (vídeos constrangedores)	relationships (relacionamentos)
Cringepics (imagens constrangedoras)	roosterteeth (produtora)
darksouls (jogo)	runescape (jogo)
Dayz (jogo)	running (correr)

depression (depressão)	science (ciência)
DIY (faça você mesmo)	Seahawks (time de futebol americano)
doctorwho (seriado)	secretsanta (amigo oculto)
dogecoin (moeda virtual)	sex (sexo)
dogemarket (mercado do doge)	sharehearthstone (jogo)
DotA2 (jogo)	Sherlock (seriado britânico)
Drugs (Drogas)	ShinyPokemon (tipo de Pokémon)
eagles (time de futebol americano)	skyrim (jogo)
EarthPorn (pornografia da Terra)	smashbros (jogo)
electronic_cigarettes (cigarros eletrônicos)	Smite (jogo)
Eve (jogo)	Sneakers (Tênis)
exmormon (ex-mórmon)	soccer (futebol)
explainlikeimfive (explique como se eu tivesse 5 anos)	SquaredCircle (comunidade sobre luta-livre)
Fallout (jogo)	starbound (jogo)
fantasyfootball (futebol americano fantasia)	starcraft (jogo)
fatpeoplestories (histórias de gente gorda)	Steam (loja virtual de jogos)
femalefashionadvice (conselhos de moda feminina)	SteamGameSwap (troca de jogos na loja Steam)
ffxiv (jogo)	SubredditDrama (Subreddit do Drama)
FIFA (jogo)	summonerschool (jogo)
fitness (forma física)	sweden (Suécia)
formula1 (fórmula 1)	sysadmin (administrador do sistema)
friendsafari (jogo)	technology (tecnologia)
Frugal (frugal)	techsupport (suporte técnico)
frugalmalefashion (moda masculina frugal)	teenagers (adolescentes)
funny (engraçado)	television (televisão)
GameDeals (promoções de jogos)	tf2 (jogo)
gamegrumps (websérie)	thatHappened (isso aconteceu)
Games (jogos)	TheRedPill (A Pílula Vermelha)
gaming (jogos)	tipofmytongue (ponta da língua)
gaybros (amigos gays)	todayilearned (hoje eu aprendi)
gifs (imagens)	toronto (Toronto)
GlobalOffensive (jogo)	travel (viagem)
gonewild (loucuras)	trees (árvores)
gonewildcurvy (loucuras curvilíneas)	TumbrlnAction (Tumblr Em Ação)
GreenBayPackers (time de futebol americano)	TwoXChromosomes (Dois Cromossomos X)
Guildwars2 (jogo)	ultrahardcore (estilo musical)
guitar (guitarra)	unitedkingdom (Reino Unido)
Gunners (torcedores do time de futebol Arsenal)	vídeos (vídeos)
guns (armas)	vinyl (vinil)
Hearthstone (jogo)	vita (videogame Playstation Vita)
hiphopheads (fãs de hip-hop)	Warthunder (jogo)
hockey (hóquei)	whowouldwin (quem venceria)
Homebrewing (fazer cerveja em casa)	wiiu (videogame Wii U)
IAmA (Eu sou um. Pergunte-me qualquer coisa)	woahdude (que isso, cara)
india (Índia)	world news (notícias internacionais)
jailbreak (desbloquear ilegalmente aparelhos da Apple)	WorldofTanks (World of Tanks, jogo)
KerbalSpaceProgram (jogo)	wow (uau)
keto (dieta cetogênica)	WritingPrompts (convites para escrever)
legueoflegends (jogo League Of Legends)	WTF (Que Porra É Essa?)
Libertarian (libertário)	xboxone (videogame X Box One)
LifeProTips (Dicas Profissionais para a Vida)	yugioh (mangá e jogo)

Saiba qual é o seu lugar 217

Benedict Anderson é professor da Universidade Cornell e escreveu um livro que ficou intocado na minha mesa por muito tempo. Fazia parte da bibliografia de uma matéria na faculdade, mas não o li. Contudo, em todas as mudanças que fiz ao longo dos anos, o livro foi comigo, passageiro clandestino em todos os caminhões de mudança. Ele se chama *Comunidades imaginadas* e eu o abri há pouco tempo, porque finalmente pareceu útil. Os principais temas de Anderson são o nacionalismo e a construção de nações, e segundo ele uma nação "é imaginada porque mesmo os membros da mais minúscula das nações jamais conhecerão, encontrarão ou sequer ouvirão falar da maioria dos seus companheiros, embora todos tenham em mente a imagem viva da comunhão entre eles". Isso foi escrito em 1981, mas poderia estar falando da Internet. Não sei se o Reddit é uma nação, mas tem comunhão de sobra. E é interessante acompanhar outra comunidade puramente digital definindo a sua identidade. Anteriormente, vimos a velha propensão para a violência em conjunto direcionada a Safiyyah, Natasha e Justine no Twitter. Aqui, no Reddit, vemos algumas das melhores características de uma nação: pertencimento, compaixão, compartilhamento.

Moro no Brooklyn há 12 anos, e *Comunidades imaginadas* coletou um bocado do clima de Nova York na época em que decidi lê-lo, mas o primeiro lugar para onde o livro foi comigo foi o Texas. Logo após terminar o ensino médio, morei com alguns amigos, e um deles, Andrew Bujalski, que agora é cineasta, decidiu se mudar para Austin porque amava *Jovens, loucos e rebeldes* e *Mentiras & trapaças*. Ele estava fazendo uma peregrinação para encontrar Richard Linklater. Como o restante de nós não tinha plano algum, seguíamos os dele.

Claro que fazer as malas e se mudar assim é privilégio de quem tem 22 anos e nada melhor para fazer além de correr atrás do sonho alheio. Ouvimos falar que Austin era bacana, então fomos para lá. É um exemplo bobo, mas movimentos em grupo como esses, com base em pouco mais do que o boca a boca e a esperança de algo melhor, criaram o mundo como nós o conhecemos. A Grande Migração, com milhões de afro-americanos saindo das leis racistas do sul dos Estados Unidos para cidades como Detroit, Chicago e Nova York, no início do século XX, foi uma transformação cultural para o país e composta por milhares de decisões em pequena escala de fazer as malas e se mudar. O mesmo vale para a febre do ouro que atingiu a Califórnia e para boa parte da colonização europeia que trouxe o Velho Mundo a este continente. E imagino que também sirva para o bando de pessoas que atravessaram a ponte de gelo há 13 mil anos para formar a primeira nação deste solo. As comunidades mudam-se para encontrar um ambiente que as sustente e onde tenham segurança, além de encontrar um local físico que reflita o que sentem.

Recentemente, a equipe de cientistas de dados do Facebook deu uma olhada global nas mudanças modernas de grande escala: migrações coordenadas em que uma parte significativa da população de um lugar se mudou *em massa* para outro. As pessoas não se mudam mais em grupos assim nos Estados Unidos, mas em vários locais elas estão apenas começando esse processo. Os pesquisadores esboçaram os movimentos coordenados pelo mundo. Aqui, peguei uma pequena parte do mapa feito por eles do sudeste da Ásia. As linhas mostram pequenas cidades e vilarejos mudando de lugar, indo para os centros urbanos. É a imagem estática de uma região em constante mudança. Esta poderia muito bem ser a Inglaterra por volta de 1850 ou os Estados Unidos cinquenta anos depois.

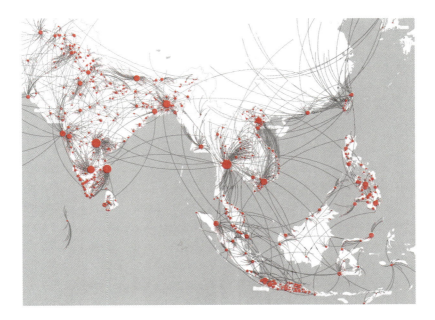

Em um sentido mais amplo, essas mudanças são muito provavelmente causadas pela economia, afinal, cidades como Chicago ou Bangcoc prometem empregos. Mas ao longo das linhas e dos pontos deste mapa estão os dados agregados: as migrações que eles refletem são pequenas, pessoais e, indubitavelmente, singulares para seus integrantes. Foi um pai ou mãe que tomou a decisão de fazer as malas e partir? Um amigo foi na frente? A quem essas pessoas se juntaram na nova cidade? Quem deixaram para trás na antiga? Elas levaram tudo? Deixaram tudo? E não consigo deixar de me perguntar: todo mundo tem um livro que os segue até ser lido? Se for o caso, qual é o livro dessas pessoas?

13.

Nossa marca pode ser a sua vida

O logotipo triangular da cerveja Bass Ale foi a primeira marca registrada no mundo que fala inglês, e hoje aquela antiguidade robusta constitui boa parte do apelo da cervejaria, que avisa no rótulo: "Primeira marca registrada da Inglaterra." O que eles não dizem, contudo, é que a Bass só foi a primeira porque um empregado da cervejaria, por acaso, foi o primeiro na fila do escritório de patentes na manhã que a Lei de Registro de Marcas da Grã-Bretanha entrou em vigor. Eles aproveitaram-se de um acidente burocrático e o transformaram em uma reputação que, julgando pelo que está nas garrafas hoje, supera em muito a qualidade atual do produto. A Bass é uma marca criada pelo ato do branding em si.

Várias marcas existiam antes da Bass, em quantidade suficiente para que o Reino Unido decidisse regulá-las. Além disso, os rótulos e a criação de imagens surgiram antes até da Revolução Industrial. As marcas eram originalmente queimadas na carne, difícil ficar mais primitivo que isso. Arqueólogos desencavaram óleos e vinhos com marcas em tumbas lacradas no deserto há 5 mil anos. Um rótulo encontrado no Egito trazia "O melhor óleo de Tjehnu" embaixo do emblema real e um pictograma de uma prensa de óleo dourada. Não muito diferente do lema "lúpulo e arroz cuidadosamente selecionados e a melhor cevada" embaixo do título "Rei das Cervejas" em uma lata de Budweiser. A criação de marcas provavelmente sempre será uma ciência da Era do Bronze, porque as emoções com as quais ela lida são eternas.

Mas, embora o propósito e o prestígio da associação possam ser conceitos atemporais, um novo território se abriu recentemente para as marcas: as pessoas. Em 1997, o palestrante motivacional e consultor de gerência Tom Peters publicou um artigo chamado "The Brand Called You" (A Marca Chamada Você) na revista *Fast Company* e assim teve início a era da marca pessoal.

O artigo (na verdade é mais um papo de vendedor) pede, primeiro, que os leitores determinem o "modelo características e benefícios" e, depois, vendê-lo incansavelmente para os empresários, colegas e o mundo em geral... e além! Essas são, literalmente, as últimas palavras do artigo, que destacam toda aquela baboseira ("Pare e pergunte-se... Você gostaria de se tornar famoso pelo quê? Isso mesmo: famoso!", e "Você é um líder. Porque está liderando Você!") que o pior da escrita de negócios tem a oferecer. Lendo isso você imagina o Sr. Peters todo agitado

Nossa marca pode ser a sua vida   223

e andando de um lado para outro como um leão enjaulado. Enjaulado por aquele maldito paradigma que está prestes a explodir diante dos seus olhos com verdades bombásticas, conhecimento e pontos de exclamação. Ele mostra o tipo de crença que outras pessoas canalizam para rasgar listas telefônicas ao meio para o amigão J. C. O texto no fim do artigo diz: "Tom Peters é a marca líder do mundo quando se trata de escrever, falar ou pensar sobre a nova economia." Àquela altura, ele era não só o líder como a *única* pessoa a se chamar de marca. Portanto, o porta-voz da "nova economia" inspira-se no manual vitoriano da Bass. E por que não? Finja até dar certo. O artigo lançou a ideia da marca pessoal como caminho direto para o sucesso e ainda é discutido em aulas de marketing até hoje.

Alguns anos depois, um homem chamado Peter Montoya expandiu a ideia de Peters em um segundo manifesto influente chamado *The Brand Called You* (A marca chamada você). Sim, é o mesmo título do manifesto original e não, ele e o Sr. Peters não trabalhavam juntos. Na verdade, os dois eram rivais nesse negócio de ser o guru das marcas. Misturando o aço frio da falta de noção ao latão, está o talento bem vago de vendedores em todos os lugares, e o Sr. Montoya deve ser o mestre dos magos nesse aspecto. *The Brand Called You* (a versão dele) é basicamente um grande esboço. Este é o primeiro item, que aparece na página 2:

1. Você é diferente. Diferenciação, a capacidade de ser visto como novo e original, é o aspecto mais importante da Marca Pessoal.

Naturalmente, *The Brand Called You*, o remake, foi um best-seller, e Montoya, exatamente como Peters, tem uma próspera carreira de palestrante até hoje. Mas se o discurso de ser "a própria marca pessoal" não tivesse saído das salas de convenção e salões de hotel e apenas tivesse sido absorvido pelo carpete sujo do *zeitgest*, junto com o café frio e os muffins, eu não estaria escrevendo sobre ele. A ideia ganhou força e agora, sempre que há uma gafe pública ou alguma figura nacional cai em desgraça, a primeira pergunta é: como isso afetará a marca dessa pessoa? Peters e Montoya eram inovadores, e eu digo isso de todo o coração. Algumas das pessoas mais inteligentes e merecidamente bem-sucedidas que conheço dizem as palavras "minha marca" sem ironia. É possível ver o nascimento dessa ideia e sua consequente ascensão pelas menções em publicações via Google Books:

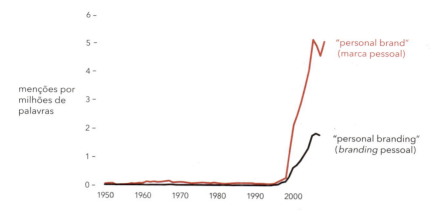

Claro que os princípios da marca pessoal não são novos. Nem Montoya nem Peters* são tão diferentes de Dale Carnegie, que criou uma nova marca para si. Batizado como "Dale Carnagey", ele pegou emprestado o sobrenome do magnata do aço Andrew e, como esses homens modernos, reduziu o caráter a uma lista de itens, e via a influência como chave para o sucesso acima de tudo. Os objetivos da marca pessoal são os mesmos que você encontraria em um seminário sobre empoderamento ou nos sermões do evangelho da prosperidade de qualquer década. No fim, é sempre uma questão de riqueza e poder.

A novidade é o fato de a "marca pessoal" pedir que você realize esses objetivos tratando a si mesmo como *produto* em vez de ser humano. Mais uma vez, Peters:

> *A partir de hoje, você é uma marca. Você é uma marca tanto quanto Nike, Coca-Cola, Pepsi ou Body Shop. Para começar a pensar como o gerente da sua marca favorita, faça a si mesmo as mesmas perguntas que os gerentes de marca dessas fazem a si mesmos: o que o meu produto ou serviço tem de diferente?*

Esse é o conceito principal da marca pessoal, e como aconteceu com o cristianismo + prensa móvel ou o futebol americano profissional + televisão, a ideia encontrou nas mídias sociais a tecnologia perfeita para se globalizar. Não explicarei novamente as formas pelas quais sites como Facebook, Twitter e Instagram dão ao usuário o poder de se projetar para o mundo, mas destacarei que há até pouco

---

* O mantra *dele*, por sinal, é "destaque-se ou seja extinto".

tempo apenas grandes empresas com orçamentos idem podiam fazer sua mensagem ser ouvida e amada por estranhos do outro lado do mundo. Agora eu posso fazer isso, bem como você e todo mundo. O mais difícil é fazer com que alguém ouça.

A forma mais direta consiste apenas em ser divertido, envolvente, engraçado. Mas há um motivo pelo qual os comediantes que realmente fazem as pessoas rirem são muito raros. Não é fácil. É mais provável que o amador procurando criar uma multidão de seguidores, sendo espirituoso ou provocador no Twitter, acabe virando a próxima Justine Sacco do que o próximo Justin Halpern (@ShitMyDadSays), com seus 3 milhões de seguidores e contrato para escrever um livro. Para cada garota que tuíta e consegue entrar em uma faculdade ou em um trabalho bacana na *New Yorker*, como as pessoas vêm fazendo, deve haver dúzias que tuitam e acabam na sala do diretor ou, mais provavelmente, esbarram em um muro de silêncio envergonhado.

É possível ver um pouco do que é necessário para criar uma multidão de seguidores usando o nosso algoritmo de análise de textos. Estas são as palavras típicas para os níveis de seguidores que chamo de "amadores" e "profissionais em expansão":

palavras mais tipicamente usadas por...

pessoas com menos de cem seguidores	pessoas com mais de mil seguidores
#thehungergames (#jogosvorazes)	partnering (parceria)
#upset (#chateado)	#heyboo (meme)
#worthit (#valeapena)	vamping (improvisando)
#whyme (#porqueeu)	optimizing (otimizando)
roethlisberger (jogador de futebol)	*sourcing* (termo de logística)
workaholics (viciados em trabalho)	marketer (comerciante)
#wordsofwisdom (#palavrasdesabedoria)	tweetup (encontro de usuários do Twitter)
#hurryup (#corra)	visibility (visibilidade)
#depressed (#deprimido)	monetize (monetizar)
#wishmeluck (#desejemesorte)	industry's (da indústria)
#getonmylevel (#entrenomeunivel)	optimize (otimizar)
#studying (#estudando)	brownskin (pele marrom)
#idiots (#idiotas)	merchants (comerciantes)
cincy (Cincinatti)	influencers (pessoas que influenciam)
#collegeproblems (#problemasuniversitarios)	robust (robusto)

226   Dataclisma

pessoas com menos de cem seguidores	pessoas com mais de mil seguidores
#sunny (#ensolarado)	yeen (contração de "you ain't", "você não vai")
#notokay (#naotobem)	guwop (rapper)
#finalsweek (#semanadeprovas)	talmbout (corruptela de "talking about", "falando de")
#tebow (jogador de futebol)	innovators (inovadores)
#silly (#besteira)	partnered (parceria)
#impatient (#impaciente)	bezos (Jeff Bezos)
#leavemealone (#medeixaempaz)	infographics (infográfico)
#holyshit (#putamerda)	livest (gíria pra "agitado")
#suckstosuck (#quebosta)	strategist (estrategista)
pujols (jogador de beisebol)	entrepreneurial (de empreendedores)
#saveme (#salveme)	slideshare (site)
#yeahbuddy (#issoaicara)	yass (corruptela de "your ass", "sua bunda")
pattys (nome próprio, pequena torta ou referência à St. Patrick)	amplify (amplificar)
#girlproblems (#problemasdemenina)	goodmorning (bom dia)
#killme (#memate)	creatives (criativos)

À esquerda você vê o tipo de preocupação simples e efêmera que se esperaria das pessoas no Twitter. À direita, praticamente só mostra o jargão corporativo: se você tem muitos seguidores, é mais provável que fale como uma corporação. Mas algumas palavras da direita não são tipicamente profissionais #heyboo, talmbout (uma contração de "talking about", falando de), yeen ("you ain't", você não vai), yass ("your ass", sua bunda) e outros. Esses indivíduos usam Twitter exatamente como o pessoal da esquerda: para falar bobagem, reclamar e superar os competidores, mas eles o fazem em maior escala, para milhares de seguidores. Os usuários por trás dessas palavras são negros, e a presença desses termos no lado direito da lista é uma prova de que os afro-americanos tendem a usar o serviço de forma diferente. (Enfatizo o *tendem* porque nenhum grupo é um monolito.) Os observadores chamam esse fenômeno de Black Twitter (Twitter Negro), descrito por Farhad Manjoo na *Slate*:

Pessoas negras, especialmente os jovens, parecem utilizar o Twitter de modo diferente de todos os outros usuários do serviço. Formam grupos mais fechados na rede, têm maior disposição para seguir uns aos outros e se retuitam mutuamente

Nossa marca pode ser a sua vida

com mais frequência. Além disso, mais posts deles são direcionados a outros usuários. É este comportamento, intencional ou não, que dá às pessoas negras, e particularmente aos adolescentes, os meios para dominar a conversa no Twitter.

Por "dominar" ele se refere ao fato de que, no início do Twitter, houve muita confusão por parte dos usuários quando hashtags como #uainthittinitright (#vocenaotafazendoissocerto) e #ifsantawasblack (#sepapainoelfossenegro) chegaram à lista de assuntos do momento, juntamente com o mais novo pensamento profundo do Ryan Seacrest ou artifício de marketing do Old Spice (assim como o #heyboo pode parecer confuso perto do "monetizar" na lista anterior). A maioria dos usuários no Twitter segue algum tipo de instituição (celebridades, jornalistas, produtos), e essas instituições não os seguem de volta. A cultura predominante do site é organizada em torno da comunicação de um para muitos, na verdade em torno da marca, mas os usuários negros tendem a se concentrar no uso pessoal e são altamente recíprocos, daí a alta contagem de seguidores e a maior capacidade de transformar memes em sucesso.

Qualquer um que espere construir a marca no site com sucesso (isto é, virando a pessoa a quem muitos seguem) deve perceber que o Twitter é, basicamente, o mundo do Um Por Cento. Sua característica mais preciosa, os seguidores, é distribuída de modo mais desigual que a riqueza. Na minha amostra, 1% das contas tem 72% dos seguidores. O 0,1% no topo tem pouco mais da metade. É muito, muito mais difícil chegar a 1 milhão de seguidores no Twitter do que fazer 1 milhão de dólares. Em 2011, 300.890 pessoas declararam mais de 1 milhão de dólares à Receita Federal norte-americana. Agora existem 2.643 contas no Twitter com 1 milhão de seguidores em todo o mundo. Talvez metade esteja nos Estados Unidos. Ser norte-americano com 1 milhão de seguidores no Twitter é quase como ser um bilionário.*

Obviamente, isso supõe que os seguidores sejam reais. Comprei alguns para uma das minhas contas para ver como isso funciona. Em um site como o TwitterWind você pode escolher um número em um menu (escolhi mil), pagar (17 dólares) e um ou dois dias depois, conseguir vários novos amigos inúteis. Os seguidores de aluguel não fazem nada além de existir e mesmo assim quase todos com um grande número de seguidores no Twitter provavelmente compraram alguns, especialmente

---

* A lista de bilionários da revista *Forbes* de 2014 é composta por 1.645 nomes.

as pessoas para quem parecer popular é praticamente um trabalho, como celebridades e políticos. Quando a indicação da candidatura republicana ainda estava em aberto, Newt Gingrich se gabou: "Tenho seis vezes mais seguidores no Twitter do que todos os outros candidatos juntos." O único problema é que ele tinha comprado quase 90% deles.* Mitt Rommey (quase certamente) fez o mesmo: ganhou 20 mil seguidores em questão de minutos um dia em julho, cerca de duzentas vezes mais do que estava obtendo imediatamente antes e imediatamente depois. Por favor, observe dois pontos importantes: primeiro, uma pessoa pode comprar seguidores para outra, então isso pode muito bem ser sabotagem de um Nixon do século XXI. Certamente, seria uma boa forma de fazer Mitt parecer um idiota. E, dois, tenho certeza de que Obama e muitos, mas muitos democratas compraram seguidores. Tentativas covardes de derrotar o sistema são comuns aos dois partidos. Elas só não costumam ser tão fáceis de flagrar quanto esta:

Dá para entender por que eles fazem isso. Quanto mais popular alguém *parece* ser, mais popular ele fica. É o mais perto que se pode chegar de comprar votos, pelo menos até a Suprema Corte legalizar isso em 2018.

---

* Um dos integrantes da equipe de Newt disse ao *Gawker*: "Cerca de 80% dessas contas estão inativas ou são contas falsas criadas por várias 'agências de seguidores', outros 10% são pessoas de verdade que faziam parte de uma rede de indivíduos que segue outros de volta e estão pagando por seguidores (o perfil do Newt apenas faz parte de uma dessas redes, porque ele as usa, embora não siga ninguém de volta) e os 10% restantes podem realmente ser pessoas reais que por acaso gostam de Newt Gingrich."

Os usuários comuns do Twitter não estão menos suscetíveis à tentação dos amigos fáceis, mesmo sem ter o orçamento de Obama ou Romney. Duas das cinco hashtags mais comuns no meu conjunto de dados aleatórios do Twitter (ocupando o primeiro e quinto lugares, respectivamente) são #ff e #teamfollowback (#timeseguedevolta). O primeiro significa "Follow Friday" (seguir na sexta-feira), que era uma antiga tradição no Twitter: nas sextas-feiras você tuitava as pessoas de quem gostava para que fossem seguidas pelos seus seguidores. Agora é apenas um atalho geral (em qualquer dia) para dizer "ei, sigam estas contas" e comumente anunciado aos quatro ventos pelos usuários que estão apenas tentando gerar números. O segundo, #teamfollowback, é a hashtag/apelido da conta do Twitter que basicamente faz de graça o que os políticos pagam para ter. A ideia é seguir o TeamFollowBack e, como consequência, os *outros* seguidores da conta seguem você. Você, então, *os* segue de volta, e os números de todos aumentam. É a velha ideia de "web ring", a forma encontrada pelos sites para se associarem e garantir tráfego antes do Google. Também se parece com a não menos velha ideia da câmara de eco. Confira a descrição da página do TeamFollowBack:

Ajudaremos você a obter seguidores que seguem de volta! O ORIGONAL [sic] & MELHOR - Promova NOSSAS hashtags
#WILLFOLLOWBACK (#VOUSEGUIRDEVOLTA)
#TEAMFOLLOWBACK (#TIMESEGUEDEVOLTA)

Isso é que o eu-como-marca pode gerar: uma caçada a métricas vazias. Quando tuito, sei que estou tão interessado em quem compartilha e com que rapidez quanto no que estava originalmente tentando comunicar. As poucas vezes em que publiquei algo no Facebook, fiquei sentado lá recarregando a página para receber os novos comentários como se nunca tivesse estado na Internet. Jenna Wortham, do *Times*, descreve bem essa mentalidade: "Nós, os usuários, os produtores, os consumidores: com toda a nossa energia maníaca, ansiando para ser notados e reconhecidos por dar importante contribuição à conversa, somos o problema. Isso é movido pela nossa necessidade crescente de atenção e validação por curtidas, favoritos, respostas, interações. É um loop de feedback que não pode ser fechado, pelo menos não por enquanto." Posso dizer isso por experiência própria: as empresas criam seus produtos para manter esse loop aberto. O OkCupid mostra pequenas contagens de suas mensagens, visitantes e possibilidades. Sabemos que esses números mantêm os usuários interessados, especialmente quando sobem. Sem esses pequenos momentos de empolgação, uma página ou aplicativo parecem mortos e as pessoas os abandonam. O termo geral para isso é "engajamento do usuário": quantas pessoas verificam o site a cada semana, dia, hora. É basicamente a rapidez com que os usuários correm dentro da roda de hamster que configuramos para eles, e uma das medidas com que as pessoas mais ficam obcecadas no mercado. Os sites mostram contagens, totais e badges, pois sabem que você voltará só para vê-los aumentarem. Depois eles podem colocar a melhora no engajamento em um slide para impressionar os investidores.

Esse é o lance: uma coisa é você se reduzir a um número, mas quando outra pessoa reduz você, parece feio. O Klout é uma das principais firmas de análise pessoal: ele olha todas as suas contas em mídias sociais e, por meio de uma pequena magia negra, de propriedade dele, oferece uma medição total da sua influência on-line, de zero a cem. Você vai se lembrar do Montoya (e Carnegie): a marca pessoal é uma questão de influência, e o Klout o ajuda a descobrir como está indo. No momento, minha pontuação no Klout é um relativamente patético 34. O TeamFollowBack tem sessenta, o que me faz querer rir. Ou chorar, não sei. Por um lado, essas pessoas receberam o equivalente a uma nota D no único motivo pelo qual existem. Por outro lado, a pontuação deles é maior que a de todos os meus conhecidos.

Em 2012, o gigante da computação em nuvem Salesforce.com publicou uma vaga de emprego pedindo uma pontuação no Klout de pelo menos 35 como "habilidade desejada". Não era uma exigência, mas como eles deixaram lá, junto com os atributos óbvios como "capacidade de trabalhar... em equipe", presumo que a pontuação era uma parte crucial do trabalho. A especialidade do Salesforce é a quantificação (eles ajudam empresas a vender através de dados*), então, não surpreende que eles contratem com base no mesmo método quantificado. Mas mesmo que números como avaliações de crédito tenham sido uma parte odiosa do processo de seleção por algum tempo, ver uma pontuação do Klout em uma vaga de emprego deixou muita gente furiosa.

O artigo do *BetaBeat*, "Want to Work at Salesforce? Better Have a Klout Score of 35 or Higher" ("Quer trabalhar no Salesforce? Melhor ter uma pontuação Klout

---

* Como prova de boa-fé analítica, eles até são donos do data.com

de 35 ou mais") resumiu perfeitamente a reação geral com o subtítulo de uma palavra: "Argh!" Porém, a verdadeira preocupação de que em breve todos nós seremos reduzidos a números merece uma discussão mais longa. O Salesforce era e é um lançador de tendências no mundo do marketing on-line. Eles foram a "Empresa mais Inovadora da América" segundo a revista *Forbes* no mesmo ano em que publicaram aquela vaga. Também contratam centenas de pessoas por ano, e o mais importante: quando inovadores ganhadores de prêmios fazem algo novo, outras empresas copiam. Se o Salesforce está pedindo pontuação do Klout, logo todos pedirão a mesma coisa. As pessoas não querem ser reduzidas a um número de dois dígitos confeccionado por uma empresa que, mesmo no mundo vaporoso das startups de mídias sociais, parece meio picareta.

Mas como o Klout usa muitas das mesmas ferramentas redutoras que eu utilizo para obter dados, como fico nessa história? E como fica este livro ao qual nós dois dedicamos tanto tempo? Bom, a resposta curta é: no mesmo lugar que o Klout e o Salesforce. É impossível escapar dessa redução. Algoritmos são grosseiros. Computadores são máquinas. A ciência dos dados está tentando interpretar digitalmente um mundo analógico. Trata-se de um subproduto da natureza física básica do microchip: um chip é apenas uma sequência de pequenas portas. Não do jeito que a Internet é "uma série de tubos", e sim de modo literal. As portas abrem e fecham para deixar os elétrons passarem, e quando uma delas quer saber em qual estado ficar, é tudo ou nada: como qualquer porta, um circuito está aberto ou fechado, não há nuances nem dúvidas. Essa realidade microscópica propaga um absolutismo por toda a empreitada até o nível mais alto, onde temos as definições, os tipos de dados e as classes essenciais a linguagens de programação como C e JavaScript.

Assim, a informação é reduzida por necessidade, mas fundamentalmente as objeções ao requisito de pontuação no Klout diziam respeito às pessoas serem reduzidas a dígitos, não só as informações delas. E é neste ponto que o *Dataclisma* diverge da vaga de emprego do Salesforce e de todo o modelo de negócio do Klout.

Por mais números que existam neste livro, eles não foram feitos para substituir uma pessoa. Um número jamais poderia fazê-lo. Essa é uma verdade resumida pela história apócrifa de que Einstein teria sido reprovado em matemática no ensino médio. Não foi. Mas poderia ter sido e, se realmente tivesse, quem se importa? Se ele tivesse tirado 35 em Álgebra II, e daí? Deixou de ser inteligente por isso? Nenhum número, teste ou medida individual, nem QI, nem altura e certamente não uma pontuação Klout, contagem de amigos ou porcentagem de respostas no OkCupid define uma pessoa por inteiro, e é exatamente por isso que usuários individuais não aparecem neste livro. Mas, agregando um monte dessas pequenas e inadequadas partes de nós, obtemos algo grande. A lei dos grandes números é uma ideia da qual falamos algumas vezes, mas quero defini-la explicitamente: a verdade total dos dados revela-se apenas com uma grande amostra. Imagine um dado misterioso no qual você não pode contar os lados, mas pode jogá-lo e ver o que sai. Jogando uma vez, você poderá obter qualquer número e não aprende nada. Jogando algumas vezes, você obtém a distribuição, pode obter a média, e isso define o dado na hora. Só podemos conhecer a forma por meio da agregação.

Além disso, a redução e a repetição são fundamentais para a longa história da ciência. Não apenas da ciência dos dados e da ciência da computação, mas da ciência com C maiúsculo, a empreitada humana eterna. Experimentos são criados reduzindo um processo a uma faceta única e gerenciável. O método científico precisa de um controle, e não se pode obtê-lo sem cortar a complexidade até encontrar o núcleo básico e dizer: isto, *isto* é o que importa. Apenas depois de simplificar a pergunta podemos testá-la repetidamente. Seja em uma bancada de laboratório ou laptop, a maioria do conhecimento que temos foi adquirida assim, por redução.

Então, aqui nós reduzimos a humanidade a números em vez de, digamos, anedotas. Na minha cabeça, e isso não se baseia em nada do Malcolm Gladwell, vejo este livro como o oposto do *Fora de série: Outliers*. Em vez dos desvios das profundezas distantes dos dados, os isolados, as exceções, os singulares, os Einsteins para quem você precisa da história toda para funcionar, estou me baseando no todo não diferenciado. Nós nos concentramos nos agrupamentos densos, nos centros de massa, nos dados duplicados várias vezes pela repetição e pela semelhança da nossa experiência humana. É a ciência como pontilhismo. Esses pontos podem ser uma parte fracionária de você, mas o todo somos nós.

Agregação e redução também nos possibilita lidar com tendências amplas, o fluxo suave que pode não ter os altos e baixos das narrativas heroicas de sempre, mas que se torna ainda melhor justamente por isso. O fato de Paul McCartney e John Lennon terem ensaiado rock por 10 mil horas e depois virado os Beatles diz algo sobre o valor do ensaio e da persistência, mas o número em si não significa nada. Eu mesmo passei o mesmo tempo tocando guitarra, como tantos outros cuja música você nunca ouvirá. Seja lá o que fez com que Lennon e McCartney transformassem a prática em genialidade, é algo exclusivo deles. Por outro lado, cada número neste livro tem muitas centenas, às vezes milhares de pessoas por trás dele, nenhuma delas famosa. Eis o núcleo disso: a frase "um em 1 milhão" está no cerne de várias obras de arte maravilhosas. Isso sugere que aquela pessoa é tão especial, talentosa e *incrível* que é praticamente única, e esta mesma raridade faz com que ela seja importante. Mas na matemática e nos dados e, consequentemente, neste livro, a frase significa exatamente o oposto 1/1.000.000 é um erro de arredondamento.

Mas se é preciso simplificar para entender grandes conjuntos de dados, eu me preocupo com um tipo diferente de reducionismo: as pessoas virando não exatamente um número, mas um id de usuário desumanizado, alimentando o triturador de um algoritmo de marketing: sendo grãos para a marca de outra pessoa. Os dados tiram boa parte do trabalho de adivinhação das vendas. Trata-se de uma rara lenda urbana que se revelou verdadeira, mas a Target realmente soube que uma cliente estava grávida antes de ela contar a alguém, apenas analisando as compras. O problema é que ela era adolescente e a empresa passou a mandar anúncios relacionados à maternidade para a casa do pai dela.

De certa maneira, esse tipo de invasão corporativa é melhor do que as marcas tentando "se identificar" com seus consumidores. No verão passado, uma campanha de marketing da Jell-O cooptou (sequestrou?) a hashtag #fml, que na Internet significa "fuck my life" (que merda de vida, em tradução livre). A equipe de mídias sociais da empresa começou a responder aos tuítes que continham a tag com uma oferta não solicitada de "divertir" a vida da pessoa com cupons. Assim, pessoas à beira da morte recebiam um alegre desconto dado por uma gelatina, como neste caso:

Pyrrhus Nelson @suhrryp 🐦
Vendo minha conta bancária esvaziar no consultório médico #fml

JELL-O @JELLO 🐦
@suhrryp Fun My Life? (Diversão na minha vida?) Claro que sim. Na verdade, adoraríamos lhe ajudar com isso. prmtns.co/dkTw exp. 48h

Esse tipo de interferência indesejada torna-se fácil demais nas mídias sociais porque tudo é muito quantificado. As hashtags pulam direto para a tela do gerente de marca e ele digita os descontos. Pelo menos a mesma tecnologia que lhes permite invadir a nossa vida também possibilita o contra-ataque. Há alguns anos, o McDonald's mandou alguns tuítes, histórias agradáveis sobre seus fornecedores com a tag #McDStories (#McDHistórias) e aconteceu o oposto do caso #fml. Esta foi apenas uma das várias respostas recebidas por eles.

MUZZAFUZZA @MuzzaFuzza 🐦
Não vou ao McDonald's há anos porque prefeririria comer a minha própria diarreia. #McDStories

O McDonald's pagou para promover a hashtag e tirou a campanha do ar em poucas horas, quando saiu do controle, o que aconteceu bem rápido. Uma semana depois a #McDStories adaptada ainda estava firme e forte. Os estrategistas de mídias sociais deveriam ter imaginado: alguns meses antes, a rede de fast-food Wendy's tinha tentado promover #HeresTheBeef (#AquiEstaACarne), e o slogan foi tirado totalmente do contexto desejado. As pessoas o usaram para reclamar sobre o que não gostavam (em inglês, a expressão "have a beef with" tem este significado), ignorando a marca:

Remi Mitchison @RemiBee 🐦
#HeresTheBeef quando uma garota vê outra com uma vida melhor e tem mais que a ela... então ela quer chegar lá e #GetThatAssBeatUp (#EncherElaDePorrada)

Jeremy Baumhower @jeremytheproduc 🐦
#HeresTheBeef Os laboratórios farmacêuticos já curaram o HIV e o câncer, mas é muito mais lucrativo fazer com que as pessoas sobrevivam dependendo de remédios.

Mais recentemente, a Mountain Dew fez um concurso "Dub the Dew" (Batize o Dew) tentando entrar na onda do "crowdsourcing", criando um nome bacana para um novo refrigerante. Se tudo desse certo e as métricas mostrassem força suficiente para serem compradas pelos influenciadores certos, a empresa conseguiria alguns embaixadores da marca na blogosfera. Contudo, o Reddit e o 4chan tomaram conta da campanha e "Hitler não fez nada errado" liderou a votação por um bom tempo, até que, na última hora, "Diabeetus" (trocadilho com diabetes) ganhou e a voz do povo foi ouvida: *Você escolha o seu nome, filho da puta.*

A Internet pode ser um lugar doente, mas às vezes se redime justamente por esse potencial para o inesperado e até o insano. Não consigo imaginar nada pior para Você! A Marca! do que ter Hitler no topo da sua votação. Além do mais, foi uma tremenda perda de tempo, pois obviamente a Mountain Dew não colocaria uma palavra pouco elogiosa em suas marcas preciosas e distintas. Eu me sinto reconfortado por essa bobeira, pela frivolidade e até pela estupidez. Trollar um refrigerante é algo que nenhuma fórmula poderia prever. Não é a melhor prática da indústria. Serve também como prova: por maior que seja a invasão corporativa aos nossos feeds de notícias, fotos, murais e até (como alguns gostariam) a nossa alma, uma pequena parte de nós sempre estará fora de alcance. É disso que sempre desejo me lembrar: os números não negarão nossa humanidade, e sim a decisão calculada de parar de ser humano.

14.
Migalhas de pão

O Facebook lançou o botão "Curtir" em 2009, mudando a forma pela qual as pessoas compartilhavam conteúdo. A ideia não era nova: sites antes populares e agora esquecidos como digg.com e del.icio.us já deixavam as pessoas "curtirem" artigos há anos, mas nessas empresas a estrela era o conteúdo. O Facebook faz curadoria em uma rede social já forte e facilitou as coisas para os criadores de conteúdo, tornando possível que qualquer pessoa associe o marcante ícone de polegar para cima ao seu trabalho. Eles criam uma nova micromoeda universal. Eu posso não *pagar* pelo que você escreve, pela sua música ou sabe-se lá o quê, mas lhe darei um pequeno incentivo e compartilharei o seu trabalho com meus amigos. Em maio de 2013, o Facebook registrava 4,5 bilhões de curtidas *por dia* e em setembro daquele ano informaram que o número chegou a 1,13 trilhão de curtidas em todos os tempos.

Os já citados alunos do MIT desenvolveram o gaydar no mesmo ano em que surgiu o botão curtir. O algoritmo deles era muito bom para adivinhar a sexualidade de um homem, mas funcionava de forma bem óbvia: certamente, não chega a ser um segredo que a probabilidade de homens gays terem amigos gays do sexo masculino é bastante alta. A inovação do gaydar estava em usar os dados de micronível para fazer algo que as pessoas fazem em menor escala o tempo todo. Desde então, o poder do software de previsão avançou rapidamente. Quanto mais dados ficam disponíveis, mais inteligentes e rápidos tornam-se esses programas. Em 2012, um grupo do Reino Unido descobriu que a partir das curtidas de uma pessoa era possível descobrir as seguintes informações sobre ela, com os respectivos graus de precisão:

saber se alguém é...

gay ou heterossexual	88%
lésbica ou heterossexual	75%
caucasiano(a) ou afro-americano(a)	95%
homem ou mulher	93%
democrata ou republicano(a)	85%
usuário(a) de drogas	65%
filho(a) de pais que se divorciaram antes de o(a) usuário(a) completar 21 anos	60%

Mais uma vez, isso não foi obtido por meio das atualizações de status, comentários, compartilhamentos ou textos digitados pelos usuários, apenas pelas curtidas. Você sabe que a ciência está entrando em território inexplorado quando alguém pode ouvir os seus pais brigando nos cliques de um mouse. O padrão de "curtidas" de uma pessoa serve até para atestar a inteligência: este modelo consegue prever de modo confiável a pontuação de alguém em um teste de QI padrão (administrado à parte) sem que a pessoa responda a uma pergunta direta sequer.

Essas informações foram computadas em três anos de dados obtidos das pessoas que entraram no Facebook após viverem décadas na Terra sem ele. O que será possível quando alguém estiver usando esses serviços desde criança? Este é o lado sombrio dos dados longitudinais que costumam me empolgar. Testes como os de Myers-Briggs e Stanford-Binet vêm sendo usados há muito tempo por empregadores, escolas e militares. Você senta lá, faz o seu melhor e eles o classificam. Na maior parte das vezes você consentiu isso, mas é cada vez mais comum que você faça testes como esses sem perceber. E os resultados estão lá para todos lerem e julgarem. Uma coisa é saber que a pontuação Klout de alguém é 51 antes de uma entrevista de emprego. Outra totalmente diferente é saber o QI dele.

Se empregadores começarem a usar algoritmos para inferir sua inteligência ou se você usa drogas, sua única escolha será jogar de acordo com o sistema ou, pegando emprestada a frase do capítulo anterior, "gerenciar sua marca". Para derrotar a máquina, você deve agir como uma, o que indica que você já perdeu para a máquina. E tudo isso supondo que seja possível adivinhar o que é preciso fazer. Aparentemente, uma das correlações mais fortes com a inteligência na pesquisa era gostar de "batatas fritas curvas". Quem poderia prever isso?

Mas, embora o Facebook saiba muito a seu respeito, ele se parece mais com um "colega de trabalho": por mais que vocês passem muito tempo juntos, há limites claros nesse relacionamento. O Facebook só sabe o que você faz no Facebook. Há muitos lugares com alcance muito maior. Se você tem um iPhone, a Apple pode ter seus contatos, agenda, fotos, mensagens, todas as músicas que escuta, os lugares aonde vai e até quantos passos levou para chegar lá, haja vista que celulares têm um pequeno giroscópio. Não tem um iPhone? Então troque "Apple" por Google, Samsung ou Verizon. Você usa uma pulseira FuelBand? Então a Nike sabe quando você dorme. Tem um Xbox One? A Microsoft sabe a sua frequência cardíaca.* Cartão de crédito? Compre

---

* Da discussão sobre o console na *Nature:* "Ele é equipado com uma câmera que pode monitorar a frequência cardíaca de pessoas sentadas na mesma sala. O sensor foi projetado principalmente para jogos de exercícios, tornando possível que os jogadores monitorem alterações cardíacas durante a atividade física, mas em princípio o mesmo tipo de sistema poderia monitorar e transmitir detalhes de respostas psicológicas a anúncios de televisão, filmes de horror ou até... programas políticos."

algo em uma loja e suas PII (personally identifiable information, informações pessoais identificáveis) são associadas ao UPC (Universal Product Code, Código Universal de Produto) e anexadas à sua Guest ID (Identificação de Visitante) no software de CRM (Customer Relationship Management, Gestão de Relação com o Cliente), que a partir daí começa a trabalhar na sua próxima compra.

Essa é apenas parte da situação dos dados corporativos, cuja descrição completa levaria várias páginas. Em se tratando de dados governamentais, só tenho mesmo uma parte, porque o acesso é restrito. Sabemos que o Reino Unido tem 5,9 milhões de câmeras de segurança, uma para cada 11 cidadãos. Em Manhattan, logo abaixo da rua 14, existem 4.176. Satélites e drones completam o quadro de vigilância longe do asfalto. Embora não haja como saber o que cada um deles vê, uma coisa é certa: se o governo estiver interessado no seu paradeiro, um deles o verá. Além disso, como revelou Edward Snowden, se eles não conseguirem apontar uma câmera, podem monitorar à vontade na tela de um terminal da NSANet, que fica em local não revelado.

Como boa parte disso acontece longe dos olhos do público, a compreensão que leigos têm sobre os dados está inevitavelmente muito atrás da realidade. Tenho certeza de que perdi terreno com o simples ato de fazer uma pausa para escrever este livro. A análise da web superou e muito as informações como a verdadeira alavanca para a fofoca. Os cookies no seu navegador e pessoas hackeando em busca de números de cartão de crédito recebem boa parte da atenção da imprensa e, sem dúvida, são coletores de dados mais irritantes. Contudo, eles também se apoderaram de uma pequena parte da sua vida, e, para esse pequeno pedaço eles precisaram fazer de tudo. Não importa o quanto o JavaScript seja inteligente, eles são os vilões de filme mudo, todos de bigodes e cartolas. Ou, em uma referência mais contemporânea, são como vários Dr. Evil: relíquias do submundo que fazem o mundo de refém por *1... milhão... de dólares...* Enquanto isso, os bilhões voam para os verdadeiros gênios dos bastidores, como a Acxiom. Esta empresa, que vende dados (cujo alcance chega a dados bancários e de cartão de crédito, históricos de compras no varejo e documentos governamentais como registro de pagamento de impostos), tem informações sobre o comportamento humano que um pesquisador acadêmico buscando padrões em algum site jamais conseguirá.* Enquanto isso, os recursos e a expertise

---

* Do site da Acxiom: "[Nós damos] aos nossos clientes o poder de gerenciar públicos com sucesso, personalizar as experiências dos clientes e criar relacionamentos lucrativos com eles." Um paradoxo interessante: sempre que você vir a palavra "personalizar" sabe que tudo ficou muito impessoal.

utilizados pelo aparato de segurança nacional nos Estados Unidos faz os softwares corporativos de mineração de dados parecerem o joguinho Campo Minado.

Apesar da metáfora da "mineração", esses dados não ocorrem naturalmente: precisam vir de algum lugar, e esse lugar é você. As empresas e o governo estão coletando partes da sua vida particular e tentando reuni-las em uma imagem que possam dominar. Quanto mais privacidade você perde, mais eficazes eles são. A pergunta básica em qualquer discussão sobre privacidade é a troca: o que *você* ganha ao perdê-la? Fazemos trocas calculadas o tempo todo. Figuras públicas vendem a vida pessoal para avançar na carreira. Qualquer indivíduo que reservou um albergue na Europa ou comprou passagem de trem na Índia precisou decidir se o quarto particular valia o dinheiro pago a mais. E para deixar o assunto ainda mais confuso, muitas pessoas, homens e mulheres, vendem a privacidade quando saem de casa à noite, usando uma saia curta ou um caimento mais justo de modo a ganhar atenção. Portanto, a barganha não é nova, mas nossos parceiros de negócios e seus termos são. Do lado corporativo, o resultado dos nossos dados (o benefício para nós) não é tão interessante, a menos que você seja economista. Em tese, os seus dados levam a anúncios mais adequados ao seu gosto, gerando menos desperdício de dinheiro em marketing, e, consequentemente, preços mais baixos. No mínimo, os dados vendidos por eles fazem com que você tenha serviços realmente úteis, como Facebook e o Google, gratuitamente. Já o que obtemos em troca da invasão do governo é menos direto.

A vigilância nos dá mais segurança? O aparato de segurança é universal? Bom, não houve ataque terrorista a civis norte-americanos desde 2001, pelo menos não feitos pelos grupos conhecidos. Isso não é algo a ser desprezado, certamente não para um nova-iorquino. Mas um argumento que parte da ausência não é muito forte e, pelo menos até termos permissão de saber as ameaças que foram frustradas em comparação às que nunca foram planejadas, fica difícil acreditar no que é dito. Como boa parte da poeira do Texas, a lembrança dissipou-se quase totalmente, mas o "Nível de Ameaça" separado por cores tão discutido nos anos após o 11 de Setembro sempre me pareceu uma elaborada propaganda para a Halliburton. É difícil acreditar em informações dadas apenas na quantidade liberada por um órgão que acredita que você não precisa saber de nada. A preocupação nem é com o que eles estão dizendo e sim com o por quê. Em todo caso, não faço ideia de quantos crimes foram impedidos pela grande compilação de dados da agência nacional de segurança norte-americana (NSA), se é que impediu algum. Eles disseram que funcionava, só não informaram quando, onde ou como.

De forma quixotesca, esse aparato certamente se mostrou útil para resolver crimes que a vigilância total *não* impediu. Todas essas câmeras de segurança resolveram o atentado da Maratona de Boston e também o do metrô de Londres em 2005.* Os crimes assíncronos exigem a volta aos dados totais, pois os criminosos cometem os crimes muito antes de qualquer vítima ser atingida. Nessas investigações, o poder da inteligência mostra-se importante para a mídia: é o momento para o estado de vigilância brilhar. Os dados têm um propósito definido, e ninguém debate o equilíbrio entre privacidade e proteção enquanto houver sangue no chão. Mas desde a campanha "United We Stand" (Ficaremos Juntos), boa parte do que aprendemos sobre o que o governo sabe vem de informantes como Snowden.

A NSA é o braço da inteligência do governo, e o sinal que eles estão procurando está em nossos dados. Sou bastante familiarizado com essa organização. Como já disse, estudei matemática e fiz o curso em Harvard. Meu diploma é igual ao dos meus colegas, mas havia dois caminhos não oficiais no departamento. Um, o meu, era para os garotos que gostavam de matemática e eram bons nisso. O outro era para os sábios transcendentes. Havia uma matéria difícil no primeiro ano chamada Matemática 25, que eu não era bom o bastante para cursar. A elite da elite dos alunos foi convidada pelo departamento para uma superturma chamada Matemática 55. Esses matemáticos de verdade geralmente evitavam as matérias mais difíceis que cursei. Os professores-assistentes das minhas matérias de alto nível, isto é, as pessoas que cuidavam de boa parte do ensino propriamente dito e das notas, eram geralmente mais jovens do que eu (um deles tinha 16 anos), mas já estavam profundamente mergulhados no currículo universitário. Eu me lembro de ter me empolgado muito (e achado um belo desafio) com a Análise Real, disciplina que muitos dos colegas, como se essa fosse a palavra certa, teriam achado entediante. Sempre que ouço as letras NSA eu me lembro daquela época, pois eles recrutavam os alunos desse segundo caminho.

Destaco isso porque, para muitas pessoas, os funcionários públicos têm uma reputação indiferente: burocratas, funcionários, tanto faz. E certamente o cidadão

---

* Após o atentado em Boston, o Reddit e o 4chan esforçaram-se bastante (leia-se, com muita digitação) para encontrar os culpados e acabaram "condenando" um inocente. Apesar de todos os elogios que a nuvem e a multidão recebem, o crime foi resolvido pelo hardware.

Migalhas de pão   243

médio que trabalha com análise de dados no setor privado tem a mesma probabilidade de ser competente ou não, mas as pessoas que estão nos espionando são extremamente inteligentes. Esperamos que eles sejam capazes de colocar um pouco de humanidade no trabalho que fazem, como Feynman e Einstein, mas *sabemos* com certeza que, como Feynman e Einstein, eles trabalham com algo imensamente poderoso.

Enquanto os algoritmos são alimentados por dados, o Sr. Snowden revelou que os da NSA engordam à base de superalimentos. Ou, melhor, de todos os alimentos. A agência coleta ligações telefônicas, e-mails, mensagens de texto no celular, fotos, basicamente tudo o que viaja pela corrente elétrica. Sem dúvida, essa não é uma operação passiva: de acordo com um documento vazado, o objetivo declarado é "dominar a Internet". A audácia do projeto é uma de suas partes mais fenomenais. Entre os primeiros documentos publicados (em conjunto pelos jornais *Guardian* e *Washington Post*) estava uma apresentação em PowerPoint sobre o programa chamado PRISM. Os slides vão direto ao ponto:

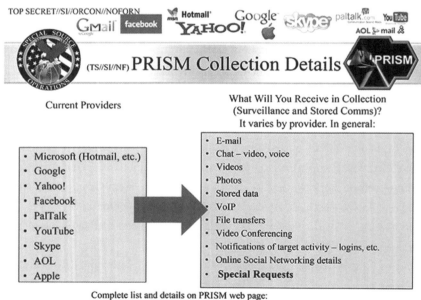

Deveriam ter batizado de Operação Mão Grande! Por outro lado, a vida na Terra apenas piora quando todo mundo que tiver uma arma começar a pensar nas nossas contas do Facebook. Por outro lado, é difícil ter medo de quem usa as ferramentas de desenho em um produto Microsoft.

Ninguém vê os dados do PRISM sobre um indivíduo sem mandado judicial, pelo menos em tese, porque o programa é invasivo demais. Outras bisbilhotices são voltadas principalmente para os metadados, os coadjuvantes da comunicação. Este é ninguém menos que o Conselho para a Vigilância das Liberdades Civis e Privacidade do governo dos Estados Unidos descrevendo outro projeto:

Para cada um dos milhões de números de telefone cobertos pelo programa Seção 215 da NSA, a agência obtém um registro de todas as ligações feitas e recebidas, bem como a duração dessas ligações e o horário exato em que ocorrem. Quando a agência tem um número de telefone como alvo de análise, as mesmas informações [são obtidas] para todos os números de telefone com os quais o número original fez contato, além de todos os números de telefone em contato com todos esses números.

Deve-se dizer que nada disso envolve o *conteúdo* da comunicação de ninguém. Nesse aspecto, não é muito diferente dos dados que analisamos neste livro. Nós deixamos os padrões tomarem o lugar da vida de uma pessoa, assim como fazem os analistas de inteligência. Na NSA, novamente de acordo com eles, os agentes prestam atenção de verdade apenas se a sua rede de ligações cair no perfil de uma "ameaça". No entanto, os metadados não são necessariamente menos invasivos por serem indiretos.

As pessoas deixam migalhas de pão incríveis para qualquer interessado em segui-las. Você já viu um bocado delas, duzentas páginas mais ou menos. Mesmo assim, várias trilhas ainda estão inexploradas. Um exemplo é o pequeno arquivo de texto chamado Exif que está anexado a todas as imagens feitas com uma câmera digital, das SLR mais sofisticadas ao seu iPhone. O arquivo codifica não só quando a foto foi tirada, como o foco e a velocidade do obturador para a foto e, com bastante frequência, a latitude e a longitude de onde ela foi tirada. É graças ao Exif que programas como o iPhoto organizam facilmente as suas imagens em "momentos" e colocam pequenos alfinetes no mapa para mostrar onde você esteve.

Contudo, o Exif pode dizer ainda mais. Vejamos as fotos de perfil no OkCupid. Quanto melhor a aparência de uma foto, maior a chance de ela ser antiga. Isto é, as pessoas acham "a" foto incrível e deixam lá no perfil para sempre. Sabemos disso por causa do Exif, que diz quando a foto foi tirada. Esse tipo de dado, que vem junto com algo mais, é bem comum. As coordenadas de GPS estão lá quando você abre o seu aplicativo favorito. Quase toda página web que você já carregou tem dúzias de imagens de um pixel (apenas um ponto transparente) situadas nas margens que, ao serem carregadas ao longo da página "real", registram sua visita. Os pixels não podem dizer o que você estava fazendo, apenas aonde você foi e quando. Esses meros *quandos* e *ondes* podem fazer uma empresa ter um bom palpite sobre todo o seu perfil demográfico.

E quem não quer compartilhar informações assim? Os que preferem fazer tudo fora da Internet? Sei muito bem o valor da privacidade. E, sinceramente, é por isso que não sou grande usuário das mídias sociais. Nunca postei uma foto da minha filha na Internet. Comecei a usar o Instagram no início de 2011, quando o serviço ainda não era grande, e o utilizava apenas como galeria de fotos, pois gostava dos filtros. Achei parecido com o Hipstamatic, que não chegava a ser uma rede social. Sei que isso faz com que eu pareça um vovô. Quando minha esposa percebeu o que o marido conservador estava fazendo, ela avisou que era possível conectar minha conta às de outras pessoas. E eu o fiz, porque era apenas um botão para clicar. Mas depois que passou a não ser mais apenas eu sozinho com minhas fotos, o serviço perdeu todo o apelo para mim.

Esse tipo de cuidado é incomum. Apesar de toda a preocupação excessiva, fica difícil argumentar que a maioria dos usuários é tudo menos blasé em relação à privacidade. Sempre que o Facebook atualiza seus Termos de Serviço para aumentar ainda mais o alcance sobre nossos dados, ficamos furiosos por um dia, e voltamos ao site no dia seguinte, como tantas abelhas que, ao não ter quem ferroar, só podem voltar para a colmeia. Como a tecnologia adora quebrar fronteiras, e elas continuam cedendo, o software ficou quase agressivamente invasivo. Há aplicativos para emagrecer, monitorar a frequência cardíaca e avaliar roupas, sendo possível enviar o seu visual para a multidão e receber conselhos sobre moda. As mulheres estão usando aplicativos para prever e gerenciar o ciclo menstrual: "O mercado está repleto deles", como escreve Jenna Wortham antes de acrescentar, "quase todas as mulheres que conheço usam algum". Você diz ao aplicativo quando a menstruação começou e ele avisará quando você estiver no auge do período fértil, algo a ser evitado ou celebrado, como desejar. Como os dados relatados pela própria usuária não são invasivos o bastante, há uma startup que alega ser capaz de *inferir* quando uma mulher está menstruada pelo seu histórico de links. Qualquer um destes aplicativos de menstruação, pelo menos se houver um cientista de dados competente por trás, obviamente saberá quando uma usuária estiver grávida, fazendo exercícios físicos demais, envelhecendo ou até fazendo sexo sem proteção, pois quando você estiver com a menstruação atrasada acabará verificando o aplicativo com uma frequência acima do normal.

Apesar da atitude indiferente de alguns (muitos, até) em relação à privacidade, eu não quis colocar a identidade de ninguém em risco ao escrever este livro. Como já disse, toda a análise foi feita anonimamente por meio de agregados, e tratei o material bruto com todo o cuidado. Não havia quaisquer informações pessoais identificáveis (PII, na sigla em inglês) nos dados. Na minha discussão sobre as palavras preferidas pelos usuários (em textos de perfil, tuítes, atualização de status e similares), essas palavras eram públicas. Quando mostrei registros de usuário por usuário, as identificações estavam encriptadas. E, em todas as análises, o escopo dos dados estava limitado apenas às variáveis essenciais, impossibilitando a associação dos dados a qualquer indivíduo.

Obviamente, nunca foi minha intenção conectar os dados aos indivíduos. Meu objetivo era conectá-los a todos. Este é o valor que vejo nos dados e, portanto, na privacidade perdida: o que podemos aprender. Jaron Lanier, autor de *Who Owns the Future?* e cientista da computação atualmente trabalhando na Microsoft Research, escreveu na *Scientific American* que "uma quantidade assombrosa de informação sobre a nossa vida particular está sendo armazenada, analisada e trabalhada antes mesmo de ter um uso válido". Embora Lanier esteja inquestionavelmente certo sobre a "quantidade assombrosa", discordo da parte final. Como pode algo chegar a ser útil se não puder ser "trabalhado antes mesmo de ter um uso válido demonstrado"? Toda a ideia da pesquisa científica baseia-se na exploração. O minério de ferro era apenas mais uma pedra até alguém começar a fazer experiências com ele. O mofo no pão só fez deixar as pessoas doentes por milênios até Alexander Fleming descobrir que também fazia a penicilina.

A ciência dos dados já está gerando descobertas profundas que não só descrevem como mudam a maneira como as pessoas vivem. Já mencionei o Google Flu:

Migalhas de pão   247

lançado em 2008, o site agora verifica epidemias em mais de 25 países. Não é uma ferramenta perfeita, mas já é um começo. Os dados combinados estão sendo usados para prevenir doenças, não apenas para minimizá-las. Como registrou o *New York Times* ano passado: "Usando dados retirados das consultas feitas aos sites de busca do Google, da Microsoft e do Yahoo, cientistas da Microsoft, das Universidades de Stanford e Colúmbia foram capazes de detectar, pela primeira vez, os efeitos colaterais não relatados em medicamentos vendidos com receita antes mesmo de serem descobertos pela Food and Drug Administration" (FDA, órgão norte-americano regulador de medicamentos). Os pesquisadores determinaram que a paroxetina e a pravastatina estavam causando hiperglicemia em alguns pacientes. Nesse caso, o preço por ter menos privacidade é ter uma vida mais saudável.

E novos avanços parecem surgir a cada dia. Hoje descobri que um site chamado geni.com está prestes a criar uma árvore genealógica para toda a humanidade, com financiamento coletivo. Se der certo, a empresa terá feito, basicamente, uma rede social para o nosso material genético. Na semana anterior, dois cientistas políticos derrubaram a alegação do senso comum de que os republicanos têm a maioria no Congresso por dividirem áreas de votação de forma desigual. Os autores modelaram todas as configurações possíveis em todas as eleições possíveis nos Estados Unidos e concluíram, com o computador fazendo papel de Cândido, que nosso mundo dividido é a melhor solução possível. O bloqueio é criado pela geografia política do país e não pelos mapas geográficos.

Isso é apenas o começo. Os dados têm uma longa vantagem: o Facebook coletava quinhentos terabytes de informações diariamente em 2012, mas a análise está começando a recuperar o tempo perdido. O jornalismo de dados entrou para a cultura predominante sendo traduzido por Nate Silver e já virou componente básico das reportagens: nós quantificamos para entender. O *Times*, o *Washington Post* e o *Guardian* formaram impressionantes equipes de análise e visualização, dedicando esforços para publicar dados sobre a nossa vida, mesmo no atual clima de contenção financeira que afeta o trabalho dos repórteres.

No lado corporativo, o Google, citado várias vezes nestas páginas, lidera a transformação de dados para o bem público. Vimos o Google Flu e o trabalho de Stephens-Davidowitz, mas há uma série de outros projetos mais ambiciosos e menos divulgados, como o Constitute, uma abordagem com base em dados voltada para a criação de Constituições. Os cidadãos da maioria dos países geralmente se preocupam apenas com uma Constituição (a deles), mas o Google coletou todos os 9 mil documentos feitos desde 1787. Combinados e quantificados, eles dão a nações emergentes (são criadas cinco novas Constituições a cada ano) uma oportunidade melhor de ter um governo duradouro, pois poderão ver o que funcionou e não funcionou no passado. Nesse caso, os dados abrem as portas para um futuro melhor porque, como destaca o site do Constitute: em uma Constituição, "uma vírgula pode fazer uma grande diferença".

Como vimos, a equipe de dados do Facebook começou a publicar pesquisas amplas a partir de seu imenso repositório de ações e reações humanas. Aproveitando essa relação newtoniana, Alex Pentland do MIT batizou a ciência emergente de "física social". Ele e sua equipe começaram a transportar os dados sociais para o mundo físico. Trabalhando com o governo local, provedores de comunicação e cidadãos, eles "datificaram" uma cidade inteira. Os residentes da cidade italiana de Trento agora podem usar números reais e obter respostas que seriam impossíveis para o restante de nós. "Como outras famílias gastam seu dinheiro? Com que frequência elas saem e socializam? Com quais pré-escolas ou médicos as pessoas ficam por mais tempo?"

Talvez esse seja o futuro que devemos esperar. Tentei explicar o que já aprendemos ao combinar o melhor do trabalho existente com as minhas pesquisas originais. Ao fazer isso, além de esticar os braços e dizer *este é o topo*, quero transmitir a força do que está por vir. Watson e Crick desvendaram o segredo do DNA em 1953 e, seis décadas depois, os cientistas ainda estão decodificando o genoma humano. A ciência da nossa humanidade, a busca pela expressão total dos genes, que logo mapearemos totalmente, ainda está a anos de conseguir algo tão grandioso.

Para balancear o potencial positivo com o negativo, eu gostaria de poder propor um caminho adiante. Mas, para ser sincero, não vejo uma solução simples, talvez por estar próximo demais. Exatamente como Lanier, creio que a regulamentação não funcionará. Não que alguém não vá tentar esse caminho. As novas leis serão feitas certamente com a melhor das intenções, mas seu texto ficará datado antes mesmo de a tinta secar. E estando do lado dos coletores de dados, sei muito bem que você pode dar às pessoas todos os controles de privacidade do mundo, mas a maioria não vai usá-los. O OkCupid pergunta às mulheres: *Você já fez um aborto?* (é a pergunta de compatibilidade número 3.686. Eu disse que elas realmente falavam de tudo), e logo abaixo há uma opção para deixar essa resposta como algo privado. Das mulheres que respondem afirmativamente, menos da metade marca essa opção.

Então, a maioria das pessoas não usará as ferramentas que você lhes dá, mas talvez "a maioria das pessoas" seja o objetivo errado aqui. Por um lado, oferecer formas de apagar ou mesmo retomar a posse dos dados é o certo, não importa quantos poucos usuários escolham isso. Por outro, é possível que a privacidade tenha mudado e deixado quem escreve sobre o assunto para trás. Lanier e eu somos velhos para os padrões da Internet, e não é só nos exércitos que "os generais sempre lutam a última guerra". Minhas noções do que é correto e admissível podem estar erradas, pois culturas e gerações definem a privacidade de modo diferente.

As pessoas nem estão tão descontentes com a NSA, por mais repulsivo que seja o alcance da agência. Houve várias "marchas do milhão" em Washington: Million Man (Um Milhão de Homens), Million Mom (Um Milhão de Mães) etc. Recentemente, o coletivo hacker Anonymous convocou uma Million Mask March (Marcha do Milhão de Máscaras) para protestar, entre outras coisas, contra o programa PRISM e a vigilância em massa feita pelo governo. O *Washington Post* registrou o desinteresse público logo na primeira palavra de sua cobertura: "Centenas de manifestantes..."

Em seu texto para a *Scientific American*, Lanier propõe que sejamos compensados pelos nossos dados pessoais e deixemos o mercado forçar o reequilíbrio na equação privacidade/valor. Ele propõe que os coletores de dados emitam micropagamentos a usuários sempre que seus dados forem vendidos. Mas essa despesa, tal qual um imposto, será repassada diretamente ao consumidor ou gerará uma corrida em que os sites precisarão encontrar margem de qualquer jeito, como fazem as companhias aéreas atualmente. De qualquer modo, não há valor líquido para nós, sem contar a falta de praticidade para se viabilizar esses pagamentos.

A abordagem de Pentland, muito mais factível, é batizada de "New Deal sobre os Dados", embora tenha princípios ironicamente baseados na Old English Common Law (Antiga Lei Comum Inglesa, em tradução livre). Segundo Pentland, como qualquer outro objeto de sua propriedade, você deveria ter os direitos fundamentais de posse, uso e descarte dos seus dados em um site (ou outro repositório) quando considerar que eles não estão sendo usados corretamente. Também deve ser possível "levá-los com você", em tese para revendê-los, caso se desenvolva um mercado para isso. Esse simples mecanismo (o botão de apagar com opção de copiar/colar) não é apenas mais factível como também é muito mais justo do que qualquer compensação obrigatória.

Do lado corporativo, eu diria que as pessoas *já* estão sendo compensadas pelos seus dados ao poder usar serviços como Facebook e Google, retomando o contato com velhos amigos e encontrando o que procuram, de graça. Como já disse, dou a esses serviços um pouco de mim, mas obtenho algo deles. As pessoas precisam decidir sobre essa permuta. Porém, logo haverá apenas uma decisão a ser tomada: usar ou não usar esses serviços? A análise de dados está ficando tão poderosa a ponto de já não importar o que você tenta esconder. A partir de informações mínimas, os algoritmos já são capazes de extrapolar ou inferir muito sobre uma pessoa, usando como fonte apenas alguns anos de dados. Logo as opções do tipo "gerenciar suas configurações de privacidade" não o protegerão de nada, pois o restante do seu mundo não fará o mesmo. As empresas e o governo o encontrarão pelo grafo, e todo esse debate logo poderá ser um anacronismo.

Em todo caso, quando comparei os dados a uma enchente lá atrás, talvez não tenha enfatizado o suficiente o quanto as águas ainda estão turbulentas. Apenas quando elas começarem a acalmar as pessoas poderão saber o nível real da água e compensar o transbordamento. Estou ansioso por isso. Nesse meio-tempo, quem armazena, analisa e trabalha com dados tem a responsabilidade de provar o valor do seu trabalho e revelar exatamente o que está fazendo. Se não, Lanier estará certo, apesar de todos os meus protestos: não deveríamos fazer isso.

A tecnologia é o nosso novo mito. Há uma inegável magia nela, mas a imagem ainda é maior do que a substância. Deuses da tecnologia, titãs, colossos de pernas abertas sobre a Terra por que, sabe como é, Rodes não é mais bacana: a indústria costuma ser vendida ao público dessa maneira e, infelizmente, ela acredita na própria propaganda. Porém, embora existam monstros, não há deuses. Seria bom que nos lembrássemos disso. Todos nós temos defeitos, somos humanos, mortais e andamos embaixo do mesmo céu escuro. Nós trouxemos a enchente: ela vai nos afogar ou nos erguer? A esperança, para mim e para os outros como eu, é usar os dados para fazer algo bom, real, humano. Durante esse processo, sempre que a tecnologia, os dispositivos e algoritmos parecerem épicos demais, devemos relembrar o Ulisses envelhecido de Tennyson e tomar a decisão de buscar a *nossa* verdade de modo um pouco diferente. Lutar, procurar, encontrar, mas, sempre, ceder.

Coda

Ao fazer o design gráfico e as tabelas deste livro, baseei-me no trabalho do estatístico e artista Edward R. Tufte. Mais do que isso, tentei copiá-lo. Seus livros ocupam a menor das intersecções: são livros de arte belíssimos e têm texto claro como o de obras didáticas. Neles, Tufte define os princípios do design de informação partindo de exemplos famosos e atemporais, que usam os dados como mecanismo narrativo. A obra de Charles Minard sobre a derrota de Napoleão na Rússia, A *Description of a Slave Ship* (Descrição de um navio negreiro), feita por um abolicionista anônimo, mostrando a carga humana apertada num espaço ínfimo e desumano, imagem que ainda é a representação marcante dos horrores da escravidão. O trabalho do Dr. John Snow sobre a epidemia de cólera em 1854 apontou a fonte exata da doença pela primeira vez. Tufte aprende com esses casos e transforma essas lições em algo útil em um contexto moderno, pedindo ao designer de dados para maximizar a proporção de dados por tinta. Dê a cada gráfico uma história clara para contar, use as cores para evocar o coração pulsante dos dados, utilize o branco como dimensão, em vez de espaço morto. Fiz o melhor que pude.

Entre os vários mapas, gráficos e tabelas dos livros de Tufte, há uma análise em duas páginas do Memorial do Vietnã como artefato de design de dados em vez de escultura de pedras ou objeto histórico. Gostaria de poder citar toda a discussão aqui, mas o cerne é:

> De longe, toda a coleção de nomes dos 58 mil soldados mortos ordenada no granito negro gera uma medida visual do que significam 58 mil, enquanto as letras de cada nome tornam-se indistintas, virando uma forma cinzenta e levando ao custo final.

Encontrar significado naquele borrão cinza é o que todo cientista de dados espera. Procurei essa distância e esse borrão repetidamente nestas páginas, partindo dos grandes conjuntos de dados e procurando as histórias mais amplas, tudo para aumentar a probabilidade de chegar à verdade.

O memorial foi digitalizado em 2008. Cada centímetro quadrado foi fotografado e conferido com registros militares, e a versão on-line tornou possível que visitantes anexem fotos e textos aos nomes. O arquivo web confronta o visitante com uma caixa vazia, exigindo "Vasculhe o Muro". Depois de uma pausa, comecei a digitar o nome do meu pai, pois quando penso no Vietnã a imagem dele surge quase como um reflexo. Mas aí me lembrei, com gratidão, que David Patton Rudder não está nessa lista. Digitei, então, o nome de *alguém*, só um palpite: "John", é claro. Em seguida, como Smith pareceu insípido demais e Doe muito falso, escrevi "Wilson". A página agitou-se por meio segundo e no alto apareceu:

Lorne John Wilson
Início da Campanha   17-03-1969
Fim da Campanha   28-03-1969
Data da Morte   28-03-1969
Idade   20

Foram adicionadas duas fotos a esse item: uma era um retrato dele usando uniforme azul e a outra, um instantâneo, talvez tirado em um desses 11 dias em que o recruta Wilson estava vivo e servindo no exterior. Ela mostra quatro homens ao redor de um jipe e um deles em pé, lá atrás. Eles estão apenas conversando à tarde. Granulada e pouco saturada, se não fosse pelos uniformes, poderia ter saído do Instagram. Quem fez o upload dessa imagem agarrou-se a ela e aos amigos por décadas.

Uma página web não pode substituir o granito. Também não pode substituir a amizade, o amor ou a família, mas o que ela pode fazer, como canal para nossa experiência compartilhada, é ajudar a entender a nós mesmos e nossas vidas. A era dos dados chegou. Agora nós somos gravados. Como todas as mudanças, essa também assusta, mas entre o cinza-chumbo do governo e o rosa berrante das ofertas de produtos que não podemos recusar, há um caminho aberto e discreto. Podemos usar dados para descobrir sem manipular, explorar sem bisbilhotar, proteger sem oprimir, ver sem expor e, acima de tudo, retribuir o presente inestimável que deixamos de herança para o mundo quando dividimos nossas vidas para que a vida de outros possa ser melhor. Além disso, podemos realizar a mais antiga das esperanças humanas, de Gilgamesh a Ramsés até hoje: que nossos nomes sejam lembrados, não só em pedra mas como parte da memória em si.

Observações sobre os dados

Números são ardilosos. Mesmo sem contexto, eles dão a aparência de constituírem um fato, têm uma especificidade que proíbe argumentos: *20.679 médicos dizem que "LUCKY STRIKES são menos irritantes".* O que mais é preciso saber sobre cigarros? A ilusão é ainda maior quando os números estão disfarçados de estatísticas. Não citarei novamente a velha sabedoria aqui, mas por trás de cada número há uma pessoa tomando decisões sobre o que analisar, o que excluir e qual moldura colocar em volta da imagem pintada pelos números, seja ela qual for. Fazer uma afirmação, mesmo um simples grafo, significa fazer escolhas, e nessas escolhas a imperfeição humana inevitavelmente aparece. Até onde sei, não tomei nenhuma decisão motivada que tenha distorcido o resultado do meu trabalho. Os dados das pessoas vivendo normalmente são interessantes o bastante sem que eu precise levá-los para um lado ou outro, mas fiz escolhas, e essas escolhas afetaram o livro. Gostaria de mostrar a vocês algumas delas.

Minha primeira escolha foi, provavelmente, a mais difícil: a decisão de me concentrar nos relacionamentos entre homens e mulheres quando falo de atração e sexo. O espaço, obviamente, foi um fator, pois incluir relacionamentos entre pessoas do mesmo sexo significaria repetir cada grafo ou tabela três vezes. Na verdade, o fator mais importante foi a descoberta de que relacionamentos entre pessoas do mesmo sexo não são excepcionais e seguem exatamente as mesmas tendências. Homens gays, por exemplo, preferem parceiros mais jovens exatamente como os homens heterossexuais. Para questões relacionadas apenas indiretamente ao sexo, como as avaliações de uma raca para outra, gays e heterossexuais também mostram padrões similares. Usar apenas os relacionamentos entre homens e mulheres tornou possível que houvesse menos repetições e uma ressonância mais ampla por unidade de espaço, por isso, escolhi me concentrar neles.

A segunda decisão, deixar de lado esoterismos estatísticos, foi tomada com muito menos arrependimento. Não falo em intervalos de confiança, tamanho de amostra, valores p e dispositivos similares em *Dataclisma* porque o livro pretende, acima de tudo, popularizar os dados e sua ciência. Explicar mirabolâncias matemáticas não era o meu objetivo. Porém, assim como as estacas e traves-mestras de uma casa, o rigor não está menos presente por estar oculto. Muitas das descobertas deste livro foram tiradas de fontes acadêmicas revisadas por seus pares. E apliquei os mesmos padrões à pesquisa que fiz sozinho, incluindo uma versão da revisão feita por pares: boa parte da análise do OkCupid foi realizada primeiro por mim e depois verificada de modo independente por um funcionário da empresa. Também separei a análise da seleção e organização dos dados, a fim de garantir que a primeira não motivasse a segunda. Uma pessoa extraiu as informações, enquanto outra tentou interpretá-las.

Às vezes, apresento uma tendência e atribuo uma causa a ela. Geralmente, essa causa é o meu melhor palpite, considerando o meu entendimento de todas as forças que estão em jogo. Para interpretar resultados, uma necessidade em qualquer livro que não seja apenas um monte de números, precisei escolher uma explicação entre várias. Há alguma força além da idade por trás do que chamei de Lei de Wooderson (o fato de homens heterossexuais de todas as idades estarem mais interessados em mulheres de 21 anos)? Talvez, mas acho bastante improvável. "A correlação não implica causalidade" é uma frase que deve ser sempre lembrada, pois é uma excelente forma de verificar se a narrativa está querendo abraçar o mundo. Mas uma frase cortante não significa que a pergunta da causa não seja interessante em si, e tentei atribuir causas apenas onde elas seriam mais justificadas.

Quase todas as partes do *Dataclisma* sobrepõem-se a postagens no blog do OkCupid. Escolhi refazer o trabalho do zero com os dados mais recentes em vez de citar minhas descobertas anteriores porque, sinceramente, queria conferir os meus resultados. As pesquisas publicadas lá entre 2009 e 2011 foram montadas pouco a pouco. Muitas pessoas diferentes (posso contar pelo menos cinco) obtiveram as taxas de reposta a mensagens trocadas entre homens e mulheres para mim ao longo desses três anos, apenas para citar um tipo de dado usado com frequência. Ao repassar meus registros sobre esses dados, não havia como ter certeza de qual conjunto de dados gerou os resultados. Se repetisse o processo sozinho, eu poderia ter certeza. Também poderia aplicar um padrão uniforme ao longo de toda a minha pesquisa (por exemplo, restringir a análise apenas às pessoas entre 20 e 50 anos, uma escolha que fiz por saber que tinha dados representativos para esta faixa etária).

Como a pesquisa é nova, os números impressos no *Dataclisma* são diferentes dos números mostrados no blog. As curvas apresentam formas levemente diferentes. Os gráficos são mais grossos ou finos em algumas partes. Mesmo assim, as descobertas deste livro e do blog são consistentes. O irônico é que em pesquisas como essas a precisão geralmente é menos adequada que uma generalização. É por isso que arredondei descobertas e utilizei com bastante frequência as palavras e expressões "aproximadamente", "por volta de" e "cerca de". Quando você vir em algum artigo que "89,6%" das pessoas fazem *x*, a descoberta real é que "muitos", "quase todos" ou "aproximadamente 90%" deles o fazem, pois o escritor provavelmente pensou que os decimais pareciam mais bacanas e davam mais autoridade. Da próxima vez que um cientista verificar os números, talvez o resultado seja 85,2%. Da vez seguinte, pode ser 93,4%. Olhe para o oceano turbulento e descubra exatamente qual onda espumante é o "nível do mar". Trata-se de um exercício, no mínimo, inútil. No máximo, ilusório.

Se você procurar as fontes originais das descobertas citadas no *Dataclisma*, os dados do OkCupid não são os únicos a terem discrepâncias. Esses dados sobre a nossa vida, que é algo praticamente vivo, estão sempre mudando. Minha pontuação Klout, por exemplo, que se mantém 34 enquanto escrevo estas palavras, certamente terá aumentado quando você ler este livro, visto que parte das minhas obrigações para a Crown será tuitar sobre este livro. Engajamento do usuário, lá vou eu!

Às vezes, os números mudam sem motivo aparente. Minha revisora e eu passamos um tempão pesquisando o preenchimento automático do Google digitando frases como "Por que as mulheres...". O Google deu resultados levemente diferentes para cada um de nós ("... usam calcinha fio-dental?" foi o meu terceiro resultado para a pergunta anterior, possivelmente por ser uma pergunta mais tipicamente masculina [?]. A dela foi "... usam sutiãs?"). Mas quando verifiquei, algumas semanas depois, vi outra resposta: "... usam salto alto?" Como esse era o resultado mais recente, foi o que acabou entrando no livro.

Por mais interessante que seja como ferramenta, a caixa-preta do preenchimento automático do Google (e do Google Trends também, por sinal) representa uma

Observações sobre os dados 259

das piores partes da ciência dos dados atual: sua opacidade. Fica difícil chegar à corroboração fundamental para o método científico porque muitas informações são de propriedade privada (e nisso o OkCupid é tão culpado quanto todo mundo). Mesmo que a maioria das empresas de mídias sociais proclame a imensidão e o potencial dos seus dados, a maior parte deles é inacessível ao mundo. Os conjuntos de dados andam pela comunidade de pesquisas como o Pé Grande: *Tenho um monte de coisas interessantes, mas não posso dizer de onde são. Ouvi falar que alguém da Temple tem um monte de resenhas da Amazon. Acho que L tem uma captura de tela do Facebook.* Ouvi esta última de três acadêmicos diferentes. Eles se referiam a outro cientista pelo nome, que omiti. L. realmente tem uma captura de tela do Facebook (confirmei com ele), mas não pode mostrar a ninguém. Ele nem deveria tê-la, para começar. Dados são dinheiro, e as empresas os tratam como tal. Embora alguns dados digitais fiquem abertos, estão protegidos por muralhas jurídicas tão grossas como as de um cofre. Se você olhar a página da sua amiga Lisa no Facebook, observar que o nome dela é Lisa e publicar este fato (em qualquer lugar!), tecnicamente, terá roubado dados do Facebook. Se você já se inscreveu num site e deu um CEP ou data de nascimento falsa, violou a Lei de Fraudes e Abusos em Informática dos Estados Unidos (CFAA, na sigla em inglês). Qualquer criança com menos de 12 anos de idade que tenha visitado o newyorktimes.com violou os Termos de Serviço deles e é criminosa, não só em tese, mas segundo a doutrina em vigor no Ministério da Justiça norte-americano.* Os exemplos que citei são radicais, claro, mas as leis envolvidas são escritas de modo tão amplo que acabam levando basicamente todo usuário de Internet nos Estados Unidos a ser um criminoso, numa orgia de navegação depravada na web. Se alguém o punirá pelo "crime" é outra questão, mas, legalmente, você está rendido com um coturno no pescoço. O conselho geral de uma empresa ou um promotor querendo impressionar um doador corporativo importante pode destruir sua vida apenas decidindo entrar com um processo. E quando lhes for útil, eles processarão. Por isso, os cientistas sociais são muito cautelosos com os conjuntos de dados. Na verdade, mais do que o Pé Grande, eles os tratam como grandes sacos de

---

* Para saber mais sobre as implicações kafkianas da CFAA, veja "Until Today, If You Were 17, It Could Have Been Illegal to Read Seventeen.com Under the CFAA" (Até hoje, se você tivesse 17 anos, seria ilegal ler o site Seventeen.com segundo a CFAA) e "Are You a Teen Who Reads News Online? According to the Justice Department You May Be a Criminal" (Você é um adolescente que lê notícias pela Internet? Segundo o Ministério de Justiça dos Estados Unidos, você pode ser um criminoso), ambos os textos publicados pela Electronic Frontier Foundation.

maconha: possessivos, levemente paranoicos e sempre curiosos para ver quem mais tem e se essa é da boa.

Cada vez mais a prática preferida vem sendo contratar pesquisadores internos em vez de lançar informações para o público.* Essa abordagem rendeu, entre vários frutos, a nova pesquisa feita pela equipe de dados do Facebook e o ótimo trabalho de Seth Stephens-Davidowitz no Google, sobre os quais falei aqui. Espero que mais empresas sigam esse modelo e eventualmente nós, donos dos sites, encontremos uma forma de usar os dados para o bem do público, sem prejudicar a privacidade dos usuários.

∞

O aplicativo Shazam, hoje em dia, já é antiquado, mas para mim foi uma das primeiras grandes maravilhas do iPhone. É um pequeno programa para identificar músicas. Se alguma canção está tocando e você quiser saber o nome, basta ligar o aplicativo e segurar o celular. O Shazam ouve pelo microfone e, tipo, dois segundos depois diz o que você está ouvindo. A primeira vez que alguém fez isso na minha frente, fiquei simplesmente estupefato, não só pelo pouco que o software precisava para acertar a música (ele funciona até quando tem uma parede no caminho ou num bar barulhento), mas também pela rapidez. Era o mais parecido com mágica que eu já tinha visto, pelo menos até eu conhecer um necromântico talentoso que, sem mais nem menos, evocava impostos e os acrescentava à maldita reforma da minha cozinha. Mas, enfim, como descobri depois, o Shazam se baseia num princípio incrível: quase todo trecho de música pode ser identificado pelo padrão de altos e baixos da melodia. É possível ignorar todo o resto: tom, ritmo, letra, arranjo... Para conhecer a música, basta ter um mapa dos altos e baixos das notas. Este contorno melódico chama-se Código de Parsons, batizado com o nome do musicólogo que o desenvolveu na década de 1970. O código para as primeiras duas linhas de *Parabéns a você* é •RUDUDDRUDUD, com o U indicando a "subida" da melodia, o D, a "descida", e o R, "nota repetida". O ponto • apenas marca o início da melodia que, obviamente, não está acima ou abaixo de nada. Cantarole para você mesmo e verifique:

---

* Gostaria que isso fosse chamado de *hotboxing* (gíria em inglês para fumar maconha em lugar fechado), mas, infelizmente, não é o caso.

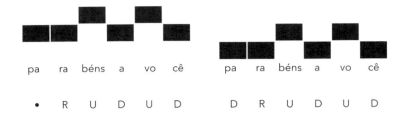

Por mais doido que pareça, o código de *Parabéns a você* é praticamente único em todo o catálogo de músicas gravadas, e o mesmo vale para quase todas as músicas. Como essas poucas letras formam uma descrição tão concisa, o Shazam consegue ser tão rápido. Em vez de uma guitarra, Paul McCartney e a quantidade certa de reverb, *Yesterday* começa com •DRUUUUUUDDR. É muito mais fácil de entender.

Como um aplicativo em busca de uma música, a ciência dos dados também é uma questão de encontrar padrões. Repetidamente, várias outras pessoas e eu, que fazemos trabalhos parecidos, tivemos de desenvolver métodos, estruturas até atalhos para encontrar o sinal no meio do ruído Todos estamos procurando o nosso código de Parsons. Algo tão simples e poderoso é uma descoberta que acontece uma vez na vida, mas para nossa sorte há muitas vidas por aí. E para todo problema que a ciência dos dados venha a enfrentar, este livro é a minha forma de dizer: gosto das nossas chances.

Notas

Não vivemos mais em um mundo em que o leitor depende de notas para obter "mais informações" ou buscar provas dos fatos ou alegações. Imagino, por exemplo, que o leitor interessado em Sullivan Ballou já jogou o nome no Google muito antes de consultar estas notas e transcrever no navegador os links fornecidos. Então, usei esta seção para me concentrar nas várias fontes que contribuíram com fatos e ideias para este livro. E também para respaldar ou explicar alegações sobre os dados que são de minha propriedade.

Como o assunto do *Dataclisma* está mudando quase diariamente, decidi complementar esta seção na Internet: em dataclysm.org/endnotes você encontrará fontes adicionais e descobertas das pesquisas mais recentes (em inglês).

Introdução

9 *10 milhões de pessoas usarão o site* Para este número, contei cada pessoa que se logou no OKCupid nos 12 meses anteriores a abril de 2014, num total de 10.922.722.

10 *Hoje à noite, uns 30 mil casais* É o grande mistério de gerenciar um site de namoro: quantos dos usuários chegam a se encontrar pessoalmente? E o que acontece depois? Esta passagem representa o meu melhor palpite por meio de algumas métricas básicas pessoa a pessoa. Usei dois métodos:

1. Supus que um usuário ativo do OkCupid tem um encontro a cada dois meses. É uma estimativa conservadora. Com cerca de 4 milhões de usuários ativos por mês, isso significa aproximadamente 65 mil pessoas indo a encontros todos os dias, num total aproximado de 30 mil casais.

2. A cada dia trezentos casais entram na interface de "desabilitar conta" para avisar que não precisam mais do OkCupid porque encontraram um relacionamento estável graças ao site. São casais que (a) estão namorando a sério o

bastante a ponto de fechar a conta no OkCupid e (b) estão dispostos a ter o trabalho de preencher um bando de formulários para nos avisar sobre o novo status do relacionamento deles. Estimo que o Grupo B represente apenas um a cada dez casais de longo prazo formados pelo site. E estimo que o Grupo A represente apenas um a cada dez primeiros encontros. Portanto, os 30 mil primeiros encontros que acontecem diariamente devem gerar 3 mil casais de longo prazo. Desses 3 mil casais, acredito que menos de um a cada dez acabe se casando. Uma forma de olhar para isso é a seguinte: quantos relacionamentos sérios você teve antes de encontrar a pessoa certa? Imagino que o número médio seja aproximadamente dez.

Essas estimativas, juntas, apoiam-se mutuamente, pelo menos na quantidade de "primeiros encontros" e, mesmo com os valores sendo aproximados, imagino que as métricas mais profundas sejam plausíveis.

15 **avaliações de pizzarias no Foursquare** Usei avaliações de uma amostra aleatória de 305 pizzarias na cidade de Nova York acessadas por meio da API pública do Foursquare.

16 **esta avaliação do Congresso norte-americano** Os dados foram tirados de 529 respostas medindo a "aprovação do trabalho do Congresso" e publicadas no site realclearpolitics.com de 26 de janeiro de 2009 a 14 de setembro de 2013. Acesse: realclearpolitics.com/epolls/other/congressional_job_approval-903. html#polls.

16 **jogadores da NBA pela frequência** A tabela do espn.com mostra a porcentagem de partidas que cada um dos jogadores listados na escalação para a temporada 2012-2013 começou jogando. Sim, estou contando os 76 como uma equipe da NBA.

17 **6%** Este número foi obtido pegando a média geométrica das distâncias entre cada um dos 21 pontos de dados discretos ao longo das curvas. Então, para as curvas a e b, calculei:

$$\sqrt{\sum_{k=1}^{21} (a_k - b_k)^2}$$

Que é igual a 0,056.

18 **58% dos homens** A curva da beleza masculina fica centrada mais do que um desvio padrão inteiro abaixo da masculina. Traduzindo a mesma disparidade para o QI, isso significa que a mediana do QI masculino estaria levemente abaixo de 85, que é o limiar para "o limite do funcionamento intelectual". O Exército dos Estados Unidos, por exemplo, não aceita candidatos com QI abaixo de 85. Usei "danos cerebrais" como uma hipérbole cujo objetivo era capturar essa mudança. Falando literalmente, quero dizer que 58% dos homens teriam QI menor que 85.

18 **metade dos solteiros nos Estados Unidos** Foi um desafio especificar o alcance dos meus dados sobre namoros. Comecei a fazer isso em termos amplos e de fácil entendimento porque, ao contrário do Facebook ou do Twitter, sei que boa parte do público que me lê nunca usou um site de namoros. Isso é, se você está casado ou num relacionamento desde o fim dos anos 1990 ou nunca precisou de namoro pela Internet. De acordo com os números do Censo de 2011, há 103 milhões de solteiros com idade entre 15 e 64 anos nos Estados Unidos, contando **todos** que não sejam casados legalmente, incluindo muitas pessoas que estão em relacionamentos de longo prazo e quase todos os gays. Juntos, Tinder, OkCupid, Datehookup e Match.com registraram 57 milhões de contas nos Estados Unidos de 2011 a 2013, 23 milhões apenas no último desses três anos. "Metade" é a minha aproximação de 57/103, menos a perda de 10 a 15% relacionadas a contas duplicadas e que se sobrepõem.

18 **"As mulheres tendem a se arrepender"** Esta frase é da seção "Findings" (Descobertas) da edição de fevereiro de 2014 da revista *Harper's*, escrita por Rafil Kroll-Zaidi.

19 **Uma curva beta desenha** Tom Quisel, meu pesquisador de dados, ajudou a colocar a natureza binomial das curvas beta em termos simples. Também destacou que elas são usadas para modelar o clima e fez as comparações com os padrões por cidade no weatherbug.com

21 **87% dos Estados Unidos estão na Internet** Ver Susannah Fox e Lee Rainie, "Summary of Findings", Pew Research Internet Project, Pew Research Center, 27 de fevereiro de 2014, pewinternet.org/2014/02/27/summary-of-findings-3/.

21 **este número atinge...** O uso da Internet entre brancos, afro-americanos e hispânicos nos Estados Unidos, por exemplo, é de 85, 81 e 83%, respectivamente.

Notas 265

Pode-se apenas supor que a adoção entre asiáticos-americanos seja similar. O uso da Internet fica acima de 80% para todas as faixas etárias, exceto as pessoas com mais de 65 anos. Susannah Fox e Lee Rainie, "Internet Users in 2014", Pew Research Internet Project, Pew Research Center, 27 de fevereiro de 2014, pewinternet.org/files/2014/02/12-internet-users-in-2014.jpg.

20 **Mais de um em cada três norte-americanos acessa o Facebook** O Facebook registrou 128 milhões de usuários nos Estados Unidos em agosto de 2013. A rede social tinha pelo menos 1,26 bilhão de usuários no mundo inteiro em setembro de 2013. As estatísticas da população mundial e dos Estados Unidos são da Wikipedia. Acesse: expandedramblings.com/index.php/by-the-numbers-17 -amazing-facebook-stats/.

21 **fundamentalmente populista** Isso é meio senso comum entre as pessoas que estudam o uso das mídias sociais além do caso de uso Google Glasshole/ Technocrat. Ver "Demographics of Key Social Networking Platforms" (2013), do Pew Research Center. O relatório mostra que não há diferenças estatisticamente significativas nas proporções de uso do Twitter entre as coortes de escolaridade "formados no ensino médio ou menos" e "universitário ou mais" (chegando a 17 e 18%, respectivamente). O Pew pesquisou uma amostra representativa dos norte-americanos com mais de 18 anos, então, bem pouco da coorte "ensino médio ou menos" é simples assim porque eles ainda estão *no* ensino médio. Por etnia o Pew relata taxas de uso de 29% entre negros e 16% tanto entre brancos quanto hispânicos. O relatório completo, feito por Maeve Duggan e Aaron Smith, está em: pewinternet.org/2013/12/30/demographics-of-key-social-networking-platforms/.

22 **Tem até um nome: pesquisa WEIRD** Este fato e a minha visão geral sobre o fenômeno foram adaptados de "Psychology Is WEIRD," de Bethany Brookshire, na *Slate*. Ver também "The Roar of the Crowd," *The Economist*, 24 de maio de 2012, economist.com/node/21555876.

24 **faraó Narmer** Como você pode imaginar, isso ainda está em discussão, embora Narmer (também conhecido como Serket) seja uma escolha defensável. Nos rascunhos anteriores, citei o herói acadiano Gilgamesh em seu lugar porque J. M. Roberts o escolheu em sua *History of the World* (Nova York: Oxford University Press, 1993). Acabei preferindo Narmer porque viveu muitos séculos

antes de Gilgamesh e me pareceu um personagem com probabilidade maior de ser real. O Yahoo! Respostas também cita o Elvis Presley.

Capítulo 1: Lei de Wooderson

36 ***Estes não são dados obtidos em pesquisa*** Agora é um bom momento para destacar que, para a beleza de alguém ter sido levada em conta na minha análise neste livro a pessoa precisava ter recebido pelo menos 25 votos diferentes. Para algo tão idiossincrático quanto a beleza, decidi que uma pontuação média envolvendo menos de 25 votos não seria confiável.

42 ***de acordo com o Censo dos Estados Unidos*** Estes números são do texto "Marital Status of People 15 Years and Over, by Age, Sex, Personal Earnings, Race, and Hispanic Origin, 2011", do US Census Bureau.

Capítulo 2: Morte causada por mil "blés"

48 *"A beleza é a aparência da qual você nunca se esquece."* John Waters, *Shock Value: A Tasteful Book About Bad Taste* (Filadélfia: Running Press, 2005), p. 128.

50 ***conceito matemático chamado variância*** Usei o desvio padrão para medir a variância ao longo deste capítulo.

52 *"efeito pratfall"* Uma busca no Google por "pratfall efffect" (efeito cair sentado, em tradução livre) gera vários exemplos. Baseei-me particularmente no resumo "The Positive Effect of Negative Information", de Bill Snyder, e no artigo original, "When Blemishing Leads to Blossoming: The Positive Effect of Negative Information", de Danit Ein-Gar, Zakary Tormala e Shiv Tormala, *Journal of Consumer Research* 38, no. 5 (2012): 846-59.

53 *o olfato* Para esta passagem baseei-me no artigo de Fabian Grabenhorst *et al.*, "How Pleasant and Unpleasant Stimuli Combine in Different Brain Regions: Odor Mixtures", *Journal of Neuroscience* 27, no. 49 (2007): 13532–40, doi:10.1523/JNEUROSCI.3337–07.2007. O verbete em português para "Indol" na Wikipedia descreve o "odor fecal intenso". Para saber mais sobre o papel do indol em perfumes e em aromas de flores que ocorrem naturalmente, faça como eu e consulte perfumeshrine.blogspot.com/201%5/jasmine-indolic--vs-non-indolic.html (em inglês).

53 **Temos aqui seis mulheres** Obtivemos essas permissões usando um sistema duplo-cego para proteger a privacidade das usuárias. Enviei critérios (mulheres, avaliações com variância alta e beleza geral média) para a equipe de dados do OkCupid, que gerou uma lista de nomes possíveis e a repassou para nossa administradora. Ela pegou essa lista de nomes, sem qualquer outra informação anexada a eles, e recebeu a tarefa de entrar em contato com elas para obter uma autorização geral de uso de imagem. (A imprensa costuma solicitar muitas fotos de usuários, então esse tipo de pedido não é incomum.) A foto só era conectada aos seus atributos singulares se a permissão fosse concedida.

Capítulo 3: Escritos no mural

59 **A nostalgia costumava ser chamada** Como este fenômeno é muito interessante (e inesperado) e um link leva a outro, acabei usando várias fontes para este trecho, mas me baseei diretamente nestas:

"Dying to Go Home", de Jackie Rosenhek, *Doctor's Review*, dezembro de 2008, doctorsreview.com/history/dying-to-go-home/.

"Beware Social Nostalgia", de Stephanie Coontz, *New York Times*, 19 de maio de 2013, nytimes.com/2013/05/19/opinion/sunday/coontz-beware-social-nostalgia.html.

"When Nostalgia Was a Disease", de Julie Beck, *The Atlantic*, agosto de 2013, theatlantic.com/health/archive/2013/08/when-nostalgia-was-a-disease/278648/.

O verbete "Nostalgia" em qi.com: qi.com/infocloud/nostalgia.

59 **pessoas abaixo de 18 anos não estão mais usando essa rede social** O relatório em questão abordava o desempenho do Facebook no quarto trimestre de 2013. Ver Joanna Stern, "Teens Are Leaving Facebook and This Is Where They Are Going", ABCNews, 31 de outubro de 2013, abcnews.go.com/story?id=20739310.

60 **O major Sullivan Ballou** As informações sobre a carta podem ser encontradas em: pbs.org/civilwar/war/ballou_letter.html. Mesmo sem nunca ter sido enviada, ela foi incluída nos pertences de Ballou e devolvida à família após a morte dele.

61 **Haverá mais palavras escritas no Twitter** Este cálculo foi feito da seguinte forma: 129.864.880 livros foram escritos, pelo menos de acordo com o Google. Este número é ridiculamente preciso, mas como já foram catalogados 30 milhões

de obras e indexar é o negócio da empresa, o palpite deve ser uma estimativa plausível. Ver Ben Parr, "Google: There Are 129,864,880 Books in the Entire World", *Mashable*, 5 de agosto de 2010, mashable.com/201%8/05/number-of--books-in-the-world/.

Segundo a Amazon, o tamanho mediano de um romance é 64 mil palavras. Como é muito provável que a mediana e a média sejam próximas, resolvi adotá-la como valor médio. Não creio que romances sejam necessariamente mais longos ou curtos que outros livros. Ver Gabe Habash, "The Average Book Has 64,500 Words", *PWxyz*, 6 de março de 2012, blogs.publishersweekly.com/blogs/PWxyz/2012/03/06/the-average-book-has-64500-words.

Somando estes dois números, temos 8.311.352.320.000 palavras impressas no mundo.

O Twitter registrou 500 milhões de tuítes por dia em agosto de 2013. Ver blog.twitter.com/2013/new-tweets-per-second-record-and-how.

Estimo que cada tuíte tenha vinte palavras. Então, num ritmo de dez bilhões de palavras diárias, o Twitter levará 831 dias (2,3 anos) para superar em volume toda a literatura impressa. Esta é obviamente uma aproximação bastante conservadora. Com certeza o Twitter chegará a isso bem antes, visto que a proporção de tuítes por dia está aumentando rapidamente.

61 *"Você só precisa olhar o Twitter"* A citação do sr. Fiennes foi extensivamente divulgada. Ver Lucy Jones, "Ralph Fiennes Blames Twitter for 'Eroding' Language", *Telegraph*, 27 de outubro de 2012, telegraph.co.uk/technology/twitter/8853427/Ralph-Fiennes-blames-Twitter-for-eroding-language.html.

61 *Até as análises mais básicas mostram* Nesta e em todas as minhas análises sobre o Twitter usei os tuítes e seguidores gerados por um *corpus* representativo de 1,2 milhão de contas, coletadas aleatoriamente por minha equipe de pesquisas.

61 *O OEC é o censo canônico* Mais informações sobre o OEC e suas palavras mais comuns podem ser encontradas no verbete (em inglês): en.wikipedia.org/wiki/Most_common_words_in_English.

O OEC lista apenas *lemas* ou *entradas*, isto é, as raízes básicas de um padrão lexical. Por exemplo, ele conta *had*, *having* e *has* como *have*. Decidi não fazer isso na minha pesquisa no Twitter. Embora essa escolha dificulte um pouco a comparação entre as listas, preferi apresentar os dados no estado mais bruto possível.

65 **Mark Liberman** O blog do professor Lieberman, Language Log (languagelog. ldc.upenn.edu/nll/) tem uma coleção de análises textuais interessantes. Ver "Up in UR Internets, Shortening All the Words", 28 de outubro de 2011, language-log.ldc.upenn.edu/nll/?p=3532 para obter a discussão específica sobre a citação de Fiennes.

65 **Uma equipe da Universidade do Estado do Arizona** A análise textual do Twitter no resto deste parágrafo foi tirada de "*Dude, srsly?*: The Surprisingly Formal Nature of Twitter's Language", de Yuheng Hu, Kartik Talamadupula e Subbarao Kambhampati, artigo apresentado na sétima Conferência Internacional da AAAI sobre Weblogs e Mídias Sociais em Cambridge, Massachusetts, 8 a 11 de julho de 2013, aaai.org/ocs/index.php/ICWSM/ICWSM13/paper/view/6139.

66 **Aqui vemos uma tentativa inicial** A tabela e subsequente discussão sobre a palavra "tribos" no Twitter foram tiradas de "Word Usage Mirrors Community Structure in the Online Social Network Twitter", de John Bryden, Sebastian Funk e Vincent AA Jansen, *EPJ Data Science* 2, no. 3 (2013). Também me baseei na parte "Additional Material" (Material Adicional), que contém listas brutas de palavras usadas nas comunidades e não aproveitadas no artigo em si. O texto completo, junto com os links para o material adicional, pode ser encontrado em: epjdatascience.com/content/2/1/3.

68 **Este corpo de dados criou um novo campo** O método de peneirar o Google Books em busca de tendências culturais foi proposto pela primeira vez no artigo da *Science* "Quantitative Analysis of Culture Using Millions of Digitized Books", de Jean-Baptiste Michel *et al.*, *Science* 331, no. 6014 (2011): 176-82, doi:10.1126/science.1199644.

O meu gráfico de palavras referentes a alimentos ao longo do tempo reproduz a exploração dos mesmos termos feita por eles neste artigo. Já o gráfico de palavras sobre o ano ao longo do tempo é uma adaptação do método deles. O artigo fala de uma "meia-vida" da memória que não fui capaz de reproduzir. Mesmo assim, a alegação dos autores de que "Estamos nos esquecendo do passado mais rapidamente a cada ano" está claramente correta. O artigo tem muito mais ideias interessantes do que apenas esses dois gráficos aqui citados, e vale a pena ser lido em sua totalidade.

72　*A seguir temos um gráfico de dispersão de 100 mil mensagens* Nenhuma mensagem específica foi lida por pesquisador algum durante a realização desta análise. O número de toques e o tempo de digitação são registrados automaticamente para uma amostra de usuários do OKCupid como parte do nosso processo contínuo de detecção de spam. Como não li mensagem alguma dos usuários, o texto citado da mensagem de três letras "olá" é apenas uma possibilidade, não uma certeza. Cerca de 80% das mensagens de três letras no site são "hey" (olá, em inglês). "Sup" (corruptela de "what's up?", e aí?) é a segunda mais popular, seguida de "wow" (uau). Dada a acachapante popularidade do "olá", o fato de eu estar fazendo uma piada e qualquer uma das outras alternativas poderia ter funcionado da mesma forma, decidi pelo "olá" neste contexto.

74　*"Também sou fumante"* Fiquei sabendo desta mensagem específica em um contexto fora deste livro e recebi permissão do remetente para citá-la e discuti-la aqui.

Capítulo 4: Você tem de ser a cola

80　*grafos sociais* Os grafos de rede nas páginas 80 e 81 foram gerados por James Dowdell usando o mesmo esquema geral utilizado por Lars Backstrom e Jon Kleinberg em "Romantic Partnerships and the Dispersion of Social Ties: A Network Analysis of Relationship Status on Facebook", apresentado na 18ª Conferência da ACM sobre Trabalho Cooperativo Auxiliado por Computador e Computação Social em Baltimore, Maryland, 15 a 19 de fevereiro de 2014, http://dl.acm.org/citation.cfm?id=2531602.2531642&coll=DL&dl=GUIDE& CFID=390093525&CFTOKEN=86053840.

81　*Passei anos em turnê com uma banda* Minha banda chama-se Bishop Allen e tem Justin Rice como outro integrante. Nossas músicas podem ser encontradas no Spotify, no torrent mais perto de você ou no iTunes. Para quem estiver interessado, recomendo as músicas "Like Castanets", "Click Click Click Click", "Chinatown Bus", "Start Again" e "Little Black Ache".

82　*Em 1735, Leonhard Euler* Embora já conhecesse Euler, o problema das pontes e o seu papel na origem da teoria dos grafos, de quando estudei matemática, baseei-me no verbete "Seven Bridges of Königsberg" (em inglês, pois a versão em português, Sete pontes de Königsberg, não é tão completa) para saber as minúcias do problema e sua solução.

82 *desde então, vem nos ajudando a entender* Uma boa fonte de pesquisas sobre o uso clássico e o moderno da teoria dos grafos é: world.mathigon.org/Graph_Theory.

83 *Stanley Milgram* Mesmo já conhecendo Milgram e seu trabalho há anos, baseei-me em seu verbete na Wikipedia (em inglês) para saber os detalhes sobre o experimento de "Seis Graus de Separação".

83 *Facebook tornou possível que víssemos* Consultar "The Anatomy of the Facebook Social Graph", de Johan Ugander *et al.* (arXiv preprint, 2011, arXiv: 1111.4503).

83 *a Pixar ficou famosa por colocar* A ideia foi de Steve Jobs. Ouvi falar dessa história pela primeira vez em *Imagine*, de Jonah Lehrer (Edimburgo, UK: Canongate, 2012). Ver o artigo do BuzzFeed "Inside Steve Jobs' Mind-Blowing Pixar Campus", de Adam B. Vary, para mais detalhes. Vary fez uma entrevista impressionante com Craig Payne, gerente sênior da Pixar: buzzfeed.com/adambvary/inside-steve-jobs-mindblowing-pixar-campus.

83 *"força dos laços fracos"* Ver "The Strength of Weak Ties", de Mark S. Granovetter, *American Journal of Sociology* 78, no. 6 (1973): 1360-80.

83 *Outra ideia estabelecida há muito tempo na teoria das redes* Embora o enraizamento tenha sido proposto por Granovetter em 1985, o restante da minha discussão sobre o conceito e a teoria das redes interpessoais foi tirado da fonte primária deste capítulo, o artigo "Romantic Partnerships", de Backstrom e Kleinberg. Apliquei a heurística deles às minhas redes e simplifiquei um pouco o trabalho original para atingir um público não acadêmico.

85 *por impressionantes 75% do tempo* Backstrom e Kleinberg definem vários tipos matemáticos de dispersão, com diferenças sutis entre eles. O número aqui se refere à precisão obtida por eles com o método batizado de "dispersão recursiva".

85 *probabilidade 50% maior* Isto foi retirado do seguinte trecho no artigo de Backstrom e Kleinberg: "Descobrimos que relacionamentos nos quais a dispersão recursiva não consegue identificar corretamente o parceiro têm uma probabilidade significativamente maior de fazer a transição do status de 'solteiro' [isto é, terminar] em um período de sessenta dias. Esse efeito mantém-se nos relacionamentos de todas as durações, sendo particularmente pronunciado para

relacionamentos com até 12 meses. Nesse caso, a probabilidade de transição é cerca de 50% maior quando a dispersão recursiva não consegue reconhecer o(a) parceiro(a)."

86 *Se você for a uma reunião com o pessoal da Microsoft* Isto pode não ser totalmente verdade para todos os funcionários da Microsoft, mas as equipes responsáveis por celulares e tablets são fiéis adeptas do *dogfooding*, pela minha experiência. Aparelhos celulares e tablets com Windows são tão raros que fica impossível não se lembrar deles quando você vê um. Este é um bom momento para dizer que sou usuário fiel do Microsoft Office: todos os gráficos e boa parte das análises deste livro foram feitos no Excel.

Capítulo 5: Não há sucesso como o fracasso

92 *um dos melhores designers do Google* A saída de Douglas Bowman do Google é um evento famoso entre o pessoal de TI. Veja o post dele "Goodbye, Google" (Adeus, Google) em: stopdesign.com/archive/2009/03/20/goodbye-google.html.

94 *Não houve evidência de pessoas enganando o sistema* Era bem simples desembaralhar uma foto no Crazy Blind Date, e nós sabíamos disso. Obviamente, cerca de uma semana após o lançamento, alguns hackers criaram aplicativos para tirar o anonimato das fotos. Porém, eles não chegaram a se tornar um sucesso, basicamente por serem difíceis de usar e não funcionarem sempre. Esses programas não foram um fator importante na trajetória do produto Crazy Blind Date ou dos dados por ele gerados. A foto embaralhada que serviu de exemplo neste livro é uma imagem de arquivo, licenciada pela Getty Images.

Capítulo 6: O fator de confusão

107 *de determinado tipo* Ver, por exemplo, "Blacks Still Dying More from Cancer Than Whites", de Jordan Lite, *Scientific American,* fevereiro de 2009. Ver também o artigo "Criminal Justice Primer for the 111th Congress", do site Sentencing Project, que cita em detalhes várias disparidades deprimentes nas sentenças dadas a brancos, comparadas a réus que faziam parte de minorias: sentencingproject.org/doc/publications/cjprimer2009.pdf.

108 *conclusões como* A manchete citada é do ThinkProgress.org: "Study: Black Defendants Are at Least 30% More Likely to Be Imprisoned Than White Defendants for the Same Crime", de Inimai Chettiar, 30 de agosto de 2012, thinkprogress.org/justice/2012/08/30/770501/study-black-defendants-are-at-least-30-more-likely-to-be-imprisoned-than-white-defendants-for-the-same-crime.

108 *nos 97 mil resultados* Foi uma trabalheira fazer o Google gerar um número aqui. Minha busca exata foi "'black quarterback' -adsffsdada". Usar o sinal de menos seguido por esta sequência estranha de letras evita que a página devolva automaticamente imagens em vez do texto "aproximadamente 97 mil resultados". Tenho certeza de que isso parece difícil de compreender sem estar diante do navegador. Tente você mesmo para ver o que eu quis dizer. Além disso, este é mais um exemplo de número bruto que mudou enquanto este livro foi escrito. Também obtive "89.800 resultados" como resposta.

108 *achei apenas um artigo* Ver Jason Lisk, "Quarterbacks and Whether Race Matters", *The Big Lead*, 2 de dezembro de 2010, thebiglead.com/2010/12/02/quarterbacks-and-whether-race-matters/. Obviamente, o fato de ter encontrado apenas um autor que calculou a proporção de quarterbacks por raça não prova que nenhum outro autor tenha feito o mesmo. Porém, após várias horas passando o pente fino nos resultados, encontrei apenas Lisk.

109 *os quatro maiores grupos raciais* 15% dos usuários do OKCupid que escolhem uma etnia selecionam mais de uma raça, e 3% selecionam uma raça diferente das quatro maiores. Essas pessoas foram excluídas da análise, bem como os que não escolheram raça alguma.

110 *"normalizar" cada coluna* Normalizei cada coluna em relação à média simples, em vez de usar média ponderada. Devido à preponderância de pessoas brancas, a média ponderada teria distorcido a matriz, usando funcionalmente o que todos pensam sobre as pessoas brancas serem a "norma". A média simples captura o seguinte: "Quando uma pessoa da raça A conhece uma pessoa arbitrária da raça B, como A avalia B em relação à avaliação que A faz de outras raças?" Esta é a pergunta interessante e o que desejamos investigar.

111 *Não há um núcleo de racistas* Uma análise da parcialidade individual aplicada por homens não negros aos perfis de mulheres negras mostra uma redução

mediana de 0,6 estrelas com a maioria das amostras aplicando uma redução de 0,2 a 1,0 estrela. Da amostra, 82% mostram pelo menos alguma parcialidade consistente antinegros.

111 **Estes são os nossos números** Embora os números do OKCupid aqui listados tenham sido gerados a partir de dados internos, é possível ver esses números corroborados e comparados às medias nacionais de Quantcast visitando https://www.quantcast.com/okcupid.com?country=US. Entre no menu Demographics (Demografia), escolha a opção "Ethnicity" (Etnia) e expanda a opção "US average" (média dos Estados Unidos).

118 **usuários do OkCupid definindo esse momento com as próprias palavras** Estes são trechos das "Histórias de Sucesso" enviadas pelos usuários e publicadas no site. A de Bella e Patrick está (em inglês) em: https://www.okcupid.com/success/story?id=2855, enquanto a de Dan e Jenn pode ser lida (em inglês) em: https://www.okcupid.com/success/story?id=2587.

118 **Pouquíssimos** A citação de Barack Obama foi tirada dos comentários feitos sobre o veredito de George Zimmerman em: whitehouse.gov/the-press-office/2013/07/19/remarks-president-trayvon-martin.

119 **Uma pesquisa fez a pergunta** Ver "Are Emily and Greg More Employable Than Lakisha and Jamal? A Field Experiment on Labor Market Discrimination", de Marianne Bertrand e Sendhil Mullainathan, *American Economic Review* 94, no. 4 (2004): 991-1013, doi: 10.1257/0002828042002561.

120 **Osagie K. Obasogie** Minha discussão sobre o trabalho de Obasogie baseia-se no texto de Francie Latour para o *Boston Globe* "How Blind People See Race", de 19 de janeiro de 2014. Latour faz um resumo do livro de Obasogie, *Blinded by Sight: Seeing Race Through the Eyes of the Blind* (Redwood, CA: Stanford University Press, 2014) e o entrevista.

121 **S.O.S. Malibu** Eu estava no Japão em 1992. *S.O.S. Malibu* era popular no mundo inteiro nessa época, mas só alcançaria o mesmo êxito por lá um ano depois. Mesmo assim, a cultura do surf, da Califórnia e da lourice causada pelo sol já estava em toda parte. Ao entrar numa loja de roupas "bacanas" ouvia-se Beach Boys. Em 1992! E eram músicas como *Surfin' Safari*, não *Kokomo*.

Capítulo 7: A apoteose do mito da beleza

125 *provérbio coreano* Eu o tirei da biografia de Douglas MacArthur escrita por William Manchester, *American Caesar* (Nova York: Little, Brown, 1978), que estava lendo para espairecer um pouco enquanto sofria para escrever este livro.

126 *a beleza opera em uma escala Richter* Eu já conhecia a natureza logarítmica da escala Richter, mas me baseei no verbete da Wikipedia "Richter magnitude scale" (em inglês) para entender as implicações da escala. Ao compará-la com a beleza, estou obviamente usando um pouco de licença poética, pois as funções não são as mesmas.

127 *Aqui estão os dados relativos aos pedidos de entrevistas* Os dados do Shiftgig foram cedidos pela equipe deles, com a generosa colaboração do fundador, Eddie Lou.

127 *E da contagem de amigos* Estas são as contagens de amigos agregadas e anonimizadas para usuários do OkCupid que escolheram conectar suas contas às do Facebook.

128 *um artigo importante da psicologia social* Ver "What Is Beautiful Is Good", de Karen Dion, Ellen Berscheid e Elaine Walster, no *Journal of Personality and Social Psychology* 24 (1972): 285-90.

128 *Este foi o primeiro passo de uma agora vasta linha de pesquisa* Este trecho adapta conclusões e cita diretamente "Pretty Smart? Why We Equate Beauty with Truth", de Robert M. Sapolsky, no *Wall Street Journal*, 17 de janeiro de 2014. Os neuropsicólogos de Duke dos quais falei são Takashi Tsukiura e Roberto Cabeza. Ver também "Jurors Biased in Sentencing Decisions by the Attractiveness of the Defendant" na *Psychology and Crime News* para ter uma visão geral dos efeitos da beleza física na justiça criminal: http://crimepsychblog. com/?p=1437, publicado pela usuária EmmaB em 3 de abril de 2007.

131 *tanto o Tumblr quanto o Pinterest* Ver "A New Policy Against Self-Harm Blogs", no blog da equipe do Tumblr, 1º de março de 2012, staff.tumblr.com/ post/18132624829/self-harm-blogs.

Ver também "Pinterest 'Thinspiration' Content Banned Accordingg to New Acceptable Use Policy", de Ellie Krupnick, Huffington Post, 26 de março de 2012, huffingtonpost.com/2012/03/26/pinterest-thinspiration-content-banned_n_ 1380484.html.

O *Huffington Post* vem fazendo uma cobertura ativa do fenômeno "thinspiration". Ver "The Hunger Blogs: A Secret World of Teenage 'Thinspiration'", de Carolyn Gregoire, 8 de fevereiro de 2012, huffingtonpost.com/2012/02/08/thinspiration-blogs_n_1264459.html.

Para saber mais sobre o "thighgap" (e ter evidências de que alterar os Termos de Serviço não resolveu o problema), ver "The Sexualization of the Thigh Gap", de Allie Jones, no *The Wire*, 22 de novembro de 2013, thewire.com/culture/2013/11/sexualization-thigh-gap/355434/.

Capítulo 8: O interior é o que conta

135 **Esse é o padrão mais popular desde que** Esses fatos sobre a origem do Gallup foram encontrados no verbete da Wikipedia (em inglês) "Gallup (company)".

135 **as pesquisas são historicamente** Conforme mencionado no texto e nas notas de rodapé deste capítulo, a ideia de usar o Google Trends para analisar tabus é de Seth Stephens-Davidowitz. Seu artigo de 9 de junho de 2012 no *New York Times*, "How Racist Are We? Ask Google", e sua tese de pós-doutorado em Harvard, feita em 2013, "Essays Using Google Data", http://nrs.harvard.edu/urn-3:HUL.InstRepos:10984881, inspiraram este capítulo. Na pergunta sobre exatamente o quanto a raça de Obama lhe custou nas eleições de 2008, abordada mais adiante neste capítulo, baseei-me diretamente no trabalho de Stephens-Davidowitz. Para o uso da palavra "nigger" ao longo do tempo e outras citações diretas do Google Trends encontradas neste capítulo o trabalho é meu, embora adapte o método sugerido primeiramente por ele.

Embora Stephens-Davidowitz agora trabalhe no Google, enfatizo que a pesquisa dele sobre buscas sempre se baseou em fontes públicas e anônimas em vez do acesso privilegiado ao histórico pessoal de buscas dos usuários. A minha pesquisa sobre buscas é feita da mesma forma: baseada em fontes públicas e anônimas, principalmente o Google Trends: google.com/trends.

135 **Essa tendência, chamada** Usei o verbete da Wikipedia (em inglês) "Social desirability bias" como fonte para os detalhes aqui citados.

135 **O caso mais famoso** O efeito Bradley chamou minha atenção pela primeira vez durante a campanha de 2008, quando os especialistas perguntaram como ele poderia afetar a votação de Obama no dia da eleição. Baseei-me no verbete da

Wikipedia (em inglês) "Bradley effect" para obter informações sobre a derrota de Tom Bradley.

136 **Desde que o serviço foi lançado** Ver Nick Bilton, "Google Search Terms Can Predict Stock Market, Study Finds", blog Bits, do *New York Times*, 26 de abril de 2013. Ver também Casey Johnston, "Google Trends Reveals Clues About the Mentality of Richer Nations", *Arstechnica*, 5 de abril de 2012, http://arstechnica.com/gadgets/2012/04/google-trends-reveals-clues-about-the-mentality-of-richer-nations/ e Tobias Preis *et al.*, "Quantifying the Advantage of Looking Forward", *Scientific Reports* 2, no. 350 (2012), doi: 10.1038/srep00350.

136 **analisar epidemias de gripe** O Google Flu começou a ser desenvolvido no artigo "Detecting Influenza Epidemics Using Search Engine Query Data", de Jeremy Ginsberg *et al.* na *Nature* 457 (2009): 1012-14, doi:10.1038/nature07634. Recentemente, a eficácia do site deixou a desejar: ver Kaiser Fung, "Google Flu Trends' Failure Shows Good Data > Big Data", *Harvard Business Review* Blog Network, 25 de março de 2014.

136 **está em 7 milhões de buscas por ano** Stephens-Davidowitz, "How Racist Are We?".

137 **mais americana do que "torta de maçã"** Índice do Google Trends para buscas de janeiro de 2004 a setembro de 2013 por "apple pie" (torta de maçã) nos Estados Unidos: 25. Por "nigger": 32.

137 **O que também é interessante** A proporção entre "nigga" e "nigger" é trinta vezes maior nos tuítes enviados do meu *corpus* do Twitter do que a refletida no Google Trends. Isto é, no Twitter a palavra "nigger" aparece com uma frequência trinta vezes menor.

138 **aproximadamente uma em cada cem buscas por "Obama"** Stephens-Davidowitz passou-me esta informação por e-mail.

138 **25% abaixo do status quo pré-Obama** Stephens-Davidowitz, "How Racist Are We?". Isso também pode ser confirmado no Google Trends.

139 **Outros termos horrendos** Estes epítetos raciais são muito menos comuns no Twitter, em mensagens particulares no OkCupid e nas buscas do Google, segundo Stephens-Davidowitz confirmou por e-mail.

139 **Se você não estiver familiarizado com o preenchimento automático** O algoritmo do preenchimento automático do Google é a maior das caixas pretas. Há

poucas informações definitivas sobre o seu funcionamento. Danny Sullivan, do searchengineland.com, fornece uma visão geral em detalhes, ainda que predominantemente improvisada em: searchengineland.com/how-google-instant-au tocomplete-suggestions-work-62592. Como o preenchimento automático parece atuar sobre o histórico pessoal de buscas, os resultados individuais são altamente variáveis. Se tentar replicar meus resultados, não se esqueça de usar uma sessão "anônima" no Chrome, como fiz, para que o Google não possa utilizar dados pessoais anteriores. Se usar o Safari, escolha a opção "Navegação Privativa".

140 **Na verdade, um desses resultados** Ver Paul Baker e Amanda Potts, "'Why Do White People Have Thin Lips?' Google and the Perpetuation of Stereotypes Via Auto-Complete Search Forms", *Critical Discourse Studies* 10, no. 2 (2013): 187-204.

140 **Vá para a página de busca e digite** Esta longa lista de buscas foi sugerida por Sean Mathey, na volta para casa depois de um acampamento onde jogamos muito *Magic: the Gathering.*

141 **Deixo a explicação com o estrategista republicano Lee Atwater** Ver Rick Perlstein, "Exclusive: Lee Atwater's Infamous 1981 Interview on the Southern Strategy", *The Nation,* 13 de novembro de 2012, thenation.com/article/170841/exclusive-lee-atwaters-infamous-1981-interview-southern-strategy. Citação original do livro de Alexander P. Lamis *The Two-Party South* (Nova York: Oxford University Press, 1984) através do verbete da Wikiquote (em inglês) para "Lee Atwater".

142 **Consideremos dois mercados de mídia** Stephens-Davidowitz, "How Racist Are We?".

143 **Considero Muhammad Ali** Li *O rei do mundo* (Companhia de Bolso, 2011), de David Remnick, em 1999, e admiro Ali desde então. Verifiquei alguns fatos sobre o protesto do boxeador contra o Vietnã no verbete dele (em inglês) na Wikipedia. Para a famosa frase de Ali sobre os vietcongues, usei a versão popular e muito mais incisiva de suas palavras reais, que foram: "Minha consciência não me deixará atirar no meu irmão, em alguém mais escuro ou em algumas pessoas pobres na lama em nome da grande e poderosa América. E atirar neles por quê? Eles nunca me chamaram de crioulo, nunca me lincharam, não

soltaram os cachorros em cima de mim, não me roubaram a nacionalidade, não estupraram nem mataram minha mãe e meu pai... Atirar neles por quê? Como posso atirar nessas pobres pessoas? Mande-me logo para a cadeia." A citação errada é idêntica em espírito, porém muito mais curta e mais conhecida, então, achei aceitável usá-la no lugar da citação real.

Você pode ouvi-lo dizer estas palavras (a versão mais longa) em "Muhammad Ali on the Vietnam War-Draft" (Muhammad Ali sobre a convocação para a Guerra do Vietnã) em https://www.youtube.com/watch?v=HeFMyrWlZ68. No vídeo, ele parece estar falando logo depois de uma luta, num discurso lento e pensado. Ouça-o falar com muito mais fluência sobre o mesmo assunto dois anos depois em: "Muhammad Ali Interview with Ian Wooldridge (1969)" [Entrevista de Muhammad Ali a Wooldridge (1969)] em https://www.youtube.com/watch?v=dLam_GiQ2Ww.

Capítulo 9: Dias de fúria

147 ***Safiyyah Nawaz tuitou uma piada boba*** Minhas fontes de informação sobre Safiyyah e os tuítes a respeito do que ela passou foram:

Neetzan Zimmerman, "Teen Posts Joke on Twitter, Internet Orders Her to Kill Herself", *Gawker*, 2 de janeiro de 2013, gawker.com/1493156583.

Ryan Broderick, "Meet the 17-Year-Old Girl Who Stood Up to Death Threats After Her Tweet Went Viral on New Year's Eve", BuzzFeed, 2 de janeiro de 2014, buzzfeed.com/ryanhatesthis/meet-the-17-year-old-girl-who-stood--up-to-death-threats-afte.

Ryan Broderick, "After Twitter Started Viciously Attacking Her Over a Silly Joke, This Girl Handled It Like a Champ", BuzzFeed, 2 de janeiro de 2014, buzzfeed.com/ryanhatesthis/after-twitter-started-attacking-her-over-a-silly-joke-this-g.

Esses artigos disseram que a quantidade de retuítes foi 14 mil, mas eles foram publicados apenas um dia depois do fato. O meu número de 16 mil era correto em janeiro de 2014.

147 ***Katy Perry/Lady Gaga*** A contagem de retuítes para os tuítes de "Feliz Ano-novo" delas estava correta em janeiro de 2014 e, provavelmente, deve ter aumentado desde então.

148 *a comediante Natasha Leggero* Minhas fontes para a piada de Leggero e a polê-
mica subsequente foram:

"I'm Not Sorry': Comedian Natasha Leggero Refuses to Apologize Mocking
Pearl Harbor Survivors on NBC", do lendário detetive "DAILY MAIL REPOR-
TER", *Mail Online*, 4 de janeiro de 2014, dailymail.co.uk/news/article-2533809/.

Ross Luippold, "Natasha Leggero's Stunning 'Not Sorry' Response over
Controversial Pearl Harbor Joke", *Huffington Post*, 4 de janeiro de 2014, huffing
tonpost.com/2014/01/04/natasha-leggero-not-sorry-for-pearl-harbor-joke
_n_4541354.html.

Os tuítes ofensivos enviados a Leggero foram tirados de uma carta publica-
da por ela no Tumblr: natashaleggero.com/letter/.

149 *Imagens da família dela* O tuíte de Justine e a indignação subsequente tiveram vasta cobertura da mídia. Uma boa visão geral do alvoroço está em "Justine
Sacco: 5 Fast Facts You Need to Know", de Matthew Guariglia, no Heavy, 21
de dezembro de 2013, heavy.com/news/2013/12/justine-sacco-iac-racist-pr-
tweet-africa/.

Já "This Is How a Woman's Offensive Tweet Became the World's Top Story",
de Alison Vingiano, no BuzzFeed, é uma pesquisa mais aprofundada, embora
convenientemente omita o papel do próprio BuzzFeed em atiçar a multidão:
buzzfeed.com/alisonvingiano/this-is-how-a-womans-offensive-tweet-beca-
me-the-worlds-top-s.

"The Case of Justine Sacco and the Twitter Lynch Mob", de Sharon Waxman,
no *The Wrap*, é um texto de uma pessoa que também trabalhou com Justine:
thewrap.com/case-justine-sacco-twitter-lynch-mob/.

"Justine Sacco: How to Kill a Career with One Tweet", de Juana Poareo, é
um dos vários artigos cruéis, repleto de capturas de tela dos tuítes de Justine
depois do escândalo. *The Guardian*, "Liberty Voice", 22 de dezembro de 2013,
guardianlv.com/2013/12/justine-sacco-how-to-kill-a-career-with-one-tweet/.

Uma captura de tela do envolvimento do Google na hashtag #HasJustine
LandedYet pode ser vista em "Justine Sacco Saga Sparks Criticism of Twitter
Lynch Mob", de Lauren O'Neil, no CBCnews.com: cbc.ca/newsblogs/your-
community/2013/12/justine-sacco-saga-sparks-criticism-of-twitter-lynch-
mob.html.

149 *a Internet esperou sedenta de sangue* Embora existam vários tuítes maldosos para escolher nos meus dados, escolhi citar apenas os que já tinham sido publicados por outras fontes:

O tuíte de @RonGeraci aparece num texto ponderado no blog dele, The Minty Plum: "View from the Pitchfork Mob", 12 de janeiro de 2014, the mintyplum.com/?p=486.

Já o tuíte de @noyokono aparece no Frazier Tharpe, "PR Woman Tweets Racist Joke Before Flight, Twitter Waits for Her to Land and Get Fired", Complex.com, 21 de dezembro de 2013, complex.com/pop-culture/2013/12/justine-sacco-racist-tweet/.

O tuíte de @Kennymack1971 apareceu no artigo de Sharon Waxman citado anteriormente, "The Case of Justine Sacco and the Twitter Lynch Mob".

150 *o pai de Justine não era bilionário* Alec Hogg, "Rubbish Rumours. Tweeting Idiot Justine Sacco No Relation to Desmond Sacco, SA Mining Billionaire", Biz News.com, 27 de dezembro de 2013, biznews.com/tweeting-idiot-justine-sacco-no-relation-to-desmond-sacco-sa-mining-billionaire/.

151 *O alcance das mídias sociais* Esta pesquisa não usou nosso *corpus* randomizado do Twitter de costume. Em vez disso, optamos por uma abordagem detalhista. Para esses números e o gráfico relacionado a eles minha equipe e eu buscamos todos os retuítes da piada da Safiyyah e da hashtag #HasJustineLandedYet. Estes números refletem nossa melhor estimativa de quem viu cada um deles.

152 *Biólogos marinhos* Alan Yu, "More Than 300 Sharks in Australia Are Now on Twitter", *All Tech Considered*, 31 de dezembro de 2013, NPR, npr.org/blogs/all techconsidered/2013/12/31/258670211/.

152 *Os rumores são mencionados* Minha fonte para a história e a ciência dos rumores foi o artigo de Jesse Singal, "How to Fight a Rumor", *Boston Globe*, 12 de outubro de 2008, boston.com/bostonglobe/ideas/articles/2008/10/12/how_to_fight_a_rumor/. A ideia de conectar rumores à virulência das mídias sociais veio dele. Singal também cita a passagem bíblica "O que despreza o seu próximo...". Já "Não julgueis..." foi acrescentada por mim, assim como o "demônio Rumor".

Também usei "Rumor, Gossip and Urban Legends", de Nicholas DiFonzo e Prashant Bordia, na *Diogenes* 54, no. 1 (2007): 19-35, e o artigo do sr.

DiFonzo "Rumour Research Can Douse Digital Wildfires", na *Nature* 493, no. 7431 (2013): 135.

153 **um fenômeno estudado primeiramente** Cheguei ao trabalho de Suler pela tirinha *Penny Arcade*. Retirei as informações básicas sobre Suler e o efeito da desinibição na Internet do verbete na Wikipedia (em inglês) para "Online disinhibition effect" (Efeito da desinibição na internet), que tem um link para os quadrinhos. A tirinha citada está em: penny-arcade.com/comic/2004/03/19.

154 **Os velhos canais de radioamador** Soube disso por meio do verbete da Wikipedia (em inglês) para "Online disinhibition effect" (Efeito da desinibição na Internet), que cita Kenneth Tynan, "Fifteen Years of the Salto Mortale", *The New Yorker*, 20 de fevereiro de 1978, como fonte original.

154 **os idiotas** Para quem estiver interessado no universo do humor de trotes telefônicos, o Longmont Potion Castle está para o Mitch Hedberg assim como Dane Cook está para os Jerky Boys. Recomendo entusiasticamente o álbum *Longmont Potion Castle II*.

154 **As pessoas ainda se atacam** Ver Todd Dugdale, "Sandbaggers and Trolls", kd0tls Ham Radio Experience, 6 de janeiro de 2014, kd0tls.blogspot.com/2014/01/sandbaggers-and-trolls.html/.

154 **O governo tem o maior interesse** Minha discussão a respeito da vigilância governamental sobre distúrbios e o trabalho de Peter Gloor no MIT baseiam-se em "What Makes Heroic Strife", *Economist*, 21 de abril de 2012, economist.com/node/21553006/.

155 **27,5% dos 500 milhões de tuítes** Este número veio da análise da minha amostra de pesquisa randomizada.

155 **A equipe de dados do Facebook** A análise de dados do Facebook sempre é feita com dados agregados e anônimos. Esta discussão sobre as interações em torno do meme "Ninguém deveria..." e a respectiva tabela foram tiradas de Lada Adamic *et al.*, "The Evolution of Memes on Facebook", 18 de janeiro de 2014, facebook.com/notes/facebook-data-science/the-evolution-of--memes-on-facebook/10151988334203859. O texto não deixa claro como o viés político foi determinado. Meu melhor palpite seria pelo padrão de "curtidas" do usuário.

156 **Em 1950** Este parágrafo discutindo a polarização na política norte-americana baseia-se no texto de Jill Lepore, "Long Division", *The New Yorker*, 2 de dezembro de 2013.

157 **"Sempre foi um mistério"** Li *Life of Mahatma Gandhi*, de Louis Fisher (Nova York: Harper & Brothers, 1950), em 2007, e fiquei com essa citação na cabeça desde então.

Capítulo 10: Muito alto para um asiático

166 **Para descobrir o que é realmente específico de determinado grupo** O método para reduzir o texto de perfil coletado de um grupo às idiossincrasias essenciais que apresento neste capítulo é meu. Porém, o texto no blog do OkCupid que inspirou este trabalho, "The Real Stuff White People Like", usou um método diferente, desenvolvido com a ajuda de Max Shron e Aditya Mukerjee. Eu não teria desenvolvido o meu método neste livro sem o exemplo deles nesse texto. Escolhi desenvolver um método próprio porque o utilizado no texto do blog me levou a separar as bobagens dos "dados reais" na etapa final. Para este livro eu queria algo completamente algorítmico, sem qualquer seleção humana. O método é o que está descrito: você coloca as palavras e frases no gráfico pelos percentis e depois as avalia pela distância euclidiana do canto desejado do quadrado.

O elemento humano entra em jogo apenas nos poucos casos em que frases redundantes, como "my blue eyes and" (meus olhos azuis e), "blue eyes and" (olhos azuis e) e "my blue eyes" (meus olhos azuis) aparecem juntas na lista. Nesses casos, peguei a palavra ou frase mais representativa e apaguei as outras. As listas não sofreram alterações significativas por isso. O método considerou todas as frases de quatro palavras ou menos que apareceram em mais de trinta perfis.

Devido à questão de espaço, três itens mais longos foram reduzidos para evitar quebras de linha. Na tabela antitética para os homens, usei "follow me" (me seguir) em vez de "follow me on instagram" (me seguir no Instagram). Nas antíteses para as mulheres, usei "malcolm x" (líder negro) em vez de "biography of malcolm x" (biografia de malcom x), e na tabela de palavras por orientação sexual do capítulo seguinte, usei "feminine women" (mulheres femininas) em vez de "attracted to feminine women" (atraída por mulheres femininas).

168 *algo chamado Lei de Zipf* Eu já conhecia as leis de distribuição de forças, mas usei o verbete da Wikipedia (em inglês) "Zip's law" (Lei de Zipf) a fim de obter mais informações sobre a lei. Outra fonte foi: "Zipf's Law and Vocabulary", de C. Joseph Sorell, *The Encyclopedia of Applied Linguistics*, 5 de novembro de 2012. A tabela usada no texto foi tirada de uma tabela maior apresentada nesse artigo.

181 **Os irlandeses e europeus orientais** Ver *The History of White People*, de Nell Irvin Painter (Nova York: W.W. Norton, 2010).

181 **no México** Morei no México por vários anos quando criança e mantive o interesse na política local. Ver Ronald Loewe, *Maya or Mestizo?: Nationalism, Modernity, and Its Discontents* (Toronto: University of Toronto Press, 2010).

183 *"Desde empatia e sexualidade"* Ver Bobbi J. Carothers e Harry T. Reis, "Men and Women Are from Earth: Examining the Latent Structure of Gender", *Journal of Personality and Social Psychology* 104, no. 2 (2013): 385-407. "Men Are from Mars Earth, Women Are from Venus Earth" é o título do resumo do artigo: sciencedaily.com/releases/2013/02/130204094518.htm.

183 *Aristóteles olhou para cima* Eu já conhecia a importância do céu no trabalho de Einstein e Newton. Para o terceiro exemplo, o mais antigo, procurei na Wikipedia até achar algo de que gostasse. Ver o verbete (em inglês) "Aether (classical element)".

Capítulo 11: Você já se apaixonou?

187 *Há alguns anos um grupo de alunos do MIT* Aqui usei "Project 'Gaydar'", de Carolyn Y. Johnson, *Boston Globe*, 20 de setembro de 2009, e o artigo original dos alunos. "Gaydar: Facebook Friendships Expose Sexual Orientation", de Carter Jernigan e Behram F. T. Mistree, *First Monday* 14, no. 10 (2009), firstmonday.org/article/view/2611/2302.

187 **O Relatório Kinsey em 1948** Ver o verbete da Wikipedia (em inglês) "Kinsey Reports", que resume as edições masculina e feminina do trabalho de Kinsey. O número de 10% para homens é bem claro, mas há menos certeza no relatório sobre a sexualidade feminina. Segundo ele, 2 a 6% das mulheres com idades entre 20 e 25 anos são "exclusivamente" homossexuais.

187 *Estudos posteriores* Ver o verbete da Wikipedia (em inglês) "Demographics of sexual orientation" (Demografia da orientação sexual) para obter todo tipo de números. Ver também (em inglês) "LGBT demographics of the United States" (Demografia LGBT dos Estados Unidos).

187 *"Este trabalho pode ajudar"* Dan Black *et al.*, "Demographics of the Gay and Lesbian Population in the United States: Evidence from Available Systematic Data Sources", *Demography* 37, no. 2 (2000): 139-54.

188 *Isso certamente envolve uma escolha dolorosa* Ver Assi Azar, "Op-ed: To You There, in the Closet", *The Advocate*, 16 de abril de 2013, advocate.com/commen tary/2013/04/16/op-ed-you-there-closet/.

188 *não é mais incomum do que o cabelo loiro natural* Minha fonte é o professor C. George Boeree, da Universidade Shippensburg. Ver o texto "Race" em webspace .ship.edu/cgboer/race.html. Até a matemática mais informal prova a tese dele: há aproximadamente 1 bilhão de europeus, canadenses, norte-americanos e australianos na Terra. Se um em cada seis for naturalmente louro (com base no meu círculo pessoal, essa seria uma avaliação bem exagerada), eles seriam 2% do mundo.

188 *De acordo com o pesquisador do Google Stephens-Davidowitz* Minha discussão de quatro páginas sobre as buscas por pornografia gay e suas implicações adapta algumas descobertas feitas por Stephens-Davidowitz no artigo "How Many American Men Are Gay?", *New York Times*, 7 de dezembro de 2013. Tanto os dados do Google Trends citados quanto a extensão deles para as descobertas de Nate Silver e para os números estado por estado do Gallup baseiam-se nesse artigo. O trabalho original de Silver é "How Opinion on Same-Sex Marriage Is Changing, and What It Means", do blog do *New York Times* chamado fivethirtyeight: fivethirtyeight.blogs.nytimes.com/2013/03/26/how-opinion-on-same--sex-marriage-is-changing-and-what-it-means/.

Os números do Gallup são de Gary J. Gates e Frank Newport, "LGBT Percentage Highest in D.C., Lowest in North Dakota", gallup.com/poll/160517/lgbt-percentage-highest-lowest-north-dakota.aspx.

190 *bem como os dados de mobilidade do Facebook* Em seu artigo, Stephens-Davidowitz também estende a pesquisa para os dados de perfil disponíveis publicamente no Facebook.

190 *poesia que geralmente é atribuída a Thoreau* A citação em si é uma mistura de um trecho do *Walden* de Thoreau com dois versos do poema *The Voiceless* de Oliver Wendell Holmes. Ver o site The Walden Woods Project: walden.org/Library/Quotations/The_Henry_D._Thoreau_Mis-Quotation_Page.

191 *O velho "índice de miséria" da economia* Ver o verbete (em inglês) da Wikipedia "Misery index (economics)". A fórmula original foi sugerida por Arthur Okun.

196 *"Pessoas que participaram da pesquisa e se declararam"* Ver Mackey Friedman, "Considerable Gender, Racial and Sexuality Differences Exist in Attitudes Toward Bisexuality", *ScienceDaily,* 5 de novembro de 2013, sciencedaily.com/releases/2013/11/131105081521.htm.

197 *Gerulf Rieger, da Universidade de Essex* Citei dois artigos do professor Rieger e sua equipe: Gerulf Rieger, Meredith L. Chivers e J. Michael Bailey, "Sexual Arousal Patterns of Bisexual Men", *Psychological Science* 16, no. 8 (2005): 579-84, e o sucessor, Gerulf Reiger *et al.*, "Male Bisexual Arousal: A Matter Of Curiosity?", *Biological Psychology* 94, no. 3 (2013): 479-89.

198 *Ellyn Ruthstrom* Ver David Tuller, "No Surprise for Bisexual Men: Report Indicates They Exist", *New York Times,* 22 de agosto de 2011, e Meredith Melnick, "Scientific Study Finds That Bisexuality Really Exists", *Time,* 23 de agosto de 2011, healthland.time.com/2011/08/23/scientific-study-finds-that-bisexuality-really-exists/.

199 *No Facebook, 58%* Ver Chris Taylor, "Fake Facebook Users Likely to Be Popular Bisexual College Women", Mashable, 3 de fevereiro de 2012, mashable.com/2012/02/03/fake-facebook-users-bisexual-college-women/.

200 *Embora as pessoas sejam gays desde sempre* Ver os verbetes da Wikipedia (em inglês) "Timeline of LGBT history" (Linha do tempo da história LGBT) e "Coming out" (Sair do armário). A ideia de assumir (isto é, sair do armário) como ato de força veio de Karl Heinrich Ulrichs.

Capítulo 12: Saiba qual é o seu lugar

204 *Os Estados Unidos e a União Soviética dividiram a Coreia* Eu tinha um conhecimento geral desse processo, basicamente, pelo livro *American Caesar,* mas essa história incrível é mencionada no verbete da Wikipedia (em inglês) "Division of

Korea" (Divisão da Coreia), que cita *The Two Koreas*, de Don Oberdorfer (Nova York: Basic Books, 2001), como fonte original. Confirmei a história procurando no texto do livro no Google Books: books.google.com/books/about/The_Two_Koreas.html?id=yJZKpYXh2SAC.

205 ***Aqui nós vemos como*** Este mapa, como todos os mapas dos Estados Unidos neste capítulo e o gráfico do Reddit, foi feito por James Dowdell. Este foi produzido usando um diagrama de Voronoi padrão para os Estados Unidos, no qual cada mercado do Craigslist funciona como a "capital" de um "estado" (chamados "sementes" e "células"). Embora o mapa pareça complexo, na verdade é muito elegante: todos os segmentos são pontos equidistantes das duas sementes mais próximas. Vi muitas versões do mesmo desenho, a minha foi inspirada no mapa criado pela IDV Solutions e publicado por "john.nelson" no blog UX: uxblog.idvsolutions.com/2011/07/chalkboard-maps-united-states-of.html.

206 ***local do desejo mesmo é o Walmart*** Este é o mesmo diagrama de Voronoi, mas misturado aos dados por estado do mapa das "Missed Connections" (Conexões Perdidas). As células são codificadas pelo resultado de conexão perdida mais procurada para o estado onde está sua semente.

Transportei os dados para o diagrama de Voronoi anterior a fim de manter a consistência com o mapa do Craigslist.

206 ***Há alguns anos, um hacker esperto*** O hacker é Pete Warden e seu texto é "How to Split Up the US", que pode ser lido em: petewarden.com/201%2/06/how-to-split-up-the-us/. Como observa Warden em um texto posterior, "Why You Should Never Trust a Data Scientist", sua divisão dos Estados Unidos em sete novas zonas é arbitrária, a versão da ciência de dados para a frase "apenas para fins de entretenimento". Eu as cito aqui neste sentido.

207-08 ***O geógrafo Matthew Zook*** O professor Zook e sua equipe mantêm um blog fantástico sobre geografia chamado Floating Sheep, que foi a minha principal fonte de consulta ao seu trabalho: floatingsheep.org.

A discussão sobre o terremoto e o mapa foram tirados de "Mapping the Eastern Kentucky Earthquake", publicado no blog Floating Sheep por Taylor Shelton. Minha imagem é uma reprodução da original, simplificada para facilitar a impressão: floatingsheep.org/2012/11/mapping-eastern-kentucky-earthquake.html.

A equipe do DOLLY é composta por Matthew Zook, Mark Graham, Taylor Shelton, Monica Stephens e Ate Poorthuis. Poorthuis narra o vídeo sobre Sint Maarten, que pode ser visto em: www.youtube.com/watch?v=pD9HW -AaQGUA.

A discussão sobre a revolta estudantil foi tirada do artigo "Beyond the Geotag: Situating 'Big Data' and Leveraging the Potential of the Geoweb", de Jeremy W. Crampton *et al.*, *Cartography and Geographic Information Science* 40, no. 2 (2013): 130-9.

210 *A seguir está um gráfico mostrando os downloads de pornografia gay* O endereço IP não define a exata localização de uma pessoa (ou, mais precisamente, de um computador), apenas uma faixa de 15 a 80 quilômetros. É aproximadamente a mesma tecnologia usada pelo weather.com, por exemplo, para adivinhar de qual cidade deve mostrar o clima por padrão antes de você definir um CEP. Ele diz apenas a área geral de onde o computador está acessando a Internet. A partir dessa pesquisa nós não sabemos nada sobre os computadores em si, além do tipo de pornografia que estavam baixando. E também não sabemos absolutamente nada sobre quem estava de fato usando o computador ou, mesmo, se havia alguma pessoa envolvida ou não.

213 *uma mulher de 40 anos na região da Bay Area* Ver "I'm Just Gonna Throw This Out There. Any Redditors in the SF Bay Area Have a Empty Spot At Their Table for a Lonely Thanksgiving Orphan?" publicado pela usuária "MeMyselfOhMy" no Reddit: reddit.com/r/AskReddit/comments/ebhh1/.

213 *só se encontra no Reddit* Os exemplos aqui citados foram todos tirados das páginas iniciais de seus respectivos subreddits em 30 de janeiro de 2013.

218 *Os principais temas de Anderson são o nacionalismo* Provando a flexibilidade de sua teoria, muitas das ideias de Anderson sobre nações são surpreendentemente aplicáveis a comunidades na Internet. Ele descreve uma nação como "intrinsecamente limitada e, ao mesmo tempo, soberana" e "concebida como uma profunda camaradagem horizontal". E este trecho se aplica especialmente à Internet: "Essa inédita novidade sincrônica só podia surgir historicamente quando houvesse grupos consideráveis de pessoas em condições de se conceberem vivendo vidas *paralelas* às dos outros grupos consideráveis de gente — mesmo que nunca se encontrassem, mas, com certeza, seguindo a mesma

trajetória." Benedict Anderson, *Comunidades imaginadas: reflexões sobre a origem e a difusão do nacionalismo* (São Paulo: Companhia das Letras, 2008).

219 **uma olhada global nas mudanças modernas de grande escala** Obtive a permissão dos pesquisadores do Facebook Aude Hofleitner, Ta Virot Chiraphadhanakul e Bogdan State para reproduzir o mapa e discutir os resultados de suas pesquisas. Eles pediram que eu incluísse uma explicação melhor sobre a "migração coordenada" e o estudo que fizeram. Estas são as palavras deles:

> *Em uma migração coordenada, significativa proporção da população de uma cidade migrou para outra, como grupo. Mais especificamente, um fluxo populacional da cidade A (cidade natal) para outra cidade B (cidade atual) é considerado uma migração coordenada se, entre as cidades nas quais as pessoas da cidade natal A atualmente vivem, a cidade B for a que tiver o maior número de indivíduos com a cidade atual B e cidade natal A. Há várias migrações de, para e dentro dos Estados Unidos, mas elas não apresentam esta propriedade coordenada, pois não há uma cidade que atraia mais os migrantes e eles acabam se mudando para áreas diferentes. Este mapa exibe blocos de cidadezinhas e vilarejos do sudeste asiático se mudando em massa, de modo coordenado, para os centros urbanos.*

Para obter mais informações e o estudo completo, consulte o texto Facebook Data Science (Ciência de Dados do Facebook) no grupo Coordinated Migration: www.facebook.com/notes/facebook-data-science/coordinated-migration/10151 930946453859.

Como você verá, ao visitar o link, quando reproduzi o trabalho deles modifiquei o mapa original, retirando os rótulos e me concentrando em uma parte menor da região para deixar o mapa mais legível no papel. Agradeço a Mike Develin, também do Facebook, por permitir a reprodução. Todo o trabalho do Facebook Data Science é feito com dados anônimos e agregados.

Capítulo 13: Nossa marca pode ser a sua vida

223 **O que eles não dizem, contudo** Ver Clare Baker, "Behind the Red Triangle: The Bass Pale Ale Brand and Logo", Logoworks.com, 8 de novembro de 2013, logo works.com/blog/bass-pale-ale-brand-and-logo/.

223 **Arqueólogos desencavaram** Minha discussão sobre marcas na Antiguidade se baseia nos textos de David Wengrow, "Prehistories of Commodity Branding", *Current Anthropology* 49, no. 1 (2008): 7-34, e de Gary Richardson, "Brand Names Before the Industrial Revolution", NBER Working Paper No. 13930, National Bureau of Economic Research, Cambridge, MA, 2008. http://www.nber.org/papers/w13930.

223 **Em 1997 o palestrante motivacional e consultor de gerência Tom Peters** Ver "The Brand Called You", de Tom Peters, publicado no site *Fast Company*, agosto/setembro de 1997, fastcompany.com/28905/brand-called-you.

224 **ainda é discutido em aulas de marketing** Ver "Que artigo excelente. Eu o li para uma matéria que estou cursando e o texto é brilhante. Ótimas ideias e informações sobre branding. Obrigado!!", comentário feito pelo usuário "Morgan" sobre o artigo de Pete no Fastcompany.com.

224 **um homem chamado Peter Montoya** O primeiro trabalho de Montoya sobre o assunto chamava-se *The Brand Called You: The Ultimate Brand-Building and Business Development Handbook to Transform Anyone into an Indispensable Personal Brand*, de Peter Montoya e Tim Vandehey (publicação própria, 2003). Depois, foi publicado com o título *The Brand Called You: Make Your Business Stand Out in a Crowded Marketplace* (Nova York: McGraw-Hill, 2008) e, de acordo com a Amazon, foi um "best-seller internacional". O PDF do primeiro capítulo pode ser lido em: petermontoya.com/pdfs/tbcy-chapter1.pdf. O site pessoal de Montoya redireciona o usuário para marketinglibrary.net, onde você pode contratá-lo para palestras.

224 **É possível ver o nascimento dessa ideia** Para este gráfico retirei a antiga expressão "marca pessoal de" (como em "marca pessoal de liderança") dos resultados para "marca pessoal", a fim de isolar o fenômeno do marketing pessoal.

225 **Dale Carnegie** Baseei-me no verbete "Dale Carnegie" da Wikipedia (em inglês) para saber os detalhes básicos sobre a vida dele.

226 **Para cada garota que tuíta e consegue** Os dois incidentes aos quais faço alusão aqui são a campanha de Bernie Zak para entrar na UCLA, conforme detalhada no texto de Brock Parker, "Brookline Student Lobbies UCLA on Twitter", *Boston Globe*, 7 de maio de 2013, e a contratação de Rob Meyer pelo *Atlantic*

Monthly, conforme descrito por Alexis C. Madrigal em "How to Actually Get a Job on Twitter", *Atlantic Monthly*, 31 de julho 2013.

Ver também Jason Fagone, "The Construction of a Twitter Aesthetic", *The New Yorker*, 12 de fevereiro de 2014, newyorker.com/online/blogs/culture/2014/02/the-construction-of-a-twitter-aesthetic.html.

227 *os afro-americanos tendem* Minha discussão sobre o Black Twitter baseou-se nas seguintes fontes:

Choire Sicha, "What Were Black People Talking About on Twitter Last Night?", *The Awl*, 11 de novembro de 2009, theawl.com/2009/11/what-were-black-people-talking-about-on-twitter-last-night.

Farhad Manjoo, "How Black People Use Twitter", *Slate*, 10 de agosto de 2010, slate.com/articles/technology/technology/201%8/how_black_people_use_twitter.html. Um contraponto ao texto de Manjoo é "Why 'They' Don't Understand What Black People Do on Twitter", do Dr. Goddess, no blogspot. Goddess discorda especialmente da representação dos negros no Twitter como um "monolito" — a palavra aparece duas vezes no texto e eu a repito na minha discussão. Ver drgoddess.blogspot.com/201%8/why-they-dont-understand-what-black.html.

Já "How to Be Black Online", apresentação de Baratunde Thurston, é uma visão geral inteligente sobre o Black Twitter e reconhece mais do que a maioria das fontes que, como muitos clichês raciais, o "Black Twitter" é ao mesmo tempo "engraçado porque é verdade" e inexato. Ver slideshare.net/baratunde/how-to-be-black-online-by-baratunde.

Dados quantitativos sobre o uso do Twitter por etnia podem ser encontrados no relatório do Pew Research "Demographics of Key Social Networking Platforms" (2013), de Maeve Duggan e Aaron Smith: pewinternet.org/2013/12/30/demographics-of-key-social-networking-platforms/.

Para evidências da confusão dos brancos em relação ao Black Twitter ver Nick Douglas, "Micah's 'Black People on Twitter' Theory", Too Much Nick, 21 de agosto de 2009, toomuchnick.com/post/168222309/.

228 *Agora existem 2.643* O site Social Bakers classifica todas as contas do Twitter pelo número de seguidores. Este número, sem dúvida alguma, mudou. Visite socialbakers.com/twitter/, navegue pela classificação (em inglês) e veja por si mesmo.

Para obter informações sobre os contribuintes norte-americanos por renda, visite o site do IRS (a Receita Federal dos Estados Unidos, em inglês) "SOI Tax Stats — Individual Statistical Tables by Filing Status" (Estatísticas sobre Imposto de Renda — Tabelas Estatísticas Individuais por Estado Civil) em http://www.irs.gov/uac/SOI-Tax-Stats--Individual-Statistical-Tables-by-Filing-Status. As informações sobre a lista de bilionários da revista *Forbes* vêm do texto de Elizabeth Barber, "Forbes' Richest People: Number of Billionaires up Significantly", *Christian Science Monitor*, 3 de março de 2014, csmonitor.com/USA/USA-Update/2014/0303/Forbes-richest-people-number-of-billionaires-up-significantly-video.

229 ***Newt Gingrich se gabou*** Ver Jeff Neumann, "Newt Gingrich Brags About His Twitter Followers", *Gawker*, 1º de agosto de 2011, gawker.com/5826477/. Ver também John Cook, "Update: Only 92% of Newt Gingrich's Twitter Followers Are Fake", *Gawker*, 2 de agosto de 2011, gawker.com/5826960/.

229 ***Mitt Romney*** Ver "Is Mitt Romney Buying Twitter Followers?", de Zach Green, no 140elect: 140elect.com/twitter-politics/is-mitt-romney-buying-twitter-followers/. Meus dados e gráficos foram adaptados dos dados e gráficos nesse texto.

230 ***"Nós, os usuários"*** Ver Jenna Wortham, "Valley of the Blahs: How Justin Bieber's Troubles Exposed Twitter's Achilles' Heel", blog Bits do *New York Times*, 25 de janeiro de 2014, bits.blogs.nytimes.com/2014/01/25/valley-of-the-blahs-how-justin-biebers-downfall-exposed-twitters-achilles-heel/.

231 ***Em 2012, o gigante da computação em nuvem Salesforce.com*** Minha discussão sobre a vaga de emprego no Salesforce baseia-se nas seguintes fontes:

Drew Olanoff, "Klout Would Like Potential Employers to Consider Your Score Before Hiring You. And That's Stupid", TechCrunch, 29 de setembro de 2012, techcrunch.com/2012/09/29/klout-would-like-potential-employers-to-consider-your-score-before-hiring-you-and-thats-stupid/.

Jessica Roy, "Want to Work at Salesforce? Better Have a Klout Score of 35 or Higher", *BetaBeat*, 27 de setembro de 2012, betabeat.com/2012/09/you-may-not-work-at-salesforce-unless-you-have-a-klout-score-of-35-or-higher/.

A vaga de emprego original ainda estava ativa quando escrevi este livro, mas já foi removida.

232 ***As portas abrem e fecham*** Ver Larry Wissel, "How Does a Logic Gate in a Microchip Work? A Gate Seems Like a Device That Must Swing Open and

Closed, Yet Microchips Are Etched onto Silicon Wafers That Have No Moving Parts. So How Can the Gate Open and Close?", *Scientific American*, "Ask the Experts," 21 de outubro de 1999, scientificamerican.com/article/how-does-a--logic-gate-in/.

As portas lógicas existentes em um microchip não são as tradicionais, que abrem e fecham por estarem presas a pequenas dobradiças. Elas usam a voltagem para controlar o movimento do mesmo modo que um portão antigo usaria tábuas de madeira. Como as portas reais, as portas lógicas controlam o fluxo de um espaço para outro por meio de sua abertura ou fechamento.

234 *Target realmente soube que uma cliente estava grávida* Ver Kashmir Hill, "How Target Figured Out a Teen Girl Was Pregnant Before Her Father Did", *Forbes*, 16 de fevereiro de 2012, forbes.com/sites/kashmirhill/2012/02/16/how-target--figured-out-a-teen-girl-was-pregnant-before-her-father-did/.

234 *campanha de marketing da Jell-O* A discussão sobre a Jell-O e os tuítes ilustrativos foram tirados de Harry Bradford, "Jell-O's Fun My Life Twitter Campaign: Social Media Genius or Just 'Funning' Annoying?", *Huffington Post*, 24 de maio de 2013, huffingtonpost.com/2013/05/24/jello-fun-my-life-twitter_n_3332 230.html.

235 *o McDonald's mandou* Tirado de Hannah Roberts, "#McFail! McDonalds' Twitter Promotion Backfires as Users Hijack #Mcdstories Hashtag to Share Fast Food Horror Stories", *Daily Mail*, 24 de janeiro 2012, dailymail.co.uk/news/article-2090862/.

235 *Wendy's tinha tentado* Tirado de "When Twitter Hashtag Promotion Marketing Goes Bad #HeresTheBeef" da blogueira "stacie", no blog Divine Miss Mommy: thedivinemissmommy.com/when-twitter-hashtag-promotion-marketing-goes--bad-heresthebeef/.

235 *Mais recentemente, a Mountain Dew* Ver Everett Rosenfeld, "Mountain Dew's 'Dub the Dew' Online Poll Goes Horribly Wrong", *Time*, 14 de agosto de 2012, newsfeed.time.com/2012/08/14/mountain-dews-dub-the-dew-online-poll--goes-horribly-wrong/.

Capítulo 14: Migalhas de pão

239 *Em maio de 2013, o Facebook registrava* Ver Craig Smith, "By the Numbers: 98 Amazing Facebook Stats", Digital Marketing Ramblings, 13 de março de 2014, expandedramblings.com/index.php/by-the-numbers-17-amazing-facebook-stats/#.U1AArPl:lXko.

239 *um grupo do Reino Unido* Este trecho e a tabela baseiam-se em "Private Traits and Attributes Are Predictable from Digital Records of Human Behavior", de Michal Kosinskia, David Stillwell e Thore Graepel, *Proceedings of the National Academy of Sciences* 110, no. 15 (2013): 5802-5.

240 *Xbox One* Ver Stephen Fairclough, "Physiological Data Must Remain Confidential", *Nature* 505, no. 7483 (2014): 263.

241 *o Reino Unido tem 5,9 milhões* Ver David Barrett, "One Surveillance Camera for Every 11 People in Britain, Says CCTV Survey", *Telegraph*, 10 de julho de 2013, http://www.telegraph.co.uk/technology/10172298/One-surveillance-camera--for-every-11-people-in-Britain-says-CCTV-survey.html.

241 *Em Manhattan* Ver Brian Palmer, "Big Apple Is Watching You", *Slate*, 3 de maio de 2010, slate.com/articles/news_and_politics/explainer/201%5/big_apple_is_watching_you.html.

243 *Todas essas câmeras de segurança* Ver o artigo de Jon Healey, "Surveillance Cameras and the Boston Marathon Bombing", *Los Angeles Times*, 17 de abril de 2013, http://articles.latimes.com/2013/apr/17/news/la-ol-boston-bombing--surveillance-suspects-20130417.

Ver também "The Need for Closed Circuit Television in Mass Transit", de Michael Greenberger, University of Maryland Legal Studies Research Paper No. 2006–15, Law Enforcement Executive Forum (2006): 151, http://digitalcommons.law.umaryland.edu/cgi/viewcontent.cgi?article=1065&context=fac_pubs.

244 *"dominar a Internet"* Esta frase refere-se, especificamente, à aliança "Five Eyes" (Cinco Olhos), que envolvia a cooperação da NSA com o aparato de vigilância de outros governos. Ver o verbete da Wikipedia (em inglês) "Mastering the internet". O slide mostrado foi amplamente divulgado após sua publicação pelo *Guardian*. Ver theguardian.com/world/interactive/2013/nov/01/prism-slides--nsa-document

Notas 295

245 *"Para cada um dos milhões"* Ver David Medine *et al.*, "Report on the Telephone Records Program Conducted under Section 215 of the USA PATRIOT Act and on the Operations of the Foreign Intelligence Surveillance Court", Privacy and Civil Liberties Oversight Board (2014), http://www.fas.org/irp/offdocs/pclob-215.pdf.

246 *As mulheres estão usando aplicativos* Meu debate sobre os aplicativos para menstruação baseia-se no texto de Jenna Wortham, "Our Bodies, Our Apps: For the Love of Period-Trackers", *New York Times*, 23 de janeiro de 2014.

247 *há uma startup que alega ser capaz de inferir* Este fato veio do texto de Jaron Lanier, "How Should We Think About Privacy?", *Scientific American*, novembro de 2013, 65-71.

247 *toda a análise foi feita anonimamente por meio de agregados* Vale a pena repetir que em momento algum os dados foram associados aos indivíduos. Para as fotos e os textos de usuários citados no livro, consulte as notas anteriores a eles relacionadas.

247 *Jaron Lanier* Minha discussão sobre a obra de Lanier concentra-se no artigo chamado "How Should We Think About Privacy?".

248 *"Usando dados retirados das consultas"* Ver John Markoff, "Unreported Side Effects of Drugs Are Found Using Internet Search Data, Study Finds", *New York Times*, 7 de março de 2013, nytimes.com/2013/03/07/science/unreported-side-effects-of-drugs-found-using-internet-data-study-finds.html.

248 *árvore genealógica para toda a humanidade* O Geni.com diz ter mais de 75 milhões de itens em sua árvore. O site é de propriedade da MyHeritage, que alega ter 1,5 bilhão de nomes em árvores genealógicas.

248 *dois cientistas políticos derrubaram* Ver Jowei Chen e Jonathan Rodden, "Don't Blame the Maps", *New York Times*, 26 de janeiro de 2014, nytimes.com/2014/01/26/opinion/sunday/its-the-geography-stupid.html.

248 *Facebook coletava quinhentos terabytes* Ver Eliza Kern, "Facebook is Collecting Your Data — 500 Terabytes a Day", Gigaom, 22 de agosto de 2012, gigaom.com/2012/08/22/facebook-is-collecting-your-data-500-terabytes-a-day/.

249 *Alex Pentland do MIT* Minha discussão sobre Pentland baseia-se no artigo dele, "Reality Mining of Mobile Communications: Toward a New Deal on Data", no

Global Information Technology Report 2008–2009, ed. Soumitra Dutta e Irene Mia (Genebra: World Economic Forum, 2009), 75–80, e em uma entrevista com ele, "An Interview with Alex 'Sandy' Pentland About 'Social Physics'" feita pelo IDcubed: idcubed.org/?post_type=home_page_feature&p=880.

250 **O *Washington Post* registrou o desinteresse** Ver "Million Mask March descends on Washington" no blog PostTV do *Washington Post*'s: http://wapo.st/1b5Kt5J.

Coda

253 **livros de Tufte** A discussão sobre o Memorial do Vietnã e a citação que usei são de *Beautiful Evidence* (Cheshire, CT: Graphics Press, 2006), mas os livros *Envisioning Information* (Cheshire, CT: Graphics Press, 1990) e *The Visual Display of Quantitative Information* (Cheshire, CT: Graphics Press, 2001), de Tufte, também foram indispensáveis.

254 **O *memorial* foi digitalizado em 2008** Ver fold3.com/thewall e Mallory Simon, "Vets Pay Tribute to Fallen Comrades at Virtual Vietnam Wall", CNN.com, 1º de abril de 2008, cnn.com/2008/TECH/04/01/vietnam.wall/.

254 **Foram adicionadas duas fotos a esse item** O perfil do recruta Wilson no fold3 está em fold3.com/page/631972608_lorne_john_wilson/stories/. Não está claro se ele está retratado na foto do grupo. Obviamente, trata-se de um instantâneo verdadeiro da Guerra do Vietnã, mas está embaçado.

Agradecimentos

Como páginas sem encadernação, este projeto e a minha vida estariam há muito jogados ao vento sem a minha esposa, Reshma. Agradeço pelo apoio inabalável, altruísmo e amor.

Agradeço a Max Krohn, Sam Yagan e Chris Coyne por criarem o OkCupid e por me aceitarem na equipe todo esse tempo. É um privilégio trabalhar com e para vocês nos últimos 15 anos.

Obrigado ao meu agente Chris Parris-Lamb, que fez com que este *Dataclisma* passasse de ideia vendida em um bar a uma proposta de boa-fé, e à Amanda Cook, minha editora na Crown, que levou o projeto adiante. O sucesso deste livro deve-se à paciência e habilidade dela para transformar simples ideias em algo digno de ser lido. Agradeço também à assistente editorial Emma Berry e à equipe de design, especialmente Chris Brand, por dar vida ao *Dataclisma*, e também à Annsley Rosner, Sarah Breivogel, Sarah Pekdemir e Jay Sones, por ajudarem a colocá-lo no mundo. O apoio e as ideias de Molly Stern, Jacob Lewis e David Drake possibilitaram tudo o que falei anteriormente. Minha gratidão também a Allison Lorentzen, da Penguin, pela orientação sobre os meandros do mundo editorial.

Agradeço a James Dowdell, meu versátil pesquisador de dados e programador. James fez o trabalho básico de banco de dados por trás do *Dataclisma* e também gerou vários mapas e gráficos de rede deste livro. Meu muito obrigado a Tom Quisel e Mike Maxim, por tirarem (e tirarem novamente!) os dados do OkCupid e por serem excelentes ouvintes para as minhas várias ideias estatísticas.

Minha homenagem aos meus pais e à minha irmã por todo o apoio e por serem a base da minha vida. Agradeço à família Patel pelo apoio e especialmente à ajuda de Reshma enquanto lutamos por dias, semanas e meses para terminar este livro.

Agradeço a Eddie Lou, da Shiftgig, Tim Abraham, da StumbleUpon (agora do Twitter), Ryan Ogle e Sean Rad, do Tinder, Jim Talbot, do Match, Tom Jacques, do Datehookup e Erik Martin, do Reddit, pelos dados agregados e pelo acesso. Minha gratidão, também, a Michael Tapper e Ben Murray, por lerem os rascunhos, e a Sean Mathey, da Mathey & Tree, Eric Brown, da Franklin, Weinrib, Rudell & Vassallo e John Therien, da Smith Anderson, pelo trabalho jurídico. Obrigado a Doug Demay pelos conselhos que não foram menos válidos por serem informais. Por fim, agrade-ço a Jed McCaleb e Justin Rice, que me ensinaram muito, dos d20s ao bitcoin, passando por Dylan e *Ulisses*. Minha vida e este livro são muito mais ricos graças à amizade de vocês.

Créditos

IMAGEM NA PÁGINA 39: Fotograma de Jovens, loucos e rebeldes, copyright © 1993 by Polygram Filmed Entertainment. Reimpresso com permissão da Universal Studios Licensing LLC.

TABELA NA PÁGINA 168: "Zipf's Law and Vocabulary" (Lei de Zipf e o Vocabulário) de C.J. Sorell, do livro *The Encyclopedia of Applied Linguistics*, editado por C.A. Chapelle (Oxford: Wiley-Blackwell, 2012). Reimpresso com permissão da autora.

TABELA NA PÁGINA 239: Traços previstos pela quantidade de "curtidas" de um usuário no Facebook adaptado a partir da Figura 2, "Prediction accuracy of classification of dichotomous/dichotomized attributes expressed by the AUC". In: "Private Traits and Attributes Are Predictable from Digital Records of Human Behavior" (Características e atributos privados são previsíveis por meio de registros digitais do comportamento humano), de Michal Kosinski, David Stillwell e Thore Graepel (Washington, DC: PNAS, 2013). Reimpresso com permissão de Proceedings of the National Academy of Sciences of the United States of America.